스핑크스 바울, 피라미드 예수

스핑크스 바울, 피라미드 예수

2025년 1월 16일  처음 찍음

지은이      김근수
펴낸이      김영호
펴낸곳      도서출판 동연
등  록      제1-1383호(1992. 6. 12.)
주  소      서울시 마포구 월드컵로 163-3
전화/팩스    (02)335-2630 / (02)335-2640
이메일      yh4321@gmail.com
인스타      @dongyeon_press

ISBN 978-89-6447-081-7  93230

# 스핑크스 바울

바울 사상의
매력과 새로움

# 피라미드 예수

김근수 지음

동연

사랑하는 어머님께

# 책 머 리 에

## 바울 사상의 매력과 새로움

2022년 출간된 『바울 전기』 서문에서 나는 이렇게 썼다.

바울은 예수가 고뇌하지 않았던 문제에 부딪혔다. 십자가에 처형된 예수가 왜 구세주인지 바울은 유다인에게 설명해야 했다. 예수의 죽음이 왜 무의미하지 않은지 유다인 아닌 사람에게 해명해야 했다. 유다교와 유다인 아닌 사람들이 예수 운동에 던지는 여러 질문을 바울은 예수 운동 사람들 중 거의 혼자서 감당해야 했다.
예수가 알려주지 않았던 답을 바울은 생각해 내야 했다. 예수에게 반대자가 많았듯이, 바울에게도 반대자가 많았다. 예수 운동이 유다교와 분열하는 아픈 시대를 바울은 온몸으로 겪어야 했다. 예수 운동이 유다교와 분열하는 상황을 역사의 예수는 상상하지도 못했다.
이 책은 바울의 삶을 주로 소개한다. 이 책에 이어 곧 뒤이을 책 바울 사상은 바울이 쓴 일곱 편지를 집중하여 분석한다. '바울 전기'는 '바울 사상'을 준비하는 책이다.

그 후 2년 지났다. 『바울 전기』에서 펼쳤던 질문은 오늘 선보이는 『바울 사상』에서도 여전히 유효하다. "바울 전기"가 바울의 일곱 편지를 각각 다루었다면, "바울 사상"은 바울의 일곱 편지를 서로 연결하고 비교하여 살펴본다.

## 인간이란 무엇인가

바울 사상을 이해하려면 이 질문에서 시작하자고 나는 제안하고 싶다.
고대 철학자들과 달리, 바울은 인간을 피조물로 인정하고 하나님과 관
계에서 인간을 보았다. 무엇보다도 먼저, 인간은 하나님을 믿는 존재다.

믿는다. 그러므로 나는 존재한다. Credo, ergo sum.

바울은 예수운동의 핵심 단어로 믿음을 내세웠다. 바울에게 믿음은
예수 그리스도를 죽은 사람들 가운데 부활시키신 하나님에 대한 믿음
이었다. 예수 그리스도에게서 믿음이 시작되었고, 예수 그리스도는 믿
음의 내용이다. 믿음은 인간의 발명품이 아니라 무엇보다도 먼저 하나
님의 선물이요 은혜다. 믿음은 예수운동 내부에서 일치를 다짐하고 외
부와 차이를 확인하는 표시였다.

## 하나님은 누구신가

예수운동에 참여한 후 바울은 하나님에 대한 유다교 사상에 한 가지
생각을 추가했다. 하나님은 십자가에서 처형된 예수를 죽은 사람 가운
데 부활시키신 분이다. 세상 끝 날이 아니라 바울 생전에 하나님이 인간
을 부활시키셨다는 예수운동의 고백에 유다인 바울은 크게 놀랐다.
하나님은 인류 역사의 주인이시요 내 삶의 주인이시다. 하나님은 예

수 그리스도라는 인물과 그 역사를 통해 인류 전체를 돌보신다. 하나님은 예수 그리스도를 통하여 지금 나를 사랑하신다. 인류 역사도 나도 든든히 의지할 분을 당당히 모시게 되었다.

인간은 두뇌 속에서만 하나님을 생각하는 것이 아니라, 공동체 모임과 삶에서 몸으로 느끼고 노래한다. 예수 그리스도 안에 나타난 하나님을 통해, 인간은 삶도 죽음도 걱정할 필요가 없게 되었다. 바울 신론은 예수 그리스도 안에 나타난 하나님의 매력을 강조하였다. 예수운동에 참여한 유다인과 유다인 아닌 사람들이 이 매력에 깊이 빠졌다.

예수 부활과 함께 성령이 다시 활동하신다고 바울은 생각했다. 이스라엘 역사에서 오래전에 끊겼던 성령의 역사가 예수 역사와 함께 다시 시작되었다. 성령은 하나님, 예수 그리스도, 구원, 인간, 윤리, 종말론 등 모든 분야에 존재하신다. 그 사실이 바울 신학에서 풍부하게 펼쳐진다.

## 예수는 누구인가

바울은 십자가에 처형된 예수를 메시아로 선포하는 예수운동의 고백과 선포를 처음에 납득하지 못했다. 그래서 바울은 예수운동을 박해했다. 그러나 부활한 예수를 만난 바울은 십자가에 처형된 예수를 다시 생각했다. 바울에게 예수는 부활한 예수뿐 아니라 십자가에 처형된 예수다. 부활한 예수는 십자가에 못 박힌 상처를 안고 있다.

바울은 역사의 예수를 알았기 때문에 부활한 예수를 믿은 것이 아니라, 예수 부활을 받아들였기 때문에 역사의 예수를 돌아보았다. 바울은 역사의 예수와 부활한 예수를 같은 분으로 고백하였다. 바울에게 십자가에 처형된 예수는 하나님께 저주받은 사람이 아니라 하나님의 아들이다.

십자가에 달리신 그리스도는 바울 신학의 핵심이다. 부활한 예수 그리스도를 만난 바울은 십자가에 달리신 예수를 만났다. 십자가에 달리신 예수를 만난 바울은 십자가에서부터 인간과 역사를 이해하게 되었다.

예수 죽음이 하나님의 분노를 가라앉힌다는 식으로 바울이 설명한 적은 없었다. 사람이 속죄 제물을 만들어 하나님께 바친 것이 아니라, 하나님께서 제물을 만들어 인간에게 보여주시고 인간의 죄를 용서하셨다. 예수 죽음은 처벌 사건이 아니라 구원 사건이다.

바울 신학의 출발은 나자렛 예수의 활동이 아니라 예수 십자가에서 하나님이 하신 활동이다. 예수 그리스도의 십자가에서 하나님 역사가 드러난다고 바울은 생각하였다. 바울은 구약성서에서 십자가를 찾지 않았고, 그 대신 하나님 백성 개념을 새롭게 확장하였다.

## 바울 사상은 변화했는가

바울 사상에서 변화와 발전이 있었는지 질문이 생겼다. 바울 신학에서 의화론의 위치와 비중에 대해 다양한 의견이 나타났다. 바울 신학 전체를 이끌고 아우르는 중심 주제는 의화론이라고 불트만과 케제만은 주장했다. 바울 신학의 중심은 의화론이 아니라 그리스도에 참여하고 일치하는 신비라는 의견도 있다.

슈바이처는 의화론을 그리스도 안에서 신비라는 구원론의 주요 분화구 곁에 있는 기생 분화구에 비유했다. 슈바이처의 생각을 이어받은 바울 새 관점 학파는 20세기 후반 영어권 신학과 독일어권 신학에 자리 잡았다. 바울을 역사적으로나 신학적으로나 루터 관점에서 이해해야 한다는 케제만 주장과는 다르다. 새 관점 학파는 의화론을 인간학이 아니라 교회론에 놓고 있다.

바울을 유다교와 가까이 놓고 새롭게 보려는 흐름도 있다. 루터에 의해 행업 유다교처럼 왜곡된 유다교 모습을 올바로 고치려는 시도였다. 샌더스는 바울이 자기 시대의 행업 유다교와 싸웠다는 오해를 풀기 위해 애썼다. 행업 유다교는 존재한 적이 없었기 때문이다.

바울에 영향을 준 전승과 바울의 대화, 바울 편지의 독자와 바울의 대화. 오늘 성서 주석학자들과 바울의 대화 등 세 가지 대화 모델이 최근 바울 연구에서 제안되기도 했다.

내 생각에, 바울은 인간의 약함이라는 질문에서가 아니라 예수 그리스도라는 해답에서 논의를 시작했다. 인간에게 정답은 예수 그리스도라고 확신한 바울에게 나는 더 매혹되었다. 왜 예수 그리스도가 인간에게 정답일까. 바울은 아직도 충분히 탐구되지 않은 인물에 속한다.

촛불집회에서 뜻을 나누는 〈민주사회를 위한 지식인 종교인 네트워크〉 고문 이만열 교수님, 이명재 고문님, 조성민 교수님, 공동대표 박충구 교수님과 김영 교수님, 백승종 교수님, 정종훈 교수님, 유정현 목사님, 김규돈 신부님을 비롯한 모든 선생님과 동지들께 감사드린다.

시민언론 뉴탐사, 시민언론 민들레, 양희삼TV, 김근수 – 해방신약, 모든 선생님과 시청자들께 감사드린다. 존경하는 최동석 교수님, 김순홍 교수님, 이정만 목사님, 김종일 목사님, 김동완 교수님, 백은경 목사님, 송선호 목사님, 양희삼 목사님, 윤순자 선생님, 백남이 시인님, 오미선 선생님, 노선희 선생님, 허명희 선생님, 미국의 박진오 오옥경 부부, 목포의 이경용 문선희 부부께 감사드린다. 좋은 책을 만들어 주신 동연

출판사 김영호 대표님, 박현주 팀장님, 편집자 선생님들께 감사드린다.

언제나 기도로 동행하는 제주 성글라라 수녀원, 남양주 성요셉수도원 가족들께 감사드린다. 큰 처형 김지혜(미리암) 수녀, 둘째 처형 김지연(로사) 수녀님께 감사드린다. 사랑하는 어머님, 사랑하는 딸 김호수, 아들 김준한, 아내 김지숙에게 감사드린다.

하나님 감사합니다.

2024년 8월 제주에서
김근수

# 차 례

## 2부_ 바울의 새로운 사상

## 맺는 글_ 바울 편지 연구와 최근 연구 동향

# 바울과
# 예수운동

# 역사의 예수와 예수 전승

　바울은 역사의 예수를 만난 적 없었다. 바울은 역사의 예수를 알았기 때문에 부활한 예수를 믿은 것이 아니라, 예수 부활을 받아들였기 때문에 역사의 예수를 돌아보게 되었다. 역사의 예수에게 감동하여 예수를 믿게 된 것은 아니고, 부활한 예수를 만난 사건으로 인해 예수를 받아들였다. 바울과 예수운동 공동체는 역사의 예수와 부활한 예수를 같은 분으로 고백하였다(고린토전서 12,3; 필립비 2,11; 로마 10,9). 역사의 예수를 단순히 역사의 예수로 본 것이 아니라 부활하고 드높여진 예수로 본 것이다.

　마가복음은 공통년 70년경 쓰였다. 바울과 바울이 세운 공동체는 아직 복음서를 알지 못했다는 뜻이다. 바울은 역사의 예수에 대한 전승을 여기저기서 들었을 것이다. 그중 하나가 최후 만찬에서 예수가 제자들에게 남겼다는 말씀이다.

　내가 여러분에게 전해준 것은 주님께로부터 받은 것입니다. 곧 주 예수께서 잡히시던 날 밤에 빵을 손에 드시고 감사의 기도를 드리신 다음, 빵을 떼시고 "이것은 여러분을 위하여 주는 내 몸이니 나를 기억하여 이 예를 행하십시오." 하고 말씀하셨습니다. 또 식후에 잔을 드시고 감사의 기도를 드리신 다음, "이것은 내 피로 맺는 새로운 계약의 잔이니 마실 때마다 나를 기억하여 이 예를 행하십시오." 하고 말씀하셨습니다. 그러므로 여러분은 이 빵을 먹고 이 잔을 마실 때마다 주님의 죽음을 선포하고, 이것을 주님께서 다시 오실 때까지 하십시오(고린토전서 11,23-26).

나는 내가 전해 받은 가장 중요한 것을 여러분에게 전해 드렸습니다. 그것은 그리스도께서 성서에 기록된 대로 우리의 죄 때문에 죽으셨다는 것과 무덤에 묻히셨다는 것과 성서에 기록된 대로 사흘 만에 다시 살아나셨다는 것과 그후 여러 사람에게 나타나셨다는 사실입니다. 그리스도께서는 먼저 베드로에게 나타나신 뒤에 다시 열두 사도에게 나타나셨습니다(고린토전서 15,3b-5).

바울이 전해준 것은 바울이 주님께로부터 받은 것(고린토전서 11,23a)이다. 바울은 전해 받은 것을 전해주었다. 그런데 고린토전서 11,23-26과 고린토전서 15,3b-5에서 바울 증언은 조금 다르다. 바울은 빵 나눔 전승(고린토전서 11,23-26)을 직접 주님에게서 받았다고 말한다. 빵 나눔 전승은 역사의 예수에게서 비롯되었고, 예수 죽음과 부활과 부활한 예수의 나타남 전승은 예수운동 공동체에서 비롯되었다는 말이다.

역사의 예수를 만난 적 없는 바울이 직접 주님에게서 받았다니, 그 말이 대체 무슨 뜻일까. 바울은 부활하고 드높여진 예수를 역사의 예수와 동일한 인물로 보았다는 말이다. 바울은 역사의 예수에서 시작하여 부활하고 드높여진 예수를 본 것은 아니고, 부활하고 드높여진 예수에서 시작하여 역사의 예수를 보고 있다. 이 사실을 바울 연구에서 우리가 놓치지 말아야 한다.

역사의 예수에 대한 증언이 바울에게 또 있었을까. 그것은 당신의 아드님에 관한 것(로마 1,3a), 때가 찼을 때 하나님께서 당신의 아드님을 보내셨으니(갈라디아 4,4a)가 있다. 바울이 역사의 예수가 하신 말씀을 유일하게 직접 인용한 곳은 최후 만찬에서 예수가 제자들에게 남겼다는 말씀(고린토전서 11,23-26)이다.

그런데 그 말씀은 내용이나 언어로 보아 역사의 예수에게서 비롯된 말씀은 아니고, 예수운동 공동체에서 생긴 전승으로 보인다.[1] 역사의 예수 말씀을 글자 그대로 전하는 일보다 예수 부활 이후 예수운동 공동체 사정에 맞게 해석하는 일이 바울에게 더 중요했다. 역사의 예수와 제자들의 최후 만찬 사건을 바울과 예수운동 공동체는 예수의 죽음과 부활을 널리 전하고 알리는 사건으로 해석하였다. 역사의 예수 말씀과 운명을 바울은 부활하고 드높여진 예수 관점에서 보고 있다.

역사의 예수가 남겼다는 이혼 금지 말씀(마가 10,6-9; 마태 5,32; 누가 16,18)을 바울이 인용하고 공동체 사정에 맞게 해석한 곳이 있다(고린토전서 7,10-16). 아내는 남편과 헤어지지 말고, 남편은 아내를 버리지 말라는 말은 바울이 아니라 주님의 명령이다(고린토전서 7,10-11). 그런데 주님이 아니라 바울이 말한다고 분명히 밝힌 문장이 뒤따라 나온다(고린토전서 7,12-16).

주님의 지시ἐπιταγὴ κυρίου(고린토전서 7,25)와 자신의 의견γνώμη(고린토전서 7,25)을 바울은 분명히 나누어 놓았다. 주님 말씀과 바울 생각이 다를 수 있다는 뜻이다. 주님 말씀은 바울에게 분명히 권위가 있다. 그러나 성령을 받은 바울은 주님 말씀이 없는 분야에서 자기 의견을 말할 수 있

---

1 Schröter, J, "Das Verhältnis zum irdischen Jesus und zur Jesusüberlieferung", in; Horn, F.W, (Hg.), *Paulus Handbuch,* Tübingen 2013, 279-285, 281.

다. 그러나 또한 주님 말씀과 바울 생각이 다를 수 있다.

"주님은 복음을 전파하는 이들에게 복음으로 살아가도록 지시하셨습니다"(고린토전서 9,14)에서 바울 생각을 또 볼 수 있다. "사실 일꾼은 마땅히 제 양식을 얻을 만합니다"(마태 10,10), "여러분은 같은 집에 머물면서 그들의 음식을 먹고 마시시오. 사실 일꾼은 마땅히 제 품삯을 받을 만합니다. 이집 저집으로 옮겨 다니지 마시오"(누가 10,7)가 바울 생각과 연결된다. 곳곳을 돌아다니며 예수 복음을 전하던 유랑 선교사들이 복음을 듣는 개인이나 공동체에서 얻어먹을 권리가 있다는 것이다. 그런데 바울은 그 권리를 자신에게 적용하진 않았다.

최후 만찬에서 예수가 제자들에게 남긴 말씀은 바울이 직접 인용했지만, 다른 경우에는 예수 말씀을 직접 인용하진 않았다. 최후 만찬 전승은 고린토 공동체에 절대적인 무게가 있다. 이혼 금지와 공동체에서 선교사가 얻어먹을 권리 주제에서 바울이 예수를 인용하긴 했다. 그러나 이혼 금지 말씀을 좀 더 넓게 새롭게 재해석하고, 선교사가 공동체에서 얻어먹을 권리는 바울이 상대화시켰다. 선교사가 공동체에서 얻어먹을 권리는 의무가 아니라 선택이라고 바울은 해석했다. 예수 복음을 전하는 사람은 복음을 듣는 사람에게 신세 질 수도 있지만, 반드시 신세져야 하는 것은 아니다.

바울 편지에 나타난 예수 전승은 더 있다. 밤중의 도둑같이 온다(데살로니카전서 5,2; 마태 24,43; 누가 12,39; 도마복음 21), 산을 옮길 만한 믿음(고린토전서 13,2; 마가 11,22; 누가 17,6; 도마복음 48; 106), 서로 평화롭게 지내시오εἰρηνεύετε(데살로니카전서 5,13; 마가 9,50; 마태 5,9), 악을 악으로 갚지 말고(데살로니카전서 5,15; 로마 12,17), 박해하는 사람을 저주하지 말고 축복하라(로마 12,14.20; 누가 6,28; 마태 5,44), 무엇이든지 그 자체로서 부정한 것은 없다(로마 14,14; 마가 7,15; 마태 15,11) 전승이 있다. 바울은 하나님 나라를 언급하기도 했다(데살로니카전서 2,12; 고린토전서 4,20; 6,9; 15,24.50; 갈라디아 5,21; 로마 14,17).

바울 편지에 나타난 인용보다는 바울이 예수 전승을 실제로 더 많이 알고 있었다고 추측된다. 바울이 예수 전승을 네 복음서보다 적게 인용했다고 해서 바울 신학의 가치가 크게 줄어드는 것은 아니다. 그렇다고 해서 바울이 역사의 예수에 대한 전승을 복음서 저자들보다 많이 알고 있었다고 우길 수는 없다. 바울은 마가복음, 누가복음, 마태복음, 요한복음이 쓰이기 전에 세상을 떠났다. 네 복음서를 읽고 있는 우리보다 바울이 역사의 예수를 조금 알고 있다. 바울 덕분에 우리가 예수를 알게 된 내용도 있지만, 우리는 바울보다 역사의 예수를 잘 알고 있다. 바울을 공부할 때 이 사실을 잊어서는 안 되겠다.

# 바울의 구약성서 인용과 해석

거룩한 책γραφαῖς ἁγίαις(로마 1,2), 쓰인 것들προεγράφη(로마 15,4), 쓰인 것 ἡ γραφή(로마 4,3)이라고 바울이 말한 문서는 무엇이고, 또 바울은 어떻게 사용했는지, 성서학계에서 지난 150년 동안 집중적으로 연구되었다.[1] 그러나 여전히 그 주제는 논란의 대상이다. 바울이 그 문서에서 어느 정도 영향을 받았는지 살펴보려면, 바울이 자신의 일곱 편지에서 어떻게 인용했는지 먼저 보아야 한다.

바울 당시 우리가 지금 읽는 구약성서에 무엇이 속하는지 아직 정해지지 않았다. 구약성서 범위를 정하는 주제는 공통년 1세기 말 문헌에서야 보인다.[2] 모세 오경, 예언서, 시편, 일부 문서는 당시 유다교에서 널리 인정받은 듯하다. 히브리어로 쓰인 문서들이 공통년 1세기에도 유통된 듯하다. 구약성서 그리스어 번역본Septuaginta도 유다교에서 권위 있게 받아들여지고 사용되었다. 구약성서가 확정되는 과정에서 구약성서는 하나님이 계시하셨다는 생각이 유다교에서 강력해지고 널리 퍼졌다. 여러 종류와 성격의 문서들과 성서해석 방법들이 생겨났다. 성서해

---

1 Wilk, F, "Schriftebezüge im Werk des Paulus", in: Horn, F.W, (Hg.), *Paulus Handbuch*, Tübingen 2013, 479-490, 479.

2 Josephus, *Apion.* I 37-41.

석 전문가들이 나타나기 시작했다.

바울 이전 예수운동에서 당시 통용되던 유다교 문서들을 해석하는 독특한 방법이 생겼다. "그리스도께서 성서에 기록된 대로 우리의 죄 때문에 죽으셨습니다"(고린토전서 15,3)는 구약성서에 있지 않다. 그러나 예수 그리스도라는 인물과 사건을 유다교 문서들, 즉 후대에 확정될 구약성서의 주요 문서들과 연결하여 해석하였다(로마 3,25; 4,25). 예수운동의 빵 나눔 예배는 "앞으로 내가 이스라엘과 유다의 가문과 새 계약을 맺을 날이 온다"(예레미야 31, 13)에서 힘을 얻었다. 예수운동의 이러한 해석 전통에 바울은 서 있다. 바울이 예수운동을 박해하던 시점(갈라디아 1,13)부터, 다마스쿠스 체험 이후 예수운동을 긍정적으로 만났을 때(갈라디아 1,17-19), 안티오키아 공동체에 오래 속해 있었을 때(갈라디아 1,21-2,11), 이 해석 전통에 더 익숙해졌을 것이다.

바울은 부모에게서 배웠고(갈라디아 1,14b), 바리사이파 전통에 서 있었다(필립비 3,5d). 예루살렘에서 랍비 가믈리엘에게 율법교육을 받았다는 기록(사도행전 22,3)은 근거가 약하다. 청소년기에 구약성서에 관심이 많았던 것은 틀림없다(필립비 3,6b). 구약성서 전체에서 인용할 정도로 구약성서를 잘 알았던 바울이 어떤 언어로 구약성서를 공부했는지, 그리고 독학했는지 우리가 분명히 말할 수는 없다. 바울이 예수 그리스도를 따른 뒤에도 바울은 구약성서를 예수와 연결하여 열심히 연구했다고 추측할 수 있다. 비싼 구약성서 두루마리를 구입하여 소장하진 못했고(디모테오후서 4,13), 유다교 회당이나 예수운동 공동체에서 빌려본 듯하다.

바울은 구약성서를 글자 그대로 인용하기보다 말을 조금씩 바꾸어 인용했다.3 창조 이야기(고린토전서 11,8.12; 15,38-41), 타락 이야기(고린토전서 15,21; 고린토후서 11,3; 로마 5,12), 아브라함(갈라디아 3,16; 4,22; 로마 4,9-11.18-22), 레베카(로마 9,10-13), 이집트 탈출과 광야 횡단(고린토전서 10,1-11.18), 모세에게 율법 전달(갈라디아 3,19; 고린토후서 3,7.13) 등이 그렇다. 바울은 구약성서를 인용한다고 직접 또는 간접적으로 약 70회 정도 밝혔다(갈라디아 3,6.12; 고린토후서 3,16; 로마 9,7). 이사야 예언서, 창세기, 시편, 신명기, 출애굽기, 호세아 예언서, 말라기가 고린토전서 1-3장과 15장, 갈라디아서 3-4장, 로마서 3-4장과 9-11장과 15장에서 주로 인용되었다. 여러 곳의 성서 구절을 연결하고 한데 묶어 인용하기도 했다(고린토후서 4,6; 6,16-18; 로마 10,6-8). 구약성서의 단어를 바울이 다른 단어로 바꾸고 여러 성서 구절을 섞어서 인용한 곳도 있다(고린토전서 10,1-11; 갈라디아 3,5-14; 로마 9,6-29; 10,4-13).

탄탄한 성서 지식을 바탕으로 바울은 기억에 의지하여 인용하는 경우가 많았다. 당시 유다교에서 유행하던 성서 해석 방법을 바울도 당연히 이용했다. 우의寓意Allegorie(고린토전서 9,9; 10,4; 갈라디아 4,22-25), 유형론Typologie(고린토전서 15,38-49; 고린토후서 3,7-11; 로마 5,12-21), 비유Analogie(고린토전서 9,13; 갈라디아 4,29; 로마 11,2-5)가 사용되었다. 성서 구절을 인용하고 거기서 바울이 결론을 끌어내기도 했다. 반박되지 않았기 때문에 옳다고 주장하기e contrario(갈라디아 3,12; 로마 4,13; 9,7), 작은 결론에서 큰 결론을 이끌어내기a minore ad maius(고린토후서 3,7-11; 로마 5,15; 9,17), 특별한 사례에서 일반적 결론을 끌어내기(고린토전서 14,21; 로마 7,1-3; 10,16) 사례가 있다. 중요한 결론을 내릴 때, 구약성서 여러 곳을 연결하여 인용하기도 했다(고린토전서 3,19; 로마 9,25-29; 10,19-21;

---

3 Wilk, F, "Schriftbezüge im Werk des Paulus", in: Horn, F.W, (Hg.), *Paulus Handbuch*, Tübingen 2013, 479-490, 483.

11,8-10). 성서 구절에서 단어를 삭제하거나 단어 위치를 바꾸거나 새로 만들어 넣기도 했다.

바울이 명백하게 인용했던 구약성서 주제는 죄의 지배(로마 3,10-18; 5,12-14), 죽음의 지배(고린토전서 15,21), 그리스도 사건(갈라디아 3,13; 로마 9,33; 15,3), 그리스도 사명(고린토전서 1,19; 2,9), 그리스도에게서 시작된 구원의 완성(고린토전서 6,2; 고린토후서 6,17; 로마 11,26)까지 상당히 넓었다. 믿음으로 의로움과 하나님 의로움(갈라디아 3,6.8; 로마 1,17; 3,4), 바울 사도직(고린토전서 9,9; 고린토후서 3,6-13; 로마 10,15), 세상 역사에서 이스라엘 역할(로마 2,24; 9,4; 11,8-10), 율법 의미(갈라디아 3,10; 고린토후서 3,16; 로마 7,2), 선택받은 예수운동 공동체(갈라디아 4,27; 로마 9,25-29; 11,2-4), 예수운동 공동체가 겪는 고통(갈라디아 4,29; 고린토후서 11,3; 로마 8,36), 예수운동 공동체의 삶(고린토전서 1,31; 갈라디아 5,14; 로마 13,9)을 다룰 때 특히 구약성서가 인용되었다. 이 주제들은 서로 연결되었다.

바울이 어디에서 구약성서를 간접적으로 인용했는지 우리가 알아내기는 쉽지 않다. 바울 복음을 듣는 사람들이 어느 정도 구약성서를 알고 있었는지 분명하지 않다. 고린토전서 2,16; 고린토후서 10,17; 로마 2,6은 구약성서를 간접적으로 인용하였다. 데살로니카전서 5,8; 필립비 1,19; 고린토후서 3,3; 로마 9,29-10,8; 11,16은 구약성서에서 왔다. 여러분도 하나님도 증인(데살로니카전서 2,10)은 이사야 43,12에서, 분노의 그릇(로마 9,22)은 예레미야 27,25에서, 어둠에서 빛이 비쳐오너라 말씀하신 하나님(고린토후서 4,6)은 이사야 9,1에서 왔다.

우리를 위하여 기록된 것δι' ἡμᾶς γὰρ ἐγράφη(고린토전서 9,10; 로마 4,23) 표현이 바울 편지에 두 번 있다. 성서는 실제 생활과 연결되며, 구약성서는 그리스도를 확인한다는 바울 생각을 엿볼 수 있다. 바울이 그리스도

복음을 전할 때 부닥치는 문제를 구약성서에 비추어 생각하고, 구약성서는 그 문제를 비추어 준다는 뜻이다. 바울은 구약성서를 그리스도 사건과 연결하여 해석하였다. 그리스도 사건 관점에서 구약성서를 바라보고, 구약성서 관점에서 그리스도 사건을 다시 읽는다. 구약성서는 그리스도와 그리스도에 속한 사람들에게 의미가 있다는 해석이다. 그리스도를 믿고 따르는 사람들만 그런 해석을 할 수 있다. 그리스도를 받아들이지 않는 유다인이 구약성서를 그리스도와 연결하여 보았을 리 없다. 구약성서를 보는 눈에서 그리스도를 받아들이지 않는 유다인과 그리스도를 받아들이는 유다인은 다르다.

바울의 구약성서 해석은 당대 유다교 신학 배경을 알아야 좀 더 이해될 수 있다. 바울 사상은 그리스 교육과 문화의 영향을 입지 않을 수 없었다. 공통년 이전 4세기 알렉산더 대왕이 지중해 지역을 점령한 이후 유다교는 모든 분야에서 그리스 문화(헬레니즘)와 접촉하게 되었다. 그리스어가 마치 공용어처럼 널리 쓰였다. 유다교 문헌들이 그리스어로 번역되기 시작했다. 헬레니즘 유행에 저항하는 유다교 문헌도 있었지만, 그리스어로 번역된 유다교 문헌이 지중해 지역에서 유일신 사상의 매력을 전하기도 하였다. 토라를 그리스어 nomos라고 번역한 것이 당시 유다교의 탁월한 적응 전략 중 하나였다.[4] 덕분에 토라는 유다교 바깥 세계에서도 유다인 아닌 사람들이 배울 수 있고 받아들일 수 있는 내용으로 소개되었다.

신약성서에 가장 중요한 그리스·로마 시대 유다교 문헌은 필로Philo (공통년 이전 20년-공통년 50년) 작품이었다.[5] 필로는 플라톤을 모세의 후

---

4 Vogel, M, "Hellenistisch-jüdische Theologie", in: Horn, F.W, (Hg.), *Paulus Handbuch*, Tübingen 2013, 491-497, 492.

계자 중 하나로 여겼다. 바울 편지 곳곳에서 필로 냄새가 난다고 말할 수 있다.6 유다교 역사가 요세푸스^Josephus(공통년 30-100년)도 신약성서 연구와 연관 있는 중요한 인물 중 하나였다. 로마의 상류층은 요세푸스 작품을 즐겨 읽었다.7

피조물을 통해 하나님을 인식할 수 있다는 생각, 창조주 대신에 피조물을 섬기는 행위가 유다인 아닌 사람들의 근본적인 죄라는 생각을 그리스·로마 시대 유다교는 가지고 있었다. "그분의 보이지 않는 속성, 곧 그분의 영원하신 능력과 신성은 세상이 창조된 이래 그 지으신 것들을 통하여 이성의 눈에는 보입니다"(로마 1,20a)는 필로 작품에서도 찾을 수 있다.8 "썩어 없어질 수 없는 하나님의 영광을 썩어 없어질 사람과, 날짐승들과 네발짐승들과 길짐승들의 형상을 닮은 꼴로 바꾸어 버렸습니다"(로마 1,23), "이들은 하나님의 진리를 거짓으로 뒤바꾸었고 조물주 대신 피조물을 위하고 받들어 섬겼습니다"(로마 1,25a)도 마찬가지다.9 하나님 은혜에 대한 생각에서도 바울과 필로는 연결된다. "우리는 하나님의 일에 협력하는 사람으로서 여러분이 하나님의 은총을 헛되이 받는 일이 없도록 권고하는 바입니다"(고린토후서 6,1; Philo, LA III

---

5 Sellin, G, "Philo von Alexandria", in: Erlemann, K,/Noethliches, K.L, (Hg.), *Neues Testament und antike Kultur I*, Neukirchen-Vluyn 2004, 86-90, 87; Gombocz, W.L, *Die Philosophie der ausgehenden Antike und des frühen Mittelalters* (Geschichte der Philosophie 4), München 1997, 41-60.

6 Sellin, G, "Eine vorchristliche Christologie. Der Beitrag des alexandrinischen Juden Philo zur Theologie im Neuen Testament", ZNT 2 (1999), 12-21, 19.

7 Vogel, M, "Hellenistisch-jüdische Theologie", in: Horn, F.W, (Hg.), *Paulus Handbuch*, Tübingen 2013, 491-497, 493.

8 Philo, *opif.* 8; *conf.* 98; Haacker, K, *Der Brief des Paulus an die Römer*, ThHK 6, Leipzig 2012, 4판, 52, 주 33.

9 Philo, *opif.* 7; *spec. I* 20.

136). 자유,[10] 양심[11] 단어에서도 바울과 필로의 공통점이 보인다.

유다교 품에서 자라고 그리스 사상과 접촉했지만, 바울은 유다교와 그리스 사상의 자존심을 건드리기도 했다. "유다인들은 기적을 요구하고 그리스인들은 지혜를 찾지만, 우리는 십자가에 달리신 그리스도를 선포할 따름입니다. 그리스도가 십자가에 달렸다는 것은 유다인들에게는 비위에 거슬리고 이방인들에게는 어리석게 보이는 일입니다"(고린토 전서 1,22-23). 유다인이 자랑하는 민족적 우월성도, 그리스인이 자랑하는 철학과 지혜도, 나자렛 예수의 십자가 앞에서 무용지물이다. 바울의 십자가 신학은 유다인의 민족적 우월성도, 그리스인의 철학도 넘어섰다.

---

10 Vollenweider, S, *Freiheit als neue Schöpfung*, FRLANT 147, Göttingen 1989, 124-133.
11 Eckstein, H.-J, *Der Begriff Syneidesis bei Paulus*, WUNT 2.10, Tübingen 1983, 121-132.

# 1부

◆

## 바울은 예수운동에서
## 무엇을 배웠나

# 바울 이전 전승

바울이 안티오키아 공동체에 참여한 후 받아들였던 구전 전승의 흔적이 바울 편지에 담겨 있다. 그 전승이 예루살렘 공동체에서 전해졌는지, 안티오키아 공동체에서 처음으로 생겼는지 분명하지는 않다. 그 자료가 무엇이고, 언제 생겼고, 어디서 왔는지 알아내는 데 논란이 없을 수는 없겠다.[1] 전승이 바울에게 큰 영향을 주었거나 전승을 아는 사람들이 공동체에 많았다는 사실을 전제했기 때문에 바울은 전승을 언급한 듯하다.

바울이 받아들인 전승으로는 찬가讚歌Hymnus가 있다(로마 11,33-36; 필립비 2,6-11).[2] 로마 11,33-36은 하나님 찬가, 필립비 2,6-11은 그리스도 찬가다.[3] 로마 11,33-36은 유다교 전승에서 왔고, 필립비 2,6-11은 그리스 유다 지혜문학 전통에서 온 듯하다.[4]

바울 편지에는 그리스도 복음을 전하는 짧은 구절이 자주 보인다. 교

---

1 Schenke, L, *Die Urgemeinde,* Stuttgart 1990, 327; Häusser, D, *Christusbekenntnis und Jesusüberlieferung bei Paulus,* WUNT II 200, Tübingen 2006, 53-60.

2 Hengel, M, "Das Christuslied im frühen Gottesdienst", in: Ders, *Studien zur Christologie,* KS IV, WUNT 201, Tübingen 2006, 185-204.

3 Brucker, R, *'Christushymnen' oder 'epideiktische Passagen': Studien zum Stilwechsel im Neuen Testament und seiner Umwelt,* FRLANT 176, Göttingen 1997, 310-315.

4 Öhler, M, "Bausteine aus frühchristlicher Theologie", in: Horn, F.W, (Hg.), *Paulus Handbuch,* Tübingen 2013, 497-504, 499.

육, 예배, 성경연구에서 사용된 문장으로서 주로 유다교 전통에서 왔다. "하나님께서 그분을 죽은 자들 가운데서 일으키셨다"(로마 10,9; 고린토전서 6,14; 15,15), "그분이 죽은 이들 가운데서 일으키신 예수"(데살로니카전서 1,10; 갈라디아 1,1; 로마 4,24) 부활 문장이 있다. 부활 문장의 주어는 수동태 표현 뒤에 숨어 계신 하나님이다(고린토전서 15,20; 로마 6,4; 7,4). 부활 문장은 우리가 알고 있는 가장 오래된 신앙고백문이다.[5]

"그리스도는 우리를 위하여 죽으셨다"(로마 5,8; 14,15; 데살로니카전서 5,10) 헌신Hingabe 문장은 믿는 사람을 위한 그리스도 죽음 의미를 말하고 있다. 헌신 문장은 전치사 위하여ὑπέρ와 연결되어 표현되었다. 단어 ὑπέρ는 위하여, 유리하게, 대신에 등 여러 뜻이 있다. 그 문장 뒤에 대속代贖 뜻이 있는지, 그 문장이 그리스 사상에서 왔는지 유다교 사상에서 왔는지, 의견이 분분하다.[6] 예수 그리스도의 죽음과 부활이 함께 고백되기도 했다. "예수께서 죽으셨다가 다시 살아나셨다"(데살로니카전서 4,14a; 로마 14,9). 부활 문장과 죽음 문장은 바울 전에 이미 합쳐졌다.[7] 바울이 분명히 전해 받은 신앙고백 전승을 빠트릴 수 없다. "그리스도께서 성서에 기록된 대로 우리의 죄 때문에 죽으셨다는 것과 무덤에 묻히셨다는 것과 성서에 기록된 대로 사흘 만에 다시 살아나셨다는 것과 그후 여러 사람에게 나타나셨다는 사실입니다. 그리스도께서는 먼저 베드로에게 나타나신 뒤에 다시 열두 사도에게 나타나셨습니다"(고린토전서 15, 3b-5).

---

5 Wengst, K, *Christologische Formeln und Lieder des Urchristentums*, StNT 7, Gütersloh 1972, 42.

6 Schnelle, U, *Paulus. Leben und Denken*, Berlin/Boston, 2014, 2판, 502-512.

7 Schenke, L, *Die Urgemeinde*, Stuttgart 1990, 24.

부활한 예수가 나타났다는 문장이 부활 문장과 죽음 문장에 추가되었다. "주께서 확실히 다시 살아나셔서 시몬에게 나타나셨다"(누가 24,34), "예수는 우리의 죄 때문에 넘겨지셨다"(로마 4,25; 8,32) 표현은 하나님께서 예수를 그렇게 하셨다는 뜻이다. 갈라디아서에는 예수 스스로 그렇게 하셨다는 뜻이 강조되었다. "그리스도는 우리 아버지이신 하나님의 뜻을 따라 우리를 현재의 이 악한 세대에서 건져내시려고 우리 죄를 위하여 당신 자신을 내주셨습니다"(갈라디아 1,4; 2,20). 하나님께서 인간의 죄 때문에 예수를 죽게 만드셨다는 문장이 예수 스스로 그렇게 하셨다는 문장보다 더 오래된 것 같다.[8] 그 문장들은 이사야 53,12를 참조한 듯하다. "나는 그로 하여금 민중을 자기 백성으로 삼고 대중을 전리품처럼 차지하게 하리라. 이는 그가 자기 목숨을 내던져 죽었기 때문이다. 반역자의 하나처럼 그 속에 끼여 많은 사람의 죄를 짊어지고 그 반역자들을 용서해 달라고 기도했기 때문이다."

하나님께서 아들을 이 세상에 보내셨다는 사상은 요한복음계 문헌을 통해 우리에게 주로 알려졌지만(요한 3,17; 요한1서 4,9), 바울도 이미 강조했었다(갈라디아 4,4; 로마 8,3). 파견 문장은 하나님 아들이 천지창조 이전에 존재했다는 선재先在Präexistenz 사상(필립비 2,6)을 전제하고 연결되었다. 바울에게서 파견 문장의 대표적인 사례로서 로마서 3,25도 있다. "그리스도를 믿는 사람에게 죄를 용서해 주시려고 하나님께서 그리스도를 제물로 내어주셔서 피를 흘리게 하셨습니다. 이리하여 하나님께서 당신 의로움을 나타내셨습니다." 로마서 3,25에서 단어 ἱλαστήριον이 유다교 배경의 속죄 제물(레위기 16,13-17)에서 왔는지, 그리스 사상

8 Schenke, L, *Die Urgemeinde*, Stuttgart 1990, 333.

에서 왔는지 논란되고 있다.[9]

"그분은 육으로는 다윗의 후손으로부터 태어나셨으며"(로마 1,3)에서 예수 신분에 대한 전승을 볼 수 있다. 예수는 다윗 후손이라는 말을 바울은 자신의 일곱 편지에서 딱 한 번 여기에 썼다. 예수를 그리스도(구세주)로 소개하는데 다윗 후손 표현은 중요했다. "네 몸에서 난 자식 하나를 후계자로 삼을 터이니, 그가 국권을 튼튼히 하고 나에게 집을 지어 바쳐 나의 이름을 빛낼 것이며, 나는 그의 나라를 영원히 든든하게 다지리라. 내가 친히 그의 아비가 되고 그는 내 아들이 되리라"(사무엘하 7,12b-14a), "죽은 자들의 부활 이후 권능을 지닌 하나님 아들로 책봉되신 분, 곧 우리 주 예수 그리스도"(로마 1,4) 부분은 천지창조 이전에 존재했다는 사상과 조금 긴장 관계에 있다. 예수 그리스도는 창조 이전부터 하나님 아들인가, 부활 이후 비로소 하나님 아들인가.

예수운동은 하나님 한 분(갈라디아 3,20; 고린토전서 8,4; 로마 3,30)을 믿었지만, 예수 그리스도를 주님(필립비 2,11; 고린토전서 12,3; 로마 10,9)이라고 고백하기 시작했다. 하나님 한 분과 주 예수 그리스도 표현은 유일신 사상을 훼손하지 않으면서도 예수와 하나님의 가까움과 일치를 잘 드러낸 묘수였다. 주님 호칭이 어떻게 해서 예수 그리스도에 대한 믿음을 가리키는 단어가 되었는지 의견이 분분하다.[10] 주님μαράν 호칭은 시편 110,1을 참조하고, 예수가 쓰던 아람어 "마라나 타μαράναθά — 주여, 오소서!"(고린토전서 16,22)에서 나왔다는 의견이 있다.[11] 하나님을 발음하

---

9 Schröter, J, "Sühne, Stellvertertung und Opfer", in: Frey, J,/Schröter, J, (Hg.), *Deutungen des Todes Jesu im Neuen Testament,* WUNT 181, Tübingen 2005, 51-71, 62.

10 Öhler, M, "Bausteine aus frühchristlicher Theologie", in: Horn, F.W, (Hg.), *Paulus Handbuch,* Tübingen 2013, 497-504, 501.

11 Hengel, M, ""Setze dich zu meiner Rechten!" Die Inthronisation Christi zur Rechten

지 않기 위해 표시하던 단어<sup>Tetragramm JHWH</sup>를 그리스 지역 유다교에서 주님<sup>Kyrios</sup>이라고 발음한 흔적이 있다.[12] 유다교 바깥 지역, 특히 안티오키아에서 유다인 아닌 사람들이 쓰던 주님 호칭을 예수운동이 가져와 예수에게 붙이기 시작했다는 의견도 있다.[13]

예수의 최후만찬 말씀도 바울은 전승에서 받아들였다(고린토전서 11,23b-25). 최후만찬 말씀(마가 14,22-25; 누가 22,19) 전승이 실제로 얼마만큼 역사의 예수가 직접 하신 말씀에 해당되는지 의견이 분분하다. 세례 전승(갈라디아 3,26-28)도 바울이 예수운동에서 배우고 받아들인 전승 중 하나다. 믿음, 희망, 사랑(데살로니카전서 1,3; 5,8; 고린토전서 13,13) 표현도 바울이 안티오키아 공동체에서 배운 듯하다.[14] 바울 편지에 자주 나타나는 그리스도 안에서ἐν Χριστῷ(고린토전서 1,2; 갈라디아 1,22; 로마 3,24) 표현도 분명히 바울 이전에 생겼다.[15] 하나님을 아빠, 아버지(갈라디아 4,6; 로마 8,15)라고 부르는 표현도 바울 이전 전승으로 돌아간다. "누구든지 하나님의 성전을 파괴하면 하나님도 그 사람을 파멸시킬 것입니다. 하나님의 성전은 거룩하기 때문입니다"(고린토전서 3,17; 14,38; 갈라디아 1,9) 표현도 바울 이전에 생겼다.[16]

---

Gottes und Psalm 110,1", in: Hengel, M, *Studien zur Christologie,* KS IV, WUNT 201, Tübingen 2006, 281-367, 324.

12 Hengel, M, ""Setze dich zu meiner Rechten! " Die Inthronisation Christi zur Rechten Gottes und Psalm 110,1", in: Hengel, M, *Studien zur Christologie,* KS IV, WUNT 201, Tübingen 2006, 281-367, 310.

13 Wengst, K, *Christologische Formeln und Lieder des Urchristentums,* StNT 7, Gütersloh 1972, 134.

14 Becker, J, *Paulus. Der Apostel der Völker,* Tübingen 1989, 115.

15 Schnelle, U, *Gerechtigkeit und Christusgegenwart. Vorpaulinische und paulinische Tauftheologie,* GTA 24, Göttingen 1986, 2판, 109-112.

16 Schenke, L, *Die Urgemeinde,* Stuttgart 1990, 218.

# 예수 호칭

바울이 쓴 일곱 편지는 예수운동이 인류에게 선사한 최초의 문헌이 긴 하지만 바울 편지가 나타나기 전에도 예수운동에는 입에서 입으로 전해지던 많은 전승이 있었다. 그 전승의 일부를 바울이 우리에게 전해준 것이다. 바울이 처음부터 예수운동 전승을 만든 것이 아니다. 바울은 독창적인 신학자 이전에 먼저 예수운동 전승의 충실한 전달자였다. 여러 문학 양식으로 전해진 전승뿐 아니라 예수 호칭도 바울 이전 구전口傳 전승에 속한다.[1]

그리스도χριστός(=메시아) 호칭은 신약성서에서 531회 나오는데, 바울 편지에 270회 있다. 히브리어 mašīaḥ, 아람어 mᵉšīḥāʾ에서 온 단어인데, 고대 그리스어로 Μεσσίας라고 부르기도 한다. 나자렛 예수의 지상 삶을 가리키는 희망이 담긴 표현이다. 베드로는 예수에게 "선생님은 그리스도이십니다"(마가 8,29)라고 고백했다. 거룩한 영을 상징하는 향기 나는 기름이 특정한 인물의 머리에 부어졌다. 기름 부어진 사람은 하나님에 의해 선택되고 보호받는다(사무엘상 24,7.11). 사울(사무엘상 9,16), 다

---

1 Schnelle, U, "Heilsgegenwart. Christologische Hoheitstitel bei Paulus", in: Schnelle, U,/Söding, T,/Labahn, M, (Hg.), *Paulinische Christologie* (FS Hübner, H,), Göttingen 2000, 178-193; Hurtado, L.W, *Lord Jesus Christ*, Grand Rapids/Cambridge 2003, 98-134.

윗(사무엘상 16,6), 솔로몬(역대기상 29,22) 등 이스라엘 왕들에게만 행해진 의식이었다. 하나님께서 페르샤 왕 고레스를 기름 부어 세우셨다고 이사야 예언자는 기록했다(이사야 45,1). 그런데 공통년 이전 6세기 바빌론 유배 시대 이후 왕조가 사라졌을 때부터 유다교 대사제(레위기 4,3; 6,15; 역대기상 29,22)에게 기름이 부어졌고, 엘리야(열왕기상 19,15; 이사야 61,1)처럼 예언자들에게도 가끔 기름이 부어졌다.

메시아 왕이 다스리는 나라의 통치는 평화와 정의가 넘치는 나라로 노래 불리었다(이사야 9,1-6; 예레미야 23,5; 미가 5,1-5). 평화는 폭력과 전쟁이 없을 뿐만 아니라 법과 정의가 실천되는 상태를 가리킨다. 메시아는 다윗 가문에서 나오고(이사야 11,1; 예레미야 23,5; 미가 5,1), 다윗 왕좌에 앉을 것이다(이사야 9,6; 에제키엘 34,23; 사무엘하 7,11-16). 다윗 가문 출신이 메시아를 나타내는 중요한 표지 중 하나가 되었다(로마 1,3; 마가 10,47; 12,35-37). 신약성서 시대에 유다교에 메시아 희망이 하나로 통일되지는 않았고, 솔로몬 시편과 꿈란 공동체 문헌에서처럼 여러 가지로 존재했다.[2] 예언자, 왕, 사제 세 직분이 그리스도의 세 직분으로서 16세기 개신교 신학에 받아들여졌다.[3]

예수 자신이 메시아라고 생각하거나 그렇다고 말했을까. 만일 메시아라고 생각했다면, 그 생각을 어느 정도 하고 살았을까. 20세기 성서학계는 특히 불트만 이후 이 주제를 두고 의견이 엇갈렸다. 공통년 70년 무렵 쓰인 듯한 마가복음 이전에 쓰인 것이 확실한 예수어록(=Q 문

2 Zimmermann, J., "Messiaserwartungen in den Schriftfunden von Qumran", ThBeitr 31 (2000), 125-144; Theissen, G.,/Merz, A. Der historische Jesus, Göttingen 1996, 462-470.

3 Schwemer, A.M, "Jesus Christus als Prophet, König und Priester, Das munus triplex und die frühe Christologie", in: Hengel, M.,/Schwemer, A.M, Der messianische Anspruch Jesu und die Anfänge der Christologie, WUNT 138, Tübingen 2001, 165-230.

헌)에는 메시아 호칭이 없었다. 그러나 마가복음에서 십자가 명패에 유다인의 왕ὁ βασιλεὺς τῶν Ἰουδαίων(마가 15,26), 즉 예수는 메시아를 참칭한 자로서 처형되었다고 기록되었다.[4] 예수 부활 이후 그리스도 호칭은 바울 공동체에서 예수 이름처럼 굳어졌고,[5] 예수운동에서 곧 자리 잡았다(사도행전 9,22; 요한1서 5,1). 예수의 십자가 고통과 연결되어 새로운 해석을 낳은 그리스도 호칭은 유다교 사람들에게 분노를 사게 되었다(고린토전서 1,23; 갈라디아 5,11).

마가복음에서 예수가 메시아라는 사실은 제자들에게도 잘 이해되지 못했다. 뿌려진 씨앗 비유(마가 4,13-20), 풍랑(마가 4,37-40), 베드로 고백(마가 8,27-33) 등에서 예수는 "여러분은 이렇게 알아듣지를 못합니까?"(마가 4,13; 7,18), "아직도 믿음이 없습니까?"(마가 4,40), "하나님의 일은 생각하지 않고 사람의 일만 생각하는군요"(마가 8,33) 하며 제자들을 꾸짖고 탄식했다. 마가복음에서 십자가 죽음과 부활에서야 비로소 예수가 메시아라는 사실이 드러난다. 제자들이 기대했던 메시아 모습과는 달랐다는 말이다.

누가복음은 예수 첫 설교(누가 4,18-19)에서 처음부터 예수가 메시아 예언자임을 강조했다. "주님의 성령이 나에게 내리셨다. 주께서 나에게 기름을 부으시어 가난한 이들에게 복음을 전하게 하셨다. 주께서 나를 보내시어 묶인 사람들에게는 해방을 알려주고 눈먼 사람들은 보게 하

---

4 Hengel, M,/Schwemer, A.M, *Der messianische Anspruch Jesu und die Anfänge der Christologie,* WUNT 138, Tübingen 2001, 17-37.166-170; Horbury, W, *Messianism among Jews and Christians,* London/New York 2003, 1-21.

5 Hengel, M, "Erwägungen zum Sprachgebrauch von Χριστός bei Paulus und in der 'vorpaulinischen' Überlieferung", in: Hengel, M, *Paulus und Jakobus. Kleine Schriften 3.* Tübingen 2002, 240-261.

고, 억눌린 사람들에게는 자유를 주며 주님의 은총의 해를 선포하게 하셨다"(이사야 61,1-2). 마태복음은 다윗 자손 예수를 폭력을 사용하지 않는 자비롭고 평화로운 메시아(마태 11,29; 21,1-9)로 소개했다. 요한복음에서 시몬 베드로의 동생 안드레아는 시몬에게 "우리가 찾던 메시아를 만났소" 하고 말했다(요한 1,41). 그 메시아는 "유다인의 왕 나자렛 예수"(요한 19,19)이지만, 십자가 명패에 히브리 말과 라틴 말과 그리스 말로 적혀 있었다. 예수는 유다인의 메시아뿐만 아니라, 온 세상의 메시아라는 뜻이다.

예수는 메시아, 즉 그리스도라는 고백을 바울은 그리스도와 함께σὺν Χριστῷ(데살로니카전서 4,14; 고린토후서 13,4; 로마 8,11), 그리스도 안에서ἐν Χριστῷ(고린토전서 1,30; 갈라디아 3,26; 로마 8,1) 표현으로써 강조했다. 예수 그리스도를 믿는 사람은 현재 삶에서도 그리스도와 함께 고통을 체험하고 살아가며, 자신의 삶이 그리스도 안에서 영향받고 있다. 그리스도 호칭은 어느덧 안티오키아 공동체에서 예수 그리스도를 믿는 사람들을 외부 사람들이 가리키는 단어가 되었다(사도행전 11,26; 26,28; 베드로전서 4,16). 예수가 메시아임을 거부하는 사람은 그리스도의 적ἀντίχριστος(요한 2,18.22)이라고 불리기도 하였다. 메시아, 즉 그리스도 호칭은 여러 예수운동 공동체에서 자리 잡았다.

하나님의 아들(데살로니카전서 1,9; 로마 1,3; 마가 14,61) 호칭도 구약성서 배경(사무엘하 7,14; 시편 2,6-8; 89,27)에서 나왔다. 그런데 하나님의 아들 호칭은 메시아, 즉 그리스도 호칭과 다르게 유다교 밖에서도 쉽게 이해될 수 있었다. 그리스도 호칭은 신약성서에 531회, 바울 편지에 270회 있는 데 비해, 하나님의 아들 호칭은 신약성서에 105회, 바울 편지에 15회 있다.6 바울은 다마스쿠스 체험(갈라디아 1,16)에서 하나님의 아들 호칭을 사용했다. 하나님의 아들 호칭은 갈라디아서에서 4회, 로마서에서 7회 나오는데, 예수가 파견되었고(갈라디아 4,4; 로마 8,3) 희생했다(갈라디아 2,20; 로마 8,32) 말할 때 쓰였다. "그분은 육으로는 다윗의 후손으로부터 태어나셨으며"[7] 다윗 후손 예수는 하나님의 아들이다. 하나님의 아들 호칭은 하나님이 예수를 출산했다는 말은 아니다. 하나님과 예수가 아버지와 아들처럼 가까운 사이라는 뜻이다.

주님 호칭은 공통년 이전 3세기부터 그리스어를 쓰는 유다교 회당에서 하나님을 호칭하지 않으려고 대신 쓰던 단어였다.[8] 주님 호칭은 신약성서에서 719회, 바울 편지에 189회 나온다. 주님 호칭은 메시아, 즉 그리스도 호칭보다도 더 많이 신약성서에서 쓰였다. 주님 호칭이 신약성서에서 하나님을 156회 가리키고, 예수를 468회 가리켰다. 그리스도 호칭은 예수 이름처럼 쓰였지만, 주님 호칭은 예수 이름처럼 쓰이진 않았다.

주여, 어서 오소서(고린토전서 16,22) 외침은 예수운동 빵 나눔에서 비롯된 듯하다(고린토전서 11,26; 요한계시록 22,20b).[9] 주님 호칭으로써 공동체는 드높여진 주님이 곧 오시기를 기대하는 마음을 표현했다. 부활하고 드높여진 예수는 바울 이전에 벌써 주님으로 불렸다(고린토전서 12,3; 필립비 2,11; 로마 10,9). "야훼께서 내 주께 선언하셨다. 내 오른편에 앉아

---

6 Pokorný, P./Heckel, U, *Einleitung in das Neue Testament,* Tübingen 2007, 129.

7 로마 1,30은 바울 이전 전승에서 온 것이 분명하다. Lohse, E., *Der Brief an Die Römer,* KEK 4, Göttingen 2003, 64.

8 Rösel, M, *Adonaj - Warum Gott "Herr: genannt wird,* FAT 29, Tübingen 2000, 1-15.222-230.

9 Heckel, U, *Der Segen im Neuen Testament. Begriff, Formeln, Gesten. Mit einem praktisch-theologischen Ausblick,* WUNT 150, Tübingen 2002, 220-223.

있어라(시편 110,1)"를 인용하여 예수운동은 예수를 주님으로 부르기 시작했다. "너, 이스라엘아 들어라. 우리의 하나님은 야훼시다. 야훼 한 분뿐이시다"(신명기 6,4)는 예수운동에서 하나님 한 분과 주 예수 그리스도 한 분(고린토전서 8,6) 표현으로 바뀌어 자리 잡았다.[10] 하나님에게만 드리는 주님 호칭을 예수에게 붙이는 행위는 예수 그리스도를 믿지 않는 유다인에게는 엄청난 모욕으로 여겨졌다. 예수 말씀을 주님 말씀이라고 표현하면서, 바울은 역사의 예수를 주님이라고도 불렀다(데살로니카전서 4,15; 고린토전서 7,10; 9,14). 주님의 영향을 받은 바울은 자신을 그리스도 예수의 종δοῦλος Χριστοῦ Ἰησοῦ으로 소개했다(갈라디아 1,10; 로마 1,1).

사람의 아들 호칭은 그리스 사람은 이해하기 어려운 암호 같은 호칭이었다. 몇 번의 예외(사도행전 7,56; 히브리 2,6)를 제외한다면, 복음서에만 있고 신약성서에 81회 나온다. 예수에 대한 믿음을 고백할 때나 예수를 전파할 때 쓰이진 않았고, 예수가 자신을 가리킬 때 쓰던 호칭이었다. 죄를 용서해 주고(마가 2,10), 안식일 의무를 어기고(마가 2,28), 사람들과 어울려 먹고 술 마시는 모습(누가 7,34) 등 지상에서 활동하는 예수를 우선 가리켰다. 저항하고 고통받는 예수를 소개할 때도 사람의 아들 호칭은 쓰였다. 자신의 고난을 예고할 때(마가 8,31; 9,31; 10,33), "섬김을 받으러 온 것이 아니라 섬기러 왔고, 또 많은 사람을 위하여 목숨을 바쳐 몸값을 치르러 온 것입니다"(마가 10,45)처럼, 예수가 저항하고 고통받는 자신을 소개할 때도 쓰였다. 세상 마지막 날에 심판하러 오실 예수(마가 8,38; 14,62; 다니엘 7,13)를 가리킬 때에도 쓰였다.

---

10 Kramer, W, *Christos Kyrios Gottessohn*, AThANT 44, Zürich 1963, 99; Wolff, Chr, *Der erste Brief des Paulus an die Korinther*, ThHK 7, Berlin 1996, 172-176.

사람의 아들 호칭이 어디서 왔고 어떤 뜻이 있을까. 사람의 아들 호칭이 가리키는 세 역할 중 어느 것이 실제로 역사의 예수가 말했을까. 2차 세계대전 이후 성서학계에서 논란된 주제 중 하나였다. 사람의 아들 호칭은 예수만 언급했다는 의견에는 일치되었다.[11] 사람의 아들 호칭을 전해 들었던 바울은 예수를 아담과 비교할 때 사용했다(고린토전서 15,45-47; 필립비 3,20; 로마 5,14).

예수 호칭은 예수 의미를 드러내는 가장 기초적인 표현이었다. 메시아, 즉 그리스도 호칭은 유다인에게 기쁨과 희망을 선사했지만, 주님 호칭은 유다인에게 매력과 논란을 동시에 불러일으켰다. 사람의 아들처럼 그리스·로마 세계에서 이해받기 어려운 호칭도 있었고, 하나님의 아들과 주님처럼 곧 환영받고 자리 잡은 호칭도 있었다. 구원자σωτήρ 호칭(누가 2,11; 사도행전 5,31; 필립비 3,20)이 그리스·로마 세계에서 또한 환영받았다. 로마 황제는 구원자라고 이미 불렸다. 요한복음 저자는 예수를 로마제국뿐 아니라, 온 세상의 구원자ὁ σωτήρ τοῦ κόσμου(요한 3,16; 4,42; 요한1서 4,14)라고 소개했다.

예수운동 초기에 예수운동 공동체가 예수의 의미와 품위를 표현하기 위해 사용한 몇 단어를 예수 호칭이라고 흔히 부른다.[12] 예수 호칭에 대한 성서학계 연구는 본격적으로 20세기 초부터 시작되었다. 예수 호칭들의 정확한 뜻에 대해서 여전히 논란이 계속되고 있다. 바울 편지에는 그리스도, 주님, 하나님의 아들 세 호칭이 주로 등장한다.

---

11 Stuhlmacher, P, *Biblische Theologie des Neuen Testament. Band 1: Grundlegung. Von Jesus zu Paulus*, Göttingen 2005, 3판, 107-125; Theissen, G,/Merz, A, *Der historische Jesus*, Göttingen 2001, 3판, 470-480.

12 Karrer, M, *Jesus Christus im Neuen Testament*, GNT 11, Göttingen 1998, 18.

그리스도Χριστός 호칭은 신약성서에 531회 나오고, 바울 편지에는 그절반에 해당하는 271회 나온다. 바울이 가장 많이 쓴 예수 호칭이다. 예수운동이 탄생할 무렵, 그리스도 호칭은 과거 인물이나 미래 인물에 쓰이던 호칭이었다. 하나님에 의해 기름 부음 받은 사람이라는 뜻의 그리스도 호칭은 옛날 이스라엘의 선조, 모세, 예언자나 세상 마지막 시대에 올 위대한 인물에게 주어졌다.[13] 그들은 하나님과 특별히 가까운 사람들로 여겨졌다. 바울 당시 지중해 지역에서 그리스도 호칭은 신들의 동상, 유적, 건물, 그릇 등을 가리키는데 마구 쓰였다.[14] 바울은 그리스도 호칭을 예수에게만 썼고, 주로 예수의 십자가 죽음(고린토전서 1,23; 갈라디아 3,1)과 부활(데살로니카전서 5,9; 고린토전서 8,11; 로마 5,6)을 설명할 때 썼다. 십자가에서 죽고 부활한 예수는 그리스도, 즉 하나님과 아주 가까운 분(고린토후서 4,6; 5,19)이라는 뜻이다. 바울 덕분에 그리스도 호칭은 널리 알려지게 되었다.[15]

주님κύριος 호칭은 그리스 사회 가정에서 쓰이는 단어였다. 가부장 사회에서 가문이나 가족의 권력과 재산을 쥐고 있는 남자 어른을 가리켰던 주님 호칭은 정치와 종교 분야로 퍼져, 존경받는 인물, 정치권력자, 종교권력자, 신들을 부르는 데 쓰였다.[16] 가부장 사회 냄새가 짙은 주님 호칭은 바울이 예수를 부를 때 그리스도 호칭 다음으로 자주 썼다. 바울

---

13 Karrer, M, *Der Gesalbte. Die Grundlagen des Christustitels,* FRLANT 151, Göttingen 1990, 95-376.

14 Karrer, M, *Der Gesalbte. Die Grundlagen des Christustitels,* FRLANT 151, Göttingen 1990, 173-213.

15 Karrer, M, *Jesus Christus im Neuen Testament,* GNT 11, Göttingen 1998, 140-142.

16 Zimmermann, Chr, *Die Namen des Vaters. Studien zu ausgewählten neutestamentlichen Gottesbezeichnungen vor ihrem frühjüdischen und paganen Sprachhorizont,* AJEC 69, Leiden/Boston 2007, 187-193.

편지에 189회 나오는 주님 호칭에서 11회는 하나님을 가리키고, 160회는 예수를 가리킨다. 나머지 18회는 누구를 가리키는지 분명하지 않다. 예수가 부활하고 드높여져 하나님 곁에 있으며(로마 10,9: 필립비 2,9-11), 예수가 권세와 영광을 누리고 있다는 사실을 강조하기 위해 예수를 주님으로 불렀다. 부활 이후 예수를 가리키는데 적절하지만 부활 이전 역사의 예수를 가리키는 데는 조심스러운 호칭이다.

바울은 필립비 2,9-11에서 예수운동의 그리스도 고백을 이사야 예언서 45,23-25에 비추어 설명한다. 구약성서(공동성서) 그리스어 번역본에 약 6,000회 나오는 주님 호칭을 하나님께서 예수에게 선사했다는 것이다. 하나님의 권세와 영광이 예수에게 전해졌고(로마 10,12), 유일하신 하나님을 훼손하지 않고서도 예수에게 하나님의 권세와 영광을 인정할 수 있다는 뜻이다. 바울은 구약성서에서 하나님께 쓰이던 주님 호칭을 거의 예수에게만 썼다.[17] 하나님께 쓰이던 주님 호칭을 거의 예수에게만 쓴 것은 예수운동의 특징이었다. 하나님과 예수를 둘 다 주님으로 호칭한 사실을 이위일체적βινιταρισχη 표현이라고 말한 학자도 있다.[18]

우리 주님(데살로니카전서 1,3; 고린토전서 9,1), 주님, 어서 오소서(고린토전서 16,22) 표현으로써 예수를 주님으로 부르는 사람들은 예수의 권세와 영광을 인정하고 자신들이 예수의 권세와 영광 아래 있다고 확신하

---

17 Zimmermann, Chr, *Die Namen des Vaters. Studien zu ausgewählten neutestamentlichen Gottesbezeichnungen vor ihrem frühjüdischen und paganen Sprachhorizont*, AJEC 69, Leiden/Boston 2007, 195-204.

18 Hurtado, L.W, *One God, One Lord. Early Christian Devotion and Ancient Jewish Monotheism*, London 1988, 93-124; Hurtado, L.W, *Lord Jesus Christ*, Grand Rapids/Cambridge 2003, 134-153.

였다(고린토전서 6,13; 로마 14,7). 바울은 주님 호칭으로써 예수의 권력을 강조하면서 당시 여러 주님들(고린토전서 7,22; 8,5; 10,21), 즉 정치권력자들을 견제하고 상대화했다.

21세기 오늘도 주님 호칭은 미국, 러시아, 중국 등 강대국과 절대 정치권력자들을 상대화할 수 있다. 그런데 권력과 지배 개념이 가득한 주님 호칭을 21세기 민주주의 시대에도 예수에게 드려도 되는지, 권력과 지배 개념이 가득한 주님 호칭이 우리 시대에도 예수를 가리키고 드러내는 적절하고 매력 있는 호칭인지, 나는 개인적으로 고뇌하고 있다.

예수운동에서 하나님의 아들 호칭을 예수에게 언제부터 썼는지 논란이 되어 왔다.[19] 하나님의 아들 호칭이 유다교에서 비롯되었다고 성서학계 의견이 모이고 있다.[20] 하나님의 아들 호칭이 누구에게 쓰였든, 그 사람이 하나님과 아주 가까운 관계임을 나타내는 호칭이었다. 하나님의 아들 호칭은 바울 편지에서 예수에게 14회 적용되었다. 바울 편지에서 예수를 가리키는데 그리스도 호칭이나 주님 호칭에 비해 아주 드물게 쓰였다. 마가복음, 마태복음, 누가복음, 요한복음은 예수를 하나님의 아들로 자주 불렀지만, 바울 편지는 드물게 불렀다. 바울 편지와 복음서의 차이 중 하나가 하나님의 아들 호칭을 예수에게 자주 쓰느냐 여부였다.

19 Hahn, F, *Christologische Hoheitstitel*, FRLANT 83, Göttingen 1995, 5판, 474-484.
20 du Toit, D, "Christologische Hoheitstitel", in: Horn, F.W, (Hg.), Paulus Handbuch, Tübingen 2013, 294-299, 298.

# 믿음 고백문

바울이 전해 받은 예수 전승에는 호칭뿐 아니라 예수운동 공동체의 모임, 예배, 교육, 선교에서 사용된 믿음 고백, 찬가, 축복, 저주, 짧은 기도 표현이 있었다. 그중에서도 예수 죽음과 부활을 고백한 믿음 고백문은 가장 기초적인 전승에 속한다. "그것은 그리스도께서 성서에 기록된 대로 우리의 죄 때문에 죽으셨다는 것과 무덤에 묻히셨다는 것과 성서에 기록된 대로 사흘 만에 다시 살아나셨다는 것과 그 후 여러 사람에게 나타나셨다는 사실입니다. 그리스도께서는 먼저 베드로에게 나타나신 뒤에 다시 열두 사도에게 나타나셨습니다"(고린토전서 15,3b-5). 그들은 예수 그리스도로 말미암아 새로운 시대가 시작된다고 선언했다.[1] 예루살렘 공동체에서 생긴 듯한 이 믿음 고백문[2]은 바울 편지가 쓰이기 전에 예수운동 여러 공동체에 널리 퍼졌다. 예수 그리스도를 믿는 사람들은 부활한 예수의 나타남에서 예수가 살아계시고 계속 자신들과 연결되어 있다고 확신했다(고린토전서 15,3-11; 마가 16,1).

그리스도께서 죽은 자들 가운데서 다시 살아나셨다(고린토전서 15,12), 그리스도는 우리의 죄 때문에 죽으셨다(고린토전서 15,3) 두 전승이 믿음

---

1 Pokorný, P./Soucek, J.B. *Bibelauslegung als Theologie,* WUNT 100, Tübingen 1997, 13.
2 Pokorný, P./Heckel, U, *Einleitung in das Neue Testament,* Tübingen 2007, 135.

고백문(고린토전서 15,3b-5)에서 하나로 연결되었다.3 바울 이전에 생긴 예수 부활 전승은 바울 편지에 담겼다(데살로니카전서 1,10; 고린토전서 6,14; 로마 10,9). 예수운동의 부활 사상은, 동학의 개벽 사상처럼, 새로운 시대 가 시작된다는 묵시 사상이 바탕이었다.4 묵시 사상은 모든 그리스도교 신학의 어머니5라는 의견도 있다.

예수 부활 전승은 세상 마지막 날에 모든 죽은 사람들이 부활하리라 는 바리사이파 믿음이 배경에 있었다(마가 12,23). 유다교에서 부활 사 상은 비교적 늦게 생겼다(이사야 26,29; 에제키엘 37,1-14; 다니엘 12,2; 4Q 521). 아브라함, 모세, 다윗은 부활 사상을 알지 못했다. 모든 유다교 사 람들이 부활 사상을 받아들인 것도 아니었다.6 예수 시대 사두가이파 사람들은 부활 사상을 거절했다(마가 12,18-27). 다니엘 12,2에서 부활 한 사람들은 하나님 심판에 의해 구원이냐 멸망이냐 운명이 비로소 정 해진다. 부활이 곧 구원은 아니라는 뜻이다. 그런데 바울에게 부활 자체 가 이미 구원의 일부요 영원한 생명에 속한다.7

예수 부활뿐 아니라 예수 죽음에도 구원 의미가 있다는 생각이 예수 운동에 있었다. 그리스도는 성서에 기록된 대로κατὰ τὰς γραφὰς 우리의 죄 때문에 죽으셨다(고린토전서 15,3). 성서에 기록된 대로, 즉 구약성서에

3 Wolff, Chr, D*er erste Brief des Paulus an die Korinther,* ThHK 7, Berlin 1996, 355-370; Schrage, W, *Der erste Brief an die Korinther,* EKK VII/4, Neukirchen 2001, 18-25.31-53.

4 Hengel, M, "Paulus und die frühchristliche Apokalyptik", in: Ders, *Paulus und Jakobus. Kleine Schriften III,* WUNT 141, Tübingen 2002, 302-417.

5 Käsemann, E, "Die Anfänge christlicher Theologie", in: Ders, *Exegetische Versuche und Besinnungen II,* Göttingen 1970, 3판, 82-104, 100.

6 Hengel, M, "Das Begräbnis Jesu bei Paulus und die leibliche Auferstehung aus dem Grabe", in: Ders, *Studien zur Christologie, Kleine Schriften IV,* WUNT 201, Tübingen 2006, 386–450, 417-439.

7 Pokorný, P./Heckel, U, *Einleitung in das Neue Testament,* Tübingen 2007, 135, 주 84.

쓰인 것처럼, 표현은 무엇을 어디를 가리킬까. 바울은 구약성서에서 이사야 예언서를 21회, 시편을 16회 인용하였다. 바울이 여기서 특정 구절을 밝히진 않았다. "그를 찌른 것은 우리의 반역죄요, 그를 으스러뜨린 것은 우리의 악행이었다. 그 몸에 채찍을 맞음으로 우리를 성하게 해주었고 그 몸에 상처를 입음으로 우리의 병을 고쳐주었구나"(이사야 53,5), "그가 억울한 재판을 받고 처형당하는데 그 신세를 걱정해 주는 자가 어디 있었느냐? 그렇다, 그는 인간 사회에서 끊기었다. 우리의 반역죄를 쓰고 사형을 당하였다"(이사야 53,8), "나는 그로 하여금 민중을 자기 백성으로 삼고 대중을 전리품처럼 차지하게 하리라. 이는 그가 자기 목숨을 내던져 죽었기 때문이다. 반역자의 하나처럼 그 속에 끼여 많은 사람의 죄를 짊어지고 그 반역자들을 용서해 달라고 기도했기 때문이다"(이사야 53,12)를 바울은 기억한 듯하다. 예수운동은 예수 죽음을 이사야 53장에 비추어 해석하였고, 빵 나눔 예배(고린토전서 11,24b; 마가 14,24; 누가 22,19)에서 예수 죽음의 구원 의미를 생생하게 기억하였다.[8]

빵 나눔 전승은 희생(로마 8,32; 요한 3,16; 갈라디아 1,4), 죽음(데살로니카전서 5,10; 고린토후서 5,14; 로마 5,6), 고통(베드로전서 2,21; 3,18)을 나타내는 문장으로 이루어졌다. 바울은 예수 죽음의 구원 의미를 드러내는 빵 나눔 전승을 갈라디아서에서 의화론과 연결시켰다(갈라디아 3,26-29). 예수 죽음으로 인간은 율법의 힘에서 벗어나고(갈라디아 2,19), 믿음과 세례 이후 그리스도가 내 안에 살고 계신다(갈라디아 2,20). 믿음 고백문(고린토전서 15,3b-5)은 결국 두 내용을 말하고 있다. 예수는 죽음에도 불구하고 부활하셨기 때문에 인류의 구원자가 되셨다. 예수는 죄인을 위

---

8 Klauck, H.-J, *Herrenmahl und hellenistischer Kult*, NTA.NF 15, Münster 1982, 2판, 314-318; Zager, W, *Jesus und die frühchristliche Verkündigung*, Neukirchen 1999, 35.

해 죽으셨기 때문에 예수 죽음은 구원 의미가 있다. 죽음에도 불구하고, 또한 죽음 때문에, 예수는 인류 구원을 가져다주시는 분이다. 예수 죽음과 부활은 원래 각기 다른 주제지만, 예수운동 처음부터 하나로 연결되고 합쳐져 해석되었다. 예수를 널리 전하는 과정에서 예수 죽음보다 부활이 먼저 강조되기도 했지만, 바울은 예수 죽음을 끈질기게 해설하였다(고린토전서 1,18; 로마 6,3).

# 세례 전승

　예수운동을 설명하는 가장 분명한 표지는 세례와 빵 나눔이었다. 세례와 빵 나눔은 호칭과 믿음 고백문과는 다른 특징을 가지고 있었다. 세례와 빵 나눔 전승은 예수운동 공동체에 처음부터 자리 잡았기 때문에, 바울은 세례와 빵 나눔을 따로 설명할 필요가 없었다. 바울은 세례와 빵 나눔을 본보기τύπος(고린토전서 10,6), τυπικῶς(고린토전서 10,11) 단어로써 이스라엘 백성의 이집트 탈출과 해방에서 얻은 영적 음식πνευματικὸν βρῶμα에 고린토전서에서 처음으로 비유하였다(고린토전서 10,1-4).[1] 세례와 빵 나눔은 물과 피(요한 19,34)로 비유되었고, 이집트 탈출에서 얻은 음식 만나Manna는 빵 나눔에 비유되었다(요한 6,31-35.48-51). 테르툴리아누스Tertulianus(150-220)는 성사聖事Sakrament 단어를 써서 세례와 빵 나눔을 해설하기 시작했다(Tertulianus, Marc. 4,34). 라틴어 성사Sakrament는 신약성서에서 온 단어는 아니고, 로마 군대에서 군인들이 맹세하던 의식에서 가져왔다. 아우구스티누스Augustinus(354-430) 이후 성사Sakrament는 세례와 빵 나눔을 가리키는 용어로 서양 신학에서 정착되었다.

---

1 Ostmeyer, K.-H, *Taufe und Typikos,* WUNT 2, 118, Tübingen 2000, 137-145; Kollmann, B, *Ursprung und Gestalten der frühchristlichen Mahlfeier,* GThA 43, Göttingen 1990, 62-65.

세례는 예수 그리스도를 믿는 사람이 예수운동 공동체에 참여할 때 행하던 의식으로서, 참여자는 공동체에 들어올 때 한 번만 받을 수 있었다.[2] 빵 나눔은 공동체가 모일 때마다 행하던 의식이었다. 예수 죽음 의미를 기억하고 생생하게 하는 빵 나눔은 세례와 곧 연결되었다(로마 6,3). 세례와 빵 나눔은 예수운동이 유다교 내부에 있던 시절에는 다른 유다교 그룹과 차이 나는 특징에 불과했지만, 유다교와 분열이 시작되면서 예수운동의 내부 특징[identity marker]이요 외적 구별 요소[boundary marker]로서 분열의 씨앗처럼 여겨지기도 했다.[3] 세례 예식에 쓰이던 문장은 간접적으로 언급되었지만(갈라디아 3,27; 로마 6,3-11), 빵 나눔 전승은 직접 인용되었다(고린토전서 11,23b-25; 마가 14,22-25).

세례는 고대 여러 종교에서 널리 알려진 의식이었다. 몸을 물에 씻는 의식은 구약성서(레위기 12-16장; 민수기 19장), 쿰란 공동체,[4] 에세네파[5]에서 언급되었다. 20세기에 종교사학파 학자들은 예수운동 세례가 신비주의 종교에서 비롯되었는지 연구했지만, 오늘날 그 의견은 비판받고 있다.[6] 예수운동 세례는 세례자 요한의 세례운동에서 왔다는 의견이 이제 폭넓게 받아들여지고 있다.[7]

---

2 Heckel, U, *Der Segen im Neuen Testament. Begriff, Formeln, Gesten. Mit einem prak-tisch-theologischen Ausblick,* WUNT 150, Tübingen 2002, 71-74.

3 Meeks, W.A, *Urchristentum und Stadtkultur,* Gütersloh 1993, 187-191.307-329.

4 1QS II, 25-III, 12.

5 Josephus, Bell. II,7,12.

6 Hengel, M./Schwemer, A.M., (Hg.), P*aulus zwischen Damaskus und Antiochien,* WUNT 108, Tübingen 1998, 261-263; Schnelle, U, *Paulus. Leben und Denken,* Berlin/Boston, 2014, 2판, 364.

7 Müller, U.B, *Johannes der Täufer,* BG 6, Leipzig 2002, 38-44; Theissen, G,/Merz, A, *Der historische Jesus,* Göttingen 2001, 3판, 184-198.

세례자 요한은 로마제국 황제시대에 가장 널리 알려진 세례운동의 인물이었다.[8] 세례자 요한의 세례는 세례받는 사람이 스스로 씻는 것이 아니라 세례자 요한이 씻어주었다. 하나님 분노의 심판이 곧 다가온다고(누가 3,7.17) 강조하기 위해 한 번만 행해졌고, 회개 요구가 덧붙여졌다(마가 1,4; 누가 3,8). 세례자 요한의 세례는 죄의 용서(마가 1,4; 누가 3,3)를 약속했다. 여호수아가 건너던 요르단강 건너편에서(요한 1,28; 10,40), 예언자 엘리야가 벗은 겉옷으로 강물을 좌우로 갈라지게 만든 곳에서 세례자 요한은 세례를 주었다. 그의 세례에 이집트 탈출의 의미가 포함되었다. 세례는 심판을 미리 보여준다.

나자렛 예수는 한동안 세례자 요한의 제자였고, 세례자 요한에게 세례받았다(마가 1,9-11).[9] 예수운동이 죄 없다고 믿었던 예수가 세례를 받았다니, 무슨 말인가. 예수가 세례받았던 사건이 예수운동에서 곧 문제시될 수밖에 없었다. "세례자 요한이 광야에 나타나 '회개하고 세례를 받으시오. 그러면 죄를 용서받을 것입니다.' 하고 선포하였다"(마가 1,4).

마가 1,4 이후 마가복음은 세례자 요한의 세례와 죄 용서를 더 이상 언급하지 않았다. 마태복음에서 세례자 요한은 예수에게 세례 주기를 사절하고, 예수의 세례받음은 죄 용서가 아니라 하나님께서 원하시는 모든 의로움을 이루는 것으로 해설했다(마태 3,14-15). 죄 용서는 세례가 아니라 빵 나눔 예배로 옮겨졌다(마태 26,28). 누가복음에서 세례자 요한은 감옥에 오래 갇혀있어서, 예수에게 세례를 줄 수 없는 상황에 있는 것처럼 소개했다(누가 3,20-21). 요한복음은 예수가 세례받았다는

---

8 Lichtenberger, H, "Täufergemeinden und frühchristliche Täuferpolemik im letzten Drittel des 1. Jahrhunderts", ZThK 84 (1987), 36-57.

9 Müller, U.B, *Johannes der Täufer*, BG 6, Leipzig 2002, 52-56.

말을 아예 꺼내지도 않았다. 요한복음에는 세례자 요한이라는 표현도 없었고, 요한은 예수를 증언하는 사람 중 하나로 소개되었다(요한 1,15.19).

예수는 세례자 요한의 세례와 심판과 죄 용서라는 메시지에 흥미를 느꼈다. 그러나 예수는 하나님 분노의 심판(누가 3,7)보다는 하나님나라 메시지를 더 강조했다(마가 1,14). 예수가 실제로 세례를 베풀었는지, 성서학계에서 논란이 되어 왔다. 세례를 베푸셨다(요한 3,22), 사실은 예수께서 세례를 베푸신 것이 아니라 제자들이 베푼 것이었다(요한 4,2) 등 서로 엇갈리는 기록이 있다.[10] 마가, 마태, 누가복음이 예수가 세례를 베풀었다는 말을 하지 않았던 사실로 보면, 예수는 세례를 주지 않았던 것 같다. 예수운동에서 세례는 처음부터 빠르게 행해졌고 자리 잡았다 (고린토전서 12,13; 사도행전 9,17).[11] 그리스도 예수로εἰς Χριστὸν Ἰησοῦν(갈라디아 3,27; 로마 6,3), 예수 그리스도 이름으로ἐν τῷ ὀνόματι τοῦ κυρίου Ἰησοῦ Χριστοῦ(고린토전서 6,11), 세례는 행해졌다.

10 Müller, U.B, *Johannes der Täufer*, BG 6, Leipzig 2002, 54-56.

11 Avemarie, F, *Die Täuferzählungen der Apostelgeschichte. Theologie und Geschichte*, WUNT 139, Tübingen 2002, 441-443.

# 빵 나눔 전승

개신교에게 익숙한 만찬Abendmahl 단어는 루터가 번역한 고린토전서 1,23으로 거슬러 올라간다. 만찬 단어는 예수가 지상에서 먹은 마지막 식사였음을 강조한다. 바울은 주님의 식사κυριακòν δεῖπνον(고린토전서 11,20), 주님의 식탁τραπέζης κυρίου(고린토전서 10,21) 표현을 써서, 예수의 마지막 식사는 예수가 베푼 식사임을 강조한다(고린토전서 11,23). 유다교에 독특한 빵 나눔 표현도 쓰였다(마가 14,22; 누가 22,19; 고린토전서 11,24). 감사하다εὐχαριστεῖν 동사에서 나온 단어 Eucharistie는 식사전 기도(마가 8,6; 14,23; 사도행전 27,35)를 가리키다가 빵 나눔(고린토전서 10,16; Did 9,1-5), 그리고 2세기부터 빵 나눔 모임을 뜻하는 용어로 자리 잡았다.[1] 제자들과 함께한 예수 최후의 식사는 예수의 저항과 고난 역사의 일부였다. 그런데 바울은 예수 최후의 식사를 예수운동 공동체에서 최초의 빵 나눔으로써 강조했다. 예수운동의 빵 나눔을 예수 최후의 식사와 연결하고 근거지은 것이다.[2]

예수운동 초기에 생긴 빵 나눔 전승이 예수운동 빵 나눔을 이해하는

---

1 Pokorný, P./Heckel, U, *Einleitung in das Neue Testament,* Tübingen 2007, 153.
2 Hofius, O, "Für euch gegeben zur Vergebung der Sünden". Vom Sinn des Heiligen Abendmahls, in: Ders, Neutestamentliche Studien, WUNT 132, Tübingen 2000, 276-300.

출발점이다.[3] 빵 나눔 전승은 신약성서 4곳에 있다. 마가 14,22-25와 마태 26,26-29가 한편에, 누가 22,15-20과 고린토전서 11,23-25[4]이 다른 편에 있다.[5] 바울은 예수운동 공동체에 주님으로부터 받은(고린토전서 11,23) 빵 나눔 전승을 기록했다.

마가 14,22-25는 마태 26,26-29와 누가 22,15-20에 영향을 주었고, 고린토전서 11,23-25는 누가 22,15-20에 영향을 주었다. 빵 나눔 전승 연구는 마가 14,22-25와 고린토전서 11,23-25 두 곳을 주목한다. 요한복음에는 빵 나눔 전승이 없다. 빵 나눔 전승을 마가 14,22-25와 고린토전서 11,23-25 중 어느 전승이 역사의 예수가 최후 만찬에서 남긴 실제 말씀에 더 가까울까. 결정하기 어렵다.

'이것은 내 몸입니다$^{τοῦτό ἐστιν τὸ σῶμά μου}$' 문장은 빵 나눔 전승 네 곳에 공통으로 있다. 받으시오$^{λάβετε}$(마가 14,22), 받아 먹으시오$^{λάβετε φάγετε}$(마태 26,26) 표현은 누가복음과 고린토전서에는 없다. 여러분을 위한$^{ὑπὲρ}$ $^{ὑμῶν}$(고린토전서 11,24), 여러분을 위하여 주는$^{ὑπὲρ ὑμῶν διδόμενον}$(누가 22,19) 표현은 마가복음과 마태복음에는 없다. 여러분은 나를 기억하여 이를 행하시오$^{τοῦτο ποιεῖτε εἰς τὴν ἐμὴν ἀνάμνησιν}$(누가 22,19; 고린토전서 11,24) 표현은 마가복음과 마태복음에는 없다.

3 Klauck, H.-J, Herrenmahl und hellenistischer Kult, NTA.NF 15, Münster 1982, 2판, 8; Dunn, J.D.G, The Theology of Paul the Apostle, Grand Rapids/Cambridge 1998, 601-606.

4 Hofius, O, "Herrenmahl und Herrenmahlpraxis. Erwägungen zu 1Kor 11,23b-25", in; Ders, Paulusstudien I, WUNT 51, Tübingen 1989, 203-240; Wolff, Chr, Der erste Brief des Paulus an die Korinther, ThHK 7, Berlin 1996, 265-273.

5 Stuhlmacher, P, Biblische Theologie des Neuen Testament. Band 1: Grundlegung. Von Jesus zu Paulus, Göttingen 2005, 3판, 130-142; Söding, Th, "Das Mahl des Herrn", in: Hilberath, B.J, (Hg,), Vorgeschmack(FS Schneider, Th,), Mainz 1995, 134-163; Hahn, F, Theologie des Neuen Testament II, Tübingen 2003, 533-564.

포도주에 대한 말씀은 어떨까. '이것은 계약의 피입니다' 문장은 네 곳에 다 있다. 내 피$\alpha\tilde{\iota}\mu\acute{\alpha}$ $\mu$ou(마가 14,24; 마태 26,27) 표현은 누가복음과 고린토전서에는 없다. 많은 사람을 위하여$\dot{\upsilon}\pi\grave{\epsilon}\rho$ $\pi o\lambda\lambda\tilde{\omega}\nu$(마가 14,24; 마태 26,27), 여러분을 위하여$\dot{\upsilon}\pi\grave{\epsilon}\rho$ $\dot{\upsilon}\mu\tilde{\omega}\nu$(누가 22,20) 표현은 요한복음에만 없다. 모두 그것을 돌려 마시오$\pi\acute{\iota}\epsilon\tau\epsilon$ $\dot{\epsilon}\xi$ $\alpha\dot{\upsilon}\tauo\tilde{\upsilon}$ $\pi\acute{\alpha}\nu\tau\epsilon\varsigma$(마태 26,27), 죄를 용서해 주려고$\epsilon\dot{\iota}\varsigma$ $\ddot{\alpha}\phi\epsilon\sigma\iota\nu$ $\dot{\alpha}\mu\alpha\rho\tau\iota\tilde{\omega}\nu$(마태 26,28) 표현은 마태복음에만 있다. 여러분은 마실 때마다 나를 기억하여 이를 행하시오$\tauo\tilde{\upsilon}\tauo$ $\pi o\iota\epsilon\tilde{\iota}\tau\epsilon$, $\dot{o}\sigma\acute{\alpha}\kappa\iota\varsigma$ $\dot{\epsilon}\grave{\alpha}\nu$ $\pi\acute{\iota}\nu\eta\tau\epsilon$, $\epsilon\dot{\iota}\varsigma$ $\tau\grave{\eta}\nu$ $\dot{\epsilon}\mu\grave{\eta}\nu$ $\dot{\alpha}\nu\acute{\alpha}\mu\nu\eta\sigma\iota\nu$(고린토전서 11,25) 표현은 고린토전서에만 있다.

빵 나눔 모임에서 사람들은 빵과 포도주를 언제 먹고 마셨을까. 마가복음과 마태복음에서 예수는 식사 후에 빵 말씀과 포도주 말씀을 했다. 그런데 누가복음과 고린토전서에서 예수는 식사 전에 빵 말씀을 하고, 그다음 식사를 하고, 식사 후에 포도주 말씀을 했다. 유다교 식사 예절에서 같은 순서를 볼 수 있다. 공동체 식사$^{Agape}$와 빵 말씀과 포도주 말씀 의식$^{Eucharistie}$은 2세기 중반부터 규모가 큰 공동체에서 분리되기 시작했다.[6]

예수 최후의 식사는 파스카 축제 식사였는지 아닌지 논란되어 왔다. 파스카 축제 식사였다는 의견[7]과 그렇지 않다는 의견[8]이 있다. 파스카 축제 식사였음을 가리키는 구절(마가 14,12-17; 누가 22,15)이 있다. 예수

---

6 Ritter, A.M, *Alte Kirche. Kirchen- und Theologiegeschichte in Quellen,* Neukirchen-Vluyn 2002, 7판, 37-39.

7 Jeremias, J, *Die Abendmahlsworte Jesu,* Göttingen 1967, 4판, 35; Stuhlmacher, P, *Biblische Theologie des Neuen Testament. Band 1: Grundlegung. Von Jesus zu Paulus,* Göttingen 2005, 3판, 54-57: Hengel, M, "Das Mahl in der Nacht, "in der Jesus ausgeliefert wurde" (1 Kor 11,23)", in: Ders, *Studien zur Christologie,* KS IV, WUNT 201, Tübingen 2006, 472-492.

8 Theissen, G,/Merz, A, *Der historische Jesus,* Göttingen 2001, 3판, 373-376.

최후의 식사가 파스카 축제 식사였다면, 예수는 이스라엘 백성이 이집트에서 탈출한 역사를 기념하는 파스카 의식(출애굽기 12,1-28; 13,3-10)을 했을 것이다(고린토전서 10,16).[9]

예수 최후의 식사는 파스카 축제 식사가 아니었다는 의견은 예수 죽음 날짜에 강력한 근거를 갖고 있다. 네 복음서 모두 예수 십자가 처형은 안식일 전날, 즉 어느 금요일에 일어났다고 기록했다(마가 15,42; 마태 27,62; 누가 23,54; 요한 19,31.42). 그런데 마가, 마태, 누가복음에 따르면, 예수 십자가 처형은 유다교 달력으로 니산Nisan 15일에, 요한복음에 따르면 니산Nisan 14일에 집행되었다.

공휴일이나 축제날에 십자가 처형은 집행되지 않았기 때문에, 많은 성서학자가 요한복음 보도가 역사적으로 사실에 가깝다고 생각한다.[10] 그렇다면, 나자렛 예수는 공통년 30년 4월 7일 금요일에 정치범으로서 처형되었다. 예수 죽음 날짜를 어떻게 보느냐 문제는 예수운동 공동체의 빵 나눔 의식이 파스카 축제 식사와 연결되는지 예수의 평소 식사와 연결되는지 문제와 연결된다. 마가, 마태, 누가복음에 따르면, 예수 최후의 식사는 파스카 축제 식사였다. 그러나 요한복음에 따르면, 예수 십자가 처형과 제자들의 발을 씻어준 사건(요한 13,1-17)은 파스카 축제와 관계없다.[11]

헌신獻身 사상은 빵 말씀과 포도주 말씀에 담겨 있다. 가장 짧은 빵

9 Heckel, U, *Der Segen im Neuen Testament. Begriff, Formeln, Gesten. Mit einem prak-tisch-theologischen Ausblick*, WUNT 150, Tübingen 2002, 35.

10 Riesner, R, *Die Frühzeit des Apostels Paulus*, WUNT 71, Tübingen 1994, 31-52; Theissen, G,/Merz, A, *Der historische Jesus*, Göttingen 2001, 3판, 152-154.

11 Schlund, Ch, "Deutungen des Todes Jesu im Rahmen der Pesach-Tradition", in: Frey, J,/Schröter, J, (Hg.), *Deutungen des Todes Jesu*, WUNT 181, Tübingen 2005, 397-411.

말씀은 "이것은 내 몸입니다"(마가 14,22)이다. 예수는 쪼개고 나누어진 빵조각을 자신과 동일시했다. 몸은 신체뿐 아니라 신체의 죽음도 포함한다(로마 7,4). 쪼개고 나누어진 빵조각은 다가오는 죽음을 상징한다. 예수 죽음이 다른 사람에게 좋은 일이기 때문에[12] 예수 죽음은 곧 헌신이다. 쪼개고 나누어진 빵조각을 먹는 사람은 예수 죽음이 가져올 구원을 함께한다(마가 10,45).

포도주 말씀은 마가, 마태복음에서 빵 말씀과 평행으로 나온다. "이것은 많은 사람을 위하여 내가 흘리는 계약의 피입니다"(마가 14,22; 마태 26,27). 누가복음과 고린토전서에서 술잔 단어가 나온다. "이것은 내 피로 맺는 새로운 계약의 술잔ποτήριον"(고린토전서 11,25; 누가 22,20)에서 술잔은 잔에 담긴 포도주를 가리킨다. 포도주는 예수 피를 상징하고, 피는 생명을 가리킨다. "생물의 목숨은 그 피에 있는 것이다"(레위기 17,11). 피는 예수 죽음을 예고하고 있다. 동시에 예수 피는 구원의 잔(시편 116,13)이기도 하다. "하나님 나라에서 새 포도주를 마실 그날까지 나는 결코 포도로 빚은 것을 마시지 않겠습니다"(마가 14,25). 예수가 준 포도주를 마시는 사람은 구원의 잔을 미리 맛보는 것이다.

빵 말씀과 포도주 말씀이 있는 네 구절 모두 예수 희생이라는 생각이 담겨 있다. 많은 사람을 위하여ὑπὲρ πολλῶν(마가 14,24)는 히브리어에서 셀 수 없이 많은 사람을 가리키는 뜻으로 사실상 모든 사람을 가리킨다.[13] 빵 말씀과 포도주 말씀에서 드러난 예수 죽음은 속죄 제물/대속代贖이라는 뜻을 포함한다. 연좌제, 순장을 연상케 하는 속죄 단어는 우리

---

12 Schürmann, H, ""Pro-Existenz" als christologischer Grundbegriff", in: Ders, *Jesus - Gestalt und Geheimnis,* Paderborn 1994, 286-315.

13 Pokorný, P,/Heckel, U, *Einleitung in das Neue Testament,* Tübingen 2007, 159.

시대 사람들이 이해하고 받아들이기 어렵기 때문에, 성서신학에서 논란이 되어왔다. 속죄하다ἱλάσκεσθαι(누가 18,13; 히브리 2,17), 속죄ἱλασμός(요한1서 2,2; 4,10), 속죄판ἱλαστήριον(로마 3,25; 히브리 9,15; 출애굽기 25,17; 레위기 16,13)등 속죄 제물/대속과 연결되는 단어는 신약성서에서 아주 드물게 쓰였다. 바울 편지에는 로마 3,25에 딱 한 번 나온다.

속죄 제물/대속 개념은 구약성서의 희생 제사에서 나왔다. 대사제는 1년에 딱 한 번, 모든 이스라엘 사람이 죄를 벗는 속죄의 날에, 성전 성소에 들어가 짐승 피를 뿌리는 속죄의식을 행한다(레위기 16장). 이사야 예언서 53장에도 목숨을 대신 희생하는 야훼의 종 이야기가 나온다. 희생 제사 의식과는 관계없는 사건이다. 순교자 죽음이라는 배경도 있었다(마카베오하 7,37). 예수 죽음을 속죄 제물/대속이라고 해석할 때 인용할 수 있는 사건이나 개념이 구약성서에서 하나가 아니라 여럿이었다. 희생 죽음은 대신 죽음을 포함하지만 희생 죽음을 반드시 유다교 희생 제사와 연결할 필요는 없다는 말이다.

희생한다는 뜻의 그리스어 전치사는 ὑπέρ, περί(마태 26,28; 로마 8,3; 히브리 5,3), ἀντί(마가 10,45; 마태 20,28), διά(고린토전서 8,11; 로마 4,25) 등 하나가 아니라 여럿이다. 예수 최후의 식사 전승에서는 ὑπέρ 전치사가 쓰였다(마가 14,24; 마태 26,27; 누가 22,19.20; 고린토전서 11,24). 예수 죽음은 인류에게 좋고 유리한 일이라는 뜻이다. 그러나 이 설명은 현대인에게 여전히 납득하기 어렵고 불쾌할 수 있다.

바울은 죄를 죽음으로 빠트리는 파괴적인 힘(고린토전서 15,21; 로마 5,12)으로 보았다. 선한 생각을 하면서도 자기 죄 때문에 인간은 죄의 지배에서 벗어날 수 없다(로마 7,7). 죄 때문에 인간은 하나님과 관계가 뒤틀려 버렸다(로마 5,6-10; 8,6-8). 하나님은 예수 그리스도 안에서 구원 사건을 통해 인간을 이 궁지에서 구출하셨다. 하나님은 이 속죄 사건에서 대상이 아니라 주체시다. 하나님은 인간이 만든 속죄 제물을 받으신후 화를 푸시는 것이 아니라, 하나님 자신이 스스로 예수 그리스도를 보내시고 예수 그리스도 안에서 인류에게 속죄 선언을 하신다.

바울은 하나님의 속죄 선언을 화해/화목$^{καταλλαγέ}$(고린토후서 5,18-20; 로마 5,11) 단어로 바꾸어서 말하기도 했다. 화해/화목 단어가 속죄 제물/대속 단어와 연결되기도 한다(고린토후서 5,14.21; 로마 5,6.8). 하나님은 사랑으로 인해 속죄와 화해를 선언하시고, 인간을 그리스도 안에서 새로운 피조물로 만드신다(고린토후서 5,17). 속죄 제물/대속$^{ἱλασμός}$, 화해/화목$^{καταλλαγέ}$ 둘 다 서로 다른 역사적 배경에 있는 단어이지만[14] 예수 죽음의 의미를 서로 보충하며 해설하고 있다. 속죄 제물/대속 단어보다는 화해/화목 단어가 우리 시대 사람들에게 예수 죽음의 의미를 더 설득력 있고 매력 있게 설명할 수 있다고 나는 생각한다. 로마서 3,25 보다 로마서 5,8-11이 오늘 우리가 하나님의 사랑과 구원 행위를 이해하는데 더 적절하겠다는 뜻이다.

예수 최후의 식사 전승에서 계약 개념이 또한 중요하다.[15] 마가 4,22-25와 마태 26,26-29는 예수 죽음을 시나이산에서 뿌려진 계약의 피와 연결한다(출애굽기 24,8; 히브리 9,20). 누가 22,15-20과 고린토전서 1,23-25는 야훼 하나님이 이스라엘과 유다와 맺은 희생제사와 관계없는 새로운 계약을 예수 죽음과 연결한다(예레미야 31,31-34; 고린토후서 3,6; 히브리 8,8-13). 둘 다 예수의 피와 이어진다. 예수 최후의 식사 전승은 죄의

---

14 Breytenbach, C, Art. "Sühne", TBLNT 2, Neukirchen - Vluyn u.a. 2000, 2판, 1685-1693.

15 Lichtenberger, H,""Bund" in der Abendmahlsüberlieferung", in: Avemarie, F, /Lichtenberger, H, (Hg.), *Bund und Tora*, WUNT 92, Tübingen 1996, 217-228.

용서뿐 아니라 새로운 계약이라는 희망을 우리에게 말하고 있다. 예수 최후의 식사 전승에서 죄의 용서라는 의미만 주목할 수는 없다.

예수 최후의 식사에서 예수가 빵을 쪼개어 나눌 때, '이것은 여러분들을 위하여 주는 내 몸' 표현은 마가/마태복음, 누가복음/고린토전서 네 곳에 모두 있었다. 그때 "나를 기억하여 이 예를 행하시오" 말씀은 누가 22,19와 고린토전서 11,24에만 있다. 포도주 술잔을 돌릴 때, "여러분은 마실 때마다 나를 기억하여 이를 행하시오ᵗᵒῦᵗᵒ ποιεῖτε, ὁσάκις ἐὰν πίνητε, εἰς τὴν ἐμὴν ἀνάμνησιν" 말씀은 고린토전서 11,25에만 있다. 이 말씀을 보면 예수운동 공동체는 모임 때마다 빵과 포도주를 나누는 의식을 행했다는 사실을 우리는 알 수 있다. 예수운동 빵 나눔은 그리스 문화에서 죽은 자를 기억하며 음식을 먹던 관습과는 다르다.[16] 파스카 축제(출애굽기 12,14; 13,3.9)에서 그랬듯이, 야훼 하나님의 구원 행위를 생생하게 기억하는 일이다(고린토전서 11,26; 시편 77,12; 105,5).[17]

바울은 그 밖에도 예수 말씀을 더 알고 있었다. "이미 결혼한 이들에게 명령합니다. 내가 아니라 주님께서 명령하십니다. 아내는 남편과 헤어지지 마시오"(고린토전서 7,10; 마가 10,12), "주님께서는 복음을 전파하는 이들에게 지시하여 복음으로 살아가도록 하셨습니다"(고린토전서 9,14; 누가 10,7), "우리는 주님의 말씀을 근거로 해서 말합니다. 주님께서 다시 오시는 날 우리가 살아남아 있다 해도 우리는 이미 죽은 사람들보다 결코 먼저 가지는 못할 것입니다"(데살로니카전서 4,15; 마가 14,62).[18]

---

16 Klauck, H.-J, *Herrenmahl und hellenistischer Kult,* NTA.NF 15, Münster 1982, 2판, 314-318.

17 Hofius, O, "Herrenmahl und Herrenmahlpraxis. Erwägungen zu 1Kor 11,23b-25", in; Ders, *Paulusstudien I,* WUNT 51, Tübingen 1989, 203-240, 224-230.

18 Walter, N, "Paulus und die urchristliche Jesustradition", NTS 31 (1985), 498-522; Holtz,

바울은 역사의 예수 말씀을 죽고 부활하고 드높여진 주님 말씀이라고 생각했다(고린토전서 11,23-25).

바울이 예수 최후의 식사 전승을 인용한 사실을 보면, 바울은 예수 저항과 고난 역사를 어느 정도 알고 있었던 듯하다. 예수의 기적 사건도 전혀 모르진 않았던 듯하다. 십자가 사건의 의미가 줄어들까 두려워서, 바울은 일부러 기적 이야기를 하지 않았던 것일까. "사실 유다인들은 표징$^{σημεῖα}$을 구하고 헬라인들은 지혜$^{σοφία}$를 찾습니다. 그러나 우리는 십자가에 처형되신 그리스도를 선포합니다"(고린토전서 1,22-23a). 놀라움을 일으키는 기적을 가리키는 데 그리스어 단어 $θαῦμα$가 주로 쓰였다. 그런데 신약성서에서 예수의 치유$^{θαυμάσια}$(마태 21,15)를 제외하면, 하나님 힘이 나타났다는 뜻의 $δυνάμεις$가 쓰였다(마가 6,2; 마태 11,20; 누가 19,37). 예수가 자신의 영광을 드러내고 믿음을 일으킨다는 뜻을 강조하기 위해, 요한복음은 기적 대신 표징$^{σημεῖα}$(요한 2,23; 3,2; 4,48) 단어를 썼다.[19]

바울 이전 전승은 바울 신학에 얼마나 영향을 주었을까. 바울은 안티오키아 공동체에서 전승을 배웠을까. 예루살렘에 머물렀을 때 전승을 들었을까. 그런 질문이 생기지 않을 수 없다. 바울은 독창적인 사상가 이전에 전해 내려온 전통을 충실히 받아들이고 창조적으로 공부한 사람이었다. 바울은 어느 날 갑자기 하늘에서 뚝 떨어져 내려온 사람이 아니다.

바울이 사용했던 전승은 본질적으로 안티오키아 공동체에서 나왔다

T, "Jesus-Überlieferung und Briefliteratur", in: Ders, *Geschichte und Theologie des Urchrisitentums. Gesammelte Aufsätze*, WUNT 57, Tübingen 1991, 31-44.

19 Theissen, G,/Merz, A, *Der historische Jesus,* Göttingen 2001, 3판, 75-82.

는 의견이 있다.[20] "우리가 여러분에게 갔을 때 여러분이 우리를 어떻게 받아들였으며, 또 어떻게 우상을 버리고 하나님께로 마음을 돌려서 살아계신 참 하나님을 섬기게 되었는지는 오히려 그들이 말하고 있습니다"(데살로니카전서 1,9)는 유다인 아닌 사람을 위한 안티오키아 공동체 복음의 요약이라는 것이다.[21] 신약성서의 많은 부분이 안티오키아 공동체의 신학에서 왔다는 주장도 있다.[22]

그러나 바울이 안티오키아 공동체에서 선교사로 일하기 전에 믿음의 대부분을 이미 받아들였고, 그 후 안티오키아 공동체의 신학에 바울이 깊은 영향을 주었다는 의견도 있다.[23] 예루살렘에서 안티오키아로 피신했던 일부 예루살렘 공동체 사람들, 그리스 말을 쓰는 유다인들(사도행전 6,1; 11,20)을 통해 예수운동 신학의 연속성이 유지될 수 있었다는 것이다.[24] 바울의 율법, 의로움 논의는 안티오키아 공동체의 신학에서 왔는지, 그 주제는 데살로니카전서에 없기 때문에 바울이 후대에 개발한 것인지 논란되고 있다.

안티오키아, 시리아, 길리키엔 등 여러 예수운동 공동체에서 유다인과 유다인 아닌 사람의 차이가 없어졌다(갈라디아 2,1-14; 사도행전 11,20). 다마스쿠스(고린토후서 11,32; 갈라디아 1,17), 예루살렘(갈라디아 1,18; 사도행전 9,26-29), 안티오키아(갈라디아 2,11; 사도행전 11,26; 13,1-14,28), 타르

---

20 Becker, J, *Paulus. Der Apostel der Völker,* Tübingen 1989, 109.

21 Becker, J, *Paulus. Der Apostel der Völker,* Tübingen 1989, 138-148.

22 Berger, K, *Theologiegeschichte des Urchristentums,* Tübingen/Basel 1995, 2판, 178.

23 Hengel, M./Schwemer, A.M., (Hg.), *Paulus zwischen Damaskus und Antiochien,* WUNT 108, Tübingen 1998, 429.

24 Zugmann, M, *"Hellenisten" in der Apostelgeschichte. Historische und exegetische Untersuchungen zu Apg 6,1; 9,29; 11,20,* WUNT II 264, Tübingen 2009, 300-406.

소(사도행전 9,30; 11,25)에서도 바울은 전승을 듣고 받아들인 듯하다. 시리아와 길리키엔 지역에서 활동하던 약 13년간, 바울은 자신의 신학에 중요한 전승을 익혔을 것이다.[25] 이름있는 사람들과 이름을 남기지 못한 많은 사람이 바울에게 전승을 전해주며 영향을 주었을 것이다.

---

25 Öhler, M, "Bausteine aus frühchristlicher Theologie", in: Horn, F.W, (Hg.), *Paulus Handbuch*, Tübingen 2013, 497-504, 504.

2부

◆

# 바울의
# 새로운 사상

# 인간론

　인간이란 무엇인가. 나는 바울 사상을 이해하려면 이 질문에서부터 논의를 시작하자고 말하고 싶다. 우리가 알아가는 순서를 따라가자는 말이다. 바울은 고대 철학자들과 달리 인간을 피조물로 인정하고 하나님과 관계에서 인간을 이해했다. 하나님, 그리고 죄의 모습으로 등장한 악 사이에 놓인 인간을 이해한다는 뜻이다.[1] 피조물 인간의 특징으로 바울은 몸 단어를 내세웠다.[2] 몸은 죄의 현실 앞에 위태롭게 있기 때문에, 바울은 몸을 σῶμα와 σάρξ 두 단어로 구분하여 설명한다.

## 인간의 몸

　단어 σῶμα는 인간의 몸을 중립적으로 가리킬 때(로마 4,19; 고린토전서 5,3; 갈라디아 6,17)[3] , 부정적인 뜻으로 쓰일 때(로마 6,6; 7,24; 갈라디아

---

[1] Käsemann, E, "Aspekte der Kirche," in: Ders, *Kirchliche Konflikte*, Göttingen 1982, 1-12, 10.

[2] Bauer, K.-A, *Leiblichkeit - das Ende aller Werke Gottes*, StNT 4, Gütersloh 1971, 13-64; Schnelle, U, *Neutestamentliche Anthropologie. Jesus - Paulus - Johannes*, BThSt 18, Neukirchen 1991, 2658-2714.

[3] Gundry, R.H, *Soma in Biblical Theology, with Emphasis on Pauline Anthropology,*

5,16), 긍정적으로 쓰일 때(고린토전서 6,13b; 로마 12,1b; 필립비 1,20) 등 세 가지 뜻으로 바울에게 드러난다.4 인간은 몸 없이 존재할 수 없다. 바울은 부활 이후 존재도 몸과 분리해서 생각하지 않았다(고린토전서 15,42).5 "그리스도는 만물을 당신께 복종시킬 수 있는 능력을 가지고 오셔서 우리의 비천한 몸을 당신의 영광스러운 몸과 같은 형상으로 변화시켜 주실 것입니다"(필립비 3,21). 바울은 몸을 미워하는 사람이 아니었다. "인간이 몸을 가진 것이 아니라 인간이 몸이다."6 인간의 몸에 하나님의 구원 행동이 펼쳐진다. 몸 없이 구원 없다.7 단어 σῶμα와 마찬가지로 σάρξ도 중립적 의미에서 인간의 몸을 우선 가리킨다(갈라디아 4,13; 고린토후서 12,7; 로마 4,1). 부정적인 뜻에서 인간의 몸을 가리키기도 한다(고린토전서 3,1; 고린토후서 10,3; 로마 6,19).8 살과 피는 하나님의 나라를 이어받을 수 없는 현실을 바울은 σάρξ라고 표현했다(고린토전서 15,50).

## 죄와 몸

단어 σῶμα와 σάρξ가 언제 쓰이고, 둘 사이 차이는 무엇인가보다 더

---

MSSNTS 29, Cambridge 1976, 29-80.135-156; Scornaienchi, L, *Sarx und Soma bei Paulus,* NTOA 67, Göttingen 2008, 68-279.

4 Bultmann, R, *Theologie des Neuen Testaments,* Merk, O. (Hg.), Tübingen, 1984, 9판, 193-203; Scornaienchi, L, *Sarx und Soma bei Paulus,* NTOA 67, Göttingen 2008, 53-279.

5 Gundry, R.H, *Soma in Biblical Theology, with Emphasis on Pauline Anthropology,* MSSNTS 29, Cambridge 1976, 159-183.

6 Bultmann, R, *Theologie des Neuen Testaments,* Merk, O. (Hg.), Tübingen, 1984, 9판, 195.

7 Käsemann, E, "Zur paulinischen Anthropologie, in: Ders, *Paulinische Perspektiven,* Tübingen 1972, 2판, 9-61, 53.

8 Bultmann, R, *Theologie des Neuen Testaments,* Merk, O. (Hg.), Tübingen, 1984, 9판, 232-239.

중요한 내용이 있다. 인간의 몸이 죄와 연결되어 있다는 것이다. 바울이 죄ἁμαρτία를 다룰 때 쓰던 단어에 특징이 있다.[9] 신약성서에 죄 단어는 173회 있는데, 바울의 일곱 편지에 59회 있다. 그중에 로마서에만 48회 나온다. 바울은 죄를 주로 로마서에서 다루었다. 그런데 로마서에서 죄는 세 번(로마 4,7; 7,5; 11,27)을 제외하면, 모두 단수 명사로만 쓰였다. 구체적으로 저질러진 죄 행위들을 하나하나 살피기보다, 죄 자체가 대체 무엇인지 다루었다는 뜻이다. 유다인과 유다인 아닌 사람이 똑같이 죄를 지어 평등하다는 사실을 논할 때(로마 1,18-3,20), 바울은 죄의 본질과 역할이란 무엇인가 심각하게 생각하지 않을 수 없었다.

## 죄에 억눌린 인간

인간이 죄를 짓기 전에 인간은 이미 죄의 힘에 억눌려 있다. "모든 사람이 죄를 지었기 때문에 하나님이 주셨던 본래의 영광스러운 모습을 잃어버렸습니다"(로마 3,23). 죄를 바라보는 바울 심정이다. 공기처럼 햇빛처럼 인간은 죄에 싸여 있다. 그렇다고 바울이 죄에 대한 인간 개인의 책임을 모르는 것은 아니다. 개인이 저항하기 어려울 만큼 죄가 커다란 권세를 부리고 있다는 현실을 바울은 주목하였다.[10] 개인이 죄짓기 전에 죄의 힘이 이미 있었고, 개인의 죄 밑바탕에 죄의 힘이 있다는 뜻이다. "한 사람이 죄를 지어 이 세상에 죄가 들어왔고 죄는 또한 죽음을 불러들인 것같이 모든 사람이 죄를 지어 죽음이 온 인류에게 미치게 되

---

9 Röhser, G, *Metaphorik und Personifikation der Sünde,* WUNT 2.25, Tübingen 1987, 7.
10 Weder, H, "Gesetz und Sünde, Gedanken zu einem qualitativen Sprung im Denken des Paulus", in: Ders, *Einblicke ins Evangelium,* Göttingen 1992, 323-346, 331.

었습니다"(로마 5,12).[11] 율법의 좋은 의도조차 거꾸로 되돌릴 정도로 죄의 힘은 아주 강하고, 그래서 죄의 종이 되어 죽는 사람도 있다(로마 6,16b).

거룩하고 정당하고 좋은 율법이 죽음을 가져왔다는 말은 아니다(로마 7,12-13a). 율법 자체가 죄가 아니라, 율법을 매개로 죄가 얼마나 악한 것인지가 드러나게 되었다는 말이다(로마 7,13b). 죄의 힘에 억눌린 인간의 불쌍한 처지를 바울은 설명한다(로마 7,14-25a). 바울은 죄의 힘이 그토록 세다는 사실을 어떻게 깨닫게 되었을까. 바울은 예수 그리스도에 대한 믿음이 인간을 구원할 수 있다는 확신에서 비로소 죄의 힘이 크다는 사실을 깨닫게 되었다.

인간의 죄가 크다는 사실에서 출발하여 예수 그리스도에 대한 믿음이 인간을 구원한다는 생각에 이른 것이 아니라, 예수 그리스도에 대한 믿음이 인간을 구원한다는 생각에서 출발하여 죄의 힘이 크다는 사실을 비로소 깨달았다는 뜻이다. 바울의 패러다임 전환이라고 할까.[12] 갈라디아서와 로마서에서 바울은 유다교 율법이 왜 약속한 생명을 실제로 주지 못하는지 설명해야 했다. 죄의 힘이 그토록 크다는 사실을 바울은 강조하여 율법의 한계를 해명한 셈이다.

예수 그리스도에 대한 믿음이 인간을 구원한다면, 바울은 율법의 능력을 예수 그리스도보다 아래에 놓아야만 했다. 죄의 근원과 극복에 대해 바울이 당대 철학자들이나 유다교와 결정적으로 다른 점이 있다. 죄

---

11 Umbach, H, *In Christus getauft - von der Sünde befreit. Die Gemeinde als sündenfreier Raum bei Paulus,* FRLANT 181, Göttingen 1999, 201; Theobald, M, *Der Römerbrief,* EdF 294, Darmstadt 2000, 151.

12 Merklein, H, "Paulus und die Sünde", in: Ders, *Studien zu Jesus und Paulus II,* WUNT 105, Tübingen 1998, 316-356, 335.

의 해결 방안으로 바울은 예수 그리스도에 대한 믿음을 제안했다.[13]

## 양심

인간의 가장 내밀한 부분을 바울은 어떻게 표현했을까. 구약성서와
그리스철학 양쪽에서 여러 단어를 빌어왔다. 그중에서 양심συνείδησις 단
어는 신약성서에 30회, 바울 편지에 14회 있다. 신에게 바친 제사 음식
에 대한 논쟁(고린토전서 8장; 10장)에서 8회 쓰였고, 고린토후서와 로마
서에 3회씩 나온다. 고린토전서와 고린토후서에 주로 나온 사실을 보
면, 고린토 공동체에서 양심 주제가 논의된 것 같다.[14] 그리스어 양심에
해당하는 단어는 구약성서에서 찾기 어렵다.[15] 바울은 그리스철학[16]에
서 자기 행동을 윤리적으로 판단하는 의식을 가리키는 양심 단어를 가
져온 듯하다.[17] 바울은 양심 단어를 나쁜 양심[18]이나 하나님 인식이 아
니라 자신을 판단하는 역할로 사용했다.[19] 강한 사람이 자신의 자유를
약한 사람에게 부정적인 영향을 주는 방향으로 사용한다면, 그 행동은
약한 사람을 괴롭히고(고린토전서 8,12) 그리스도를 반대하는(고린토전서

13 Schnelle, U, *Paulus. Leben und Denken,* Berlin/Boston, 2014, 2판, 548.

14 Klauck, H.-J., ""Der Gott in dir" (Ep 41,1). Autonomie des Gewissens bei Seneca und
   Paulus", in: D*ers, Alte Welt und neuer Glaube,* NTOA 29, Göttingen/Freiburg (H), 11-31,
   30.

15 Eckstein, H.-J, *Der Begriff Syneidesis bei Paulus,* WUNT 2.10, Tübingen 1983, 105.

16 Cicero, *Leg* 1,59; Seneca, *Ep* 41,1.

17 Klauck, H.-J, "Ein Richter im eigenen Innern. Das Gewissen bei Philo von Alexandrien",
   in: Ders, *Alte Welt und neuer Glaube,* NTOA 29, Göttingen/Freiburg (H), 33-58.

18 Bultmann, R, *Theologie des Neuen Testaments,* Merk, O. (Hg.), Tübingen, 1984, 9판,
   217.

19 Schnelle, U, *Paulus. Leben und Denken,* Berlin/Boston, 2014, 2판, 579.

8,13) 일이다.

바울은 약속을 지키지 못하고 방문 계획을 자주 바꾸기 때문에 믿을 수 없는 사람이라고 고린토 공동체에게 비판받은 적이 있다. 바울은 이렇게 응답한다. "우리는 이 세상에서 특히 여러분을 대하면서 인간의 꾀를 부리지 않고 하나님의 은총으로 그분의 뜻을 따라 솔직하고도 진실하게 살아왔다는 것을 양심을 걸고 말할 수 있으며 또 이것을 자랑으로 여기고 있습니다"(고린토후서 1,12). 바울은 양심을 자기 행동을 독립적으로 판단하는 역할로 사용했다.[20] 양심 단어가 자기 자신과 자기 행동을 전체적으로 아는 기능으로 사용되기도 했다. "사실 유다인 아닌 민족들이라도 비록 율법을 갖지 못했을망정 타고난 본성대로 율법의 요구를 실천한다면 이들에게는 율법이 없는 그들 자신이 바로 율법입니다. 이들은 자기 마음속에 율법의 행업이 적혀 있음을 실증하고 있습니다. 그들의 양심도 마찬가지로 이를 증언하고 있으며 그들의 판단도 서로 엇갈려서 혹은 고발하거나 혹은 변호합니다"(로마 2,14-15).

## 형상εἰκών

그리스도가 하나님의 영광에 참여한다는 뜻으로 단어 형상εἰκών을 바울은 가져오기도 했다. "그들은 하나님의 형상이신 그리스도의 영광스러운 복음의 빛을 보지 못하게 되었습니다"(고린토후서 4,4). 단어 εἰκών과 비슷한 단어로 구약성서에서 지혜를 들 수 있다.[21] "지혜는 영원한

---

20 Lang, F, *Die Briefe an die Korinther,* NTD 7, Göttingen 1986, 255.

21 Eltester, F.-W, *Eikon im Neuen Testament,* BZNW 23, Berlin 1958, 26-129; Jervell, J, *Imago Dei,* FRLANT 76, Göttingen 1960, 15-170.

빛의 찬란한 광채이며 하나님의 활동력을 비춰 주는 티 없는 거울이며 하나님의 선하심을 보여주는 형상이다"(지혜서 7,26). 그리스도가 하나님의 영광에 참여하는 형상이므로, 그리스도를 믿는 사람은 그리스도의 형상과 연결된다.[22] "우리가 흙으로 된 그 사람의 형상을 지녔듯이, 하늘에 속한 그분의 형상을 또한 지니게 될 것입니다"(고린토전서 15,49). 하나님은 오래전에 택하신 사람들이 당신 아들과 같은 모습을 가지도록 미리 정하셨다(로마 8,29a; 고린토후서 3,18). 그리스도를 믿는 사람은 세례에서 하나님 형상인 그리스도의 본질에 이미 참여한다(로마 6,3-5).

그런데 바울의 다음 발언은 특히 오늘날 크게 논란되고 있다. "남자는 하나님의 모습과 영광을 지니고 있으니 머리를 가리지 말아야 합니다. 그러나 여자는 남자의 영광을 지니고 있을 뿐입니다. 여자에게서 남자가 창조된 것이 아니라 남자에게서 여자가 창조되었기 때문입니다. 또한 남자가 여자를 위해서 창조된 것이 아니라 여자가 남자를 위해서 창조되었기 때문입니다"(고린토전서 11,7-9).[23] 남자는 하나님의 모습과 영광을 지니고 있지만, 여자는 겨우 남자의 영광을 지니고 있을 뿐이란 말인가. "당신의 모습대로 사람을 지어내셨다. 하나님의 모습대로 사람을 지어내시되"(창세기 1,27a.b)와 "남자와 여자로 지어내시고"(창세기 1,27c) 사이에 있는 팽팽한 긴장에서 바울은 창세기 1,27a.b를 편드는 당시 유다교의 잘못된 성서 해석[24]을 따르고 있다. 즉, 하나님의 모습과 영광은 창세기 1,27a.b에만 해당되고 창세기 1,27c에는 해당하

---

22 Eckert, J, "Christus als "Bild Gottes" und die Gottebenbildlichkeit des Menschen in der paulinischen Theologie", in: Frankemölle, H,/Kertelge, K, (Hg.), *Vom Urchristentum zu Jesus* (FS Gnilka J,), Freiburg 1989, 337-357, 350.

23 Wolff, Chr, *Der erste Brief des Paulus an die Korinther,* ThHK 7, Berlin 1996, 70.

24 Jervell, J, *Imago Dei,* FRLANT 76, Göttingen 1960, 107-112.

지 않는다는 것이다. 그러면, 하나님의 모습과 영광은 남자에게만 해당되고 여자에게는 해당되지 않는다. 창세기 1,27에 비추어 보면, 이 해석은 잘못되었다. 인간(창세기 1,27a)은 남성과 여성 모두를 포함하는 단어이고, 창세기 1,27a.b과 창세기 1,27c는 연결되어 해석되어야 옳다.25 남자만 하나님의 모습과 영광에 참여하는 것은 아니고 여자와 남자 모두 하나님의 모습과 영광에 참여한다.26

## 심장

바울은 심장 단어로 인간 중심을 또한 가리킨다. "이 희망은 우리를 실망시키지 않습니다. 우리가 받은 성령께서 우리의 심장 속에 하나님의 사랑을 부어주셨기 때문입니다"(로마 5,5). 심장καρδία에 해당하는 히브리어 레브27는 구약성서에 무려 850회 정도 등장한다. 심장은 구약성서에서 의지와 감성이 자리 잡은 인간의 가장 내적인 중심을 가리킨다.27 하나님은 우리 심장 속에 당신 아들의 성령을 보내주셨고, 그래서 하나님의 자녀가 된 우리는 하나님을 "아빠, 아버지!"라고 부를 수 있게 되었다(갈라디아 4,6).

하나님은 우리를 당신의 사람으로 확인해 주셨고 보증으로 우리의 마음에 성령을 보내주셨다(고린토후서 1,22). 고린토 공동체는 먹물이 아니라 살아계신 하나님의 영으로, 돌판이 아니라 심장이라는 판에 써넣은 그리스도의 편지다(고린토후서 3,3). 심장은 긍정적인 면에서나 부정

25 v. Rad, G, *Genesis*, ATD 2/4, Göttingen 1972, 9판, 37.

26 Schnelle, U, *Paulus. Leben und Denken*, Berlin/Boston, 2014, 2판, 583.

27 Wolff, H.-W, *Anthropologie des Alten Testaments*, München 1974, 2판, 68.

적인 면에서 인간의 의지가 결정되는 인간의 중심이다(고린토전서 4,5).
심장은 어두워질 수 있고(로마 1,21) 뉘우칠 줄 모를 수 있다(로마 2,5).
심장에서 두려움(고린토후서 2,4)이 생길 수 있고 사랑(고린토후서 7,3)이
샘솟을 수도 있다.

## 삶과 이성

바울은 ψυχή 단어를 자신의 편지에서 겨우 11회 사용했다. 삶 전체
(로마 2,9) 또는 모든 사람(로마 13,1)을 가리킨다. 바울은 고린토 공동체
를 돕는 일이라면 기쁜 마음으로 자기 삶을(고린토후서 12,15) 희생할 각
오가 되어 있다. 첫 인간 아담은 살아있는 생명인 그리스도와는 반대로
덧없는 생명ψυχὴ ζῶσα으로 그려졌다(고린토전서 15,45a). 그리스철학에서
중요한 개념 중 하나인 이성理性νοῦς[28]에 해당하는 단어가 히브리어에는
없다.[29] "그러나 교회에서 남을 가르치기 위해 이상한 언어로 만 마디
말을 하느니, 차라리 내 이성으로 다섯 마디 말을 하고 싶습니다"(고린토
전서 14,19). 바울은 로마 공동체에게 이성을 새롭게 하라고 권고한다.
"여러분은 이 세상을 본받지 말고 이성을 새롭게 하여 새 사람이 되십시
오. 이리하여 무엇이 하나님의 뜻인지, 무엇이 선하고 무엇이 그분 마음
에 들며 무엇이 완전한 것인지를 분간하도록 하십시오"(로마 11,34).[30]

---

28 Plato, *Phaedron* 247c-e; Aristoteles, *Ethica Nicomachia* 117a; Epiktet, Diss II, 8,1.

29 Schnelle, U, *Paulus. Leben und Denken,* Berlin/Boston, 2014, 2판, 586.

30 Käsemann, E, *An die Römer,* HNT 8a, Tübingen 1980, 4판, 313-319; Bornkamm, G, "Glaube und Vernunft bei Paulus", in: Ders, *Studien zu Antike und Christentum,* BEvTh 28, München 1970, 3판, 119-137.

## 내적 인간

바울은 그리스철학[31] 영향을 받아 인간을 내적 인간$^{\text{ἔσω ἄνθρωπος}}$과 외적 인간$^{\text{ἔξω ἄνθρωπος}}$으로 구분하기도 했다.[32] 내적 인간과 외적 인간 개념이 어디서 왔는지 뚜렷하지는 않다.[33] 고난 목록(고린토후서 4,8-15)에서 바울은 말한다. "그러므로 우리는 낙심하지 않습니다. 우리의 외적 인간은 낡아지지만 내적 인간은 나날이 새로워지고 있습니다"(고린토후서 4,16). 바울이 겉으로는 지금 잠시 가벼운 고난을 겪고 있지만 그것은 크고 영원한 영광을 가져다 줄 것이다(고린토후서 4,15.17). 바울은 마음속으로는 하나님의 율법을 반기지만, 몸속에는 이성의 법과 대결하여 싸우고 있는 다른 법이 있다는 것을 알고 있다(로마 7,22-23a).[34]

## 믿음

신약성서 저자 중에 믿음이란 단어를 신학 중심에 최초로 놓은 사람이 바울이다.[35] 신약성서에 믿음$^{\text{πίστις}}$ 명사는 243회, 바울 편지에 91회, 마가 마태 누가복음에 39회, 요한복음에는 전혀 없다. 신약성서에 믿는다$^{\text{πιστεύειν}}$동사는 243회, 요한복음에 98회, 마가 마태 누가복음에 67회, 바울 편지에 42회 있다. 바울은 믿음 명사를, 요한복음은 믿는다 동사

---

31 Plato, *Respublica* IX 588A-589B.

32 Betz, H.D, "The Concept of the 'Inner Human Being' (ὁ ἔσω ἄνθρωπος) in the Anthropology of Paul", NTS 46 (2000), 317-324.

33 Markschies, Chr, Art. "Innerer Mensch", RAC 18, Stuttgart 1998, 266-312, 266.

34 Markschies, Chr, Art. "Innerer Mensch", RAC 18, Stuttgart 1998, 266-312, 280-282.

35 Schnelle, U, *Paulus. Leben und Denken,* Berlin/Boston, 2014, 2판, 567.

를 강조한다. 바울은 믿음 명사와 믿는다 동사를 모두 133회나 사용했다. 요한복음은 믿음 명사는 전혀 쓰지 않았고, 믿는다 동사를 즐겨 썼다. 바울은 믿음 명사를 소유격으로 쓰거나(갈라디아 3,2; 고린토후서 4,13; 로마 1,5) 믿음 명사에 전치사를 넣어 믿음으로부터ἐκ πίστεως(갈라디아 2,16; 로마 3,26; 필립비 3,9), 믿음을 통해διὰ πίστεως(데살로니카전서 3,7; 갈라디아 2,16; 로마 1,12) 표현을 애용했다. 그런데 바울은 '나는 믿는다' 표현을 단 한 번도 하지 않았다. 바울은 신약성서 저자 중에 믿음/믿는다 단어를 가장 많이 쓴 사람이다.

믿음은 인간의 결단 이전에 우선 하나님의 선물이다.[36] "믿음의 시대가 오기 전에는 우리가 율법의 감시를 받았으며 믿음이 나타날 때까지 갇혀 있었습니다"(갈라디아 3,23). 하나님은 그리스도를 믿을 은혜를 인간에게 선물로 주셨다(필립비 1,29). 믿음은 성령이 주신 선물이요 열매다(고린토전서 12,9; 갈라디아 5,22).

믿기로 결심한 인간의 행동을 무시하는 말은 아니다.[37] 믿음은 인간의 자유로운 결단 행위,[38] 구원 사명을 받아들이고 존중하는 행동[39], 복음 메시지에 대한 인간의 응답[40]이다. 그러나 믿음이 아무리 인간의 결단을 높이 존중한다 해도, 믿음은 우선 하나님의 결단이다.[41] 인간을 구

---

36 Friedrich, G, "Glaube und Verkündigung bei Paulus", in: Hahn, F,/Klein, H, (Hg.), *Glaube im Neuen Testament* (FS Binder, H,), BThSt 7, Neukirchen 1982, 93–113, 100.

37 Wolter, M, *Paulus. Ein Grundriss seiner Theologie,* Neukirchen 2015, 2판, 72.78.

38 Bultmann, R, *Theologie des Neuen Testaments,* Merk, O. (Hg.), Tübingen, 1984, 9판, 317.

39 Käsemann, E, *An die Römer,* HNT 8a, Tübingen 1980, 4판, 101.

40 Becker, J, *Paulus. Der Apostel der Völker,* Tübingen 1989, 438.

41 Friedrich, G, "Glaube und Verkündigung bei Paulus", in: Hahn, F,/Klein, H, (Hg.), *Glaube im Neuen Testament* (FS Binder, H,), BThSt 7, Neukirchen 1982, 93–113, 109.

원하시려는 하나님의 결단으로 복음과 믿음이 생겼다(로마 10,13). "하나님께서는 그리스도 예수를 통해서 모든 사람을 죄에서 풀어주시고 당신과 올바른 관계를 가질 수 있는 은총을 거저 베풀어 주셨습니다"(로마 3,24).

복음은 믿는 사람 누구에게나 구원을 가져다 주시는 하나님의 능력이다(로마 1,16). 하나님의 선물인 믿음을 거절하지 말고 받아들이고, 기뻐하고, 남에게도 전하고 나누어야 한다. 들어야 믿을 수 있고 그리스도를 전하는 말씀이 있어야 들을 수 있다(로마 10,17). 믿음을 박해했던 바울이 이제 믿음을 전하고 다닌다(갈라디아 1,23). 바울은 믿음의 말씀을 전한다(로마 10,8). "우리는 그리스도의 죽음과 부활을 전하고 있으며 여러분은 그것을 믿었습니다"(고린토전서 15,11b).

바울은 말하거나 설교할 때 지혜롭고 설득력 있는 언변을 쓰지 않고 오로지 하나님의 성령과 그의 능력만을 드러내려고 애썼다(고린토전서 2,4). 믿음이 인간의 지혜에 바탕을 두지 않고 하나님의 능력에 바탕을 두게 하려는 것이었다(고린토전서 2,5). 믿음을 전하면서 전하는 사람의 믿음이 또한 커진다. 성령은 믿음의 선물을 전해 주고 풍부하게 한다. "우리는 하나님께서 우리의 믿음을 보시고 성령을 통해서 우리를 당신과 올바른 관계에 놓아주시리라는 희망을 가지고 있습니다"(갈라디아 5,5). 바울은 믿음과 성령을 연결하였다.

그리스도의 믿음πίστις Ἰησοῦ Χριστοῦ(갈라디아 2,16.20; 로마 3,22.26; 필립비 3,9)을 어떻게 해석해야 하는지 논란되고 있다. 주격 소유격genitivus subjectivus으로 여기고 그리스도가 지닌 믿음을 가리키거나, 목적격 소유격genitivus objectivus으로 여기고 그리스도에 대한 믿음으로 번역할 수 있다.[42] 그리스도가 지닌 믿음은 예수 삶 전체, 특히 십자가 죽음에서 하나님에 대한 그리스도의 충실과 존중이 강조된다.[43] 그리스도에 대한 믿음으로 이해할 수도 있다.[44] 그리스도가 지닌 믿음과 그리스도에 대한 믿음을 모두 포함한다는 의견도 있다. 믿음은 하나님의 선물임을 강조하면서도 인간의 결단을 존중하는 뜻이다.[45]

인간에게 믿음을 선사하신 하나님은 믿음의 근거다. 예를 들면, 먼저 전파가 있었고, 그다음에 안테나가 생겼다. 전파가 있었기 때문에 안테나를 세울 수 있었다. 전파에 안테나가 응답하듯이, 사람도 믿음에 응답한다. 믿음의 인간적 성격이 바로 이것이다. 복음을 받아들이든지 거절하든지 둘 중 하나다. 복음에 중립적 태도를 취할 수는 없다. "예수는 주님이시라고 입으로 고백하고 또 하나님께서 예수를 죽은 자들 가운데서 다시 살리셨다는 것을 마음으로 믿는 사람은 구원을 받을 것입니다. 곧 마음으로 믿어서 하나님과 올바른 관계에 놓이게 되고 입으로 고백하여 구원을 얻게 됩니다"(로마 10,9-10). 믿음을 고백해야 비로소 믿음이 된다. 믿음을 침묵할 수는 없다. "'나는 믿었다. 그러므로 나는 말하였다'라는 말씀이 성서에 기록되어 있습니다. 우리도 이와 똑같은 믿음의 정신을 가지고 믿고 또 말합니다"(고린토후서 4,13b).

42 Schumacher, Th, *Zur Entstehung christlicher Sprache. Eine Untersuchung der paulinischen Idiomatik und der Verwendung des Begriffes* πίστις, BBB 168, Göttingen 2012, 304-324.

43 Hays, R. B, "ΠΙΣΤΙΣ and Pauline Christology", in: Johnson, E.E,/Hay, D.M, (Hg.,) *Pauline Theology* IV, Atlanta 1997, 35-60, 37; de Boer, M.C, *Galatians,* A Commentary, NTL, Loiusville 2011, 148-150.

44 Dunn, J.D.G, "Once more, ΠΙΣΤΙΣ ΞΡΙΣΤΟΨ", in: Johnson, E.E,/Hay, D.M, (Hg.,) *Pauline Theology* IV, Atlanta 1997, 61-81.

45 Schliesser, B, *Was ist Glaube? Paulinischer Perspektiven,* ThSt 3, Zürich 2011, 98; Ulrichs, K.F, *Christusglaube. Studien zum Syntagma* πίστις Χριστοῦ *und zum paulinischen Verständnis von Glaube und Rechtfertigung,* WUNT 2.227, Tübingen 2007, 251.

믿음의 태도는 믿음의 내용과 분리할 수 없다. 뜨겁게 믿는다와 옳게 믿는다는 연결되어야 한다. "우리는 예수께서 죽으셨다가 다시 살아나신 것을 믿습니다. 그래서 우리는 예수를 믿다가 죽은 사람들을 하나님께서 예수와 함께 생명의 나라로 데려가실 것을 믿습니다"(데살로니카전서 4,14; 고린토전서 15,14)가 바울이 전하는 믿음의 내용이다.

그렇다면, 부활한 예수 그리스도를 믿는 태도는 무엇일까. 그리스도를 주님으로 믿고 고백하고 따르고 전하는 삶이다(고린토전서 3,16; 갈라디아 2,16; 로마 1,13). 믿음은 예수 그리스도 안에서 나타난 하나님 사랑에 근거하기 때문에(로마 5,8), 사랑은 믿음이 일상에서 드러나는 표지가 된다. 사랑이 없으면, 그 사람에게 믿음이 있는지 알 수가 없다. 바울은 그래서 믿음과 사랑이 일치하도록 공동체와 개인에게 끈질기게 권고했다.[46] 믿음은 약해질 수 있고(로마 14,1) 변질될 수 있기 때문에(갈라디아 6,1), 바울은 믿음 안에서 굳건히 서 있도록 요청했다.(고린토전서 16,13; 고린토후서 1,24; 로마 11,20).

하나님과 인간의 관계를 믿음이란 단어로 강조한 바울은 유다교 사상에서 믿음을 이어받았다.[47] 특히 위기에 닥칠 때, 인간 운명을 신들에게 물어보고 답을 듣는다는 신탁神託 Orakel 습관이 공통년 이전 7세기부터 그리스 문화에 유행했다.[48] 신탁은 사람들이 신들의 능력을 신뢰하

---

46 Stuhlmacher, P, *Der Brief an die Römer*, NTD 6, Göttingen 1989, 72.

47 Lührmann, D, "Pistis im Judentum", ZNW 64 (1973), 19-38.

48 Barth, G, "Pistis in hellenistischer Religiosität", in: Ders, *Neut estamentliche Versuche und Beobachtungen,* Waltrop 1996, 169-194, 173-176; Schunack, G, "Glaube in griechischer Religiosität", in: Kollmann, B,/Reinbold,W,/Steudel, A, (Hg.), *Antikes Judentum und Frühes Christentum* (FS Stegemann, H,), BZNW 97, Berlin/New York 1999, 296-326, 299-317.

였기 때문에 생겼다. 무신론은 신들에 대한 믿음이 부족한 결과라고 비판받았다.[49] 로마제국에서 믿음fides은 국가와 종교와 가정에서 높은 가치로 존중되었다.[50]

그런 사회와 문화 속에서 예수운동과 바울은 믿음을 예수운동의 핵심 단어로 내세웠다. 믿음은 예수운동을 내부에서 확인하고identity marker 외부와 구분짓는boundary marker 표시였다. 바울에게 믿음은 예수 그리스도를 죽은 사람들 가운데 부활시키신 하나님에 대한 믿음이었다(로마 4,17.24; 8,11). 하나님은 인간에게 예수 그리스도라는 새로운 믿음의 길을 제시하셨다. 예수 그리스도에게서 믿음이 시작되었고, 예수 그리스도는 또한 믿음의 내용이다.[51] 믿음의 내용이 예수 그리스도라는 사실은 믿음을 인간이 개발한 것이 아니라 하나님께서 주신 선물이라는 뜻이다. 믿는 인간의 자유의지와 결단을 아무리 존중하고 강조한다 하더라도, 믿음은 언제나 하나님의 은혜라는 사실을 결코 잊으면 안 된다. 선물을 주시는 하나님과 받는 인간이 같은 차원에 있는 것은 아니다.

바울에게 믿음과 복음은 같은 단어나 다름없었다. 바울은 복음이란 단어를 믿음이란 단어로 바꾸었다고 말할까. 믿음이 어떻게 생겼는지를 바울이 본격적으로 논의한 적은 사실 없었다. 믿음이 어떻게 생겼는지보다 왜 믿지 않음이 생겼는지 바울은 더 궁금했다.[52]

---

49 Plutarch, *Alexander,* 75; *Moralia* 164E.

50 Strecker, Chr, "Fides - Pistis - Glaube. Kontexte und Konturen einer Theologie der "Annahme" bei Paulus", in: Bachmann, M, (Hg.), *Lutherische und neue Paulusperspektive,* WUNT 182, Tübingen 2005, 223-250.

51 Friedrich, G, "Glaube und Verkündigung bei Paulus", in: Hahn, F,/Klein, H, (Hg.), *Glaube im Neuen Testament*(FS Binder, H,), BThSt 7, Neukirchen 1982, 93-113, 102-106.

52 Wolter, M, *Paulus. Ein Grundriss seiner Theologie,* Neukirchen 2015, 2판, 81.

유다인 대부분이 예수 그리스도를 믿지 않는 현실에 바울은 크게 고뇌했다(로마 9,30-10,21; 11,7-10). 유다인 아닌 사람이 예수 그리스도를 믿지 않는 현실은 비교적 간단히 언급되었을 뿐이다(고린토후서 4,3-4). 유다인 대부분이 예수 그리스도를 믿지 않는 이유와 유다인 아닌 사람이 예수 그리스도를 믿지 않는 이유를 바울은 분명하게 구분했다. 하나님이 유다인 대부분이 예수 그리스도를 믿지 않게 만드셨고(신명기 29,3; 이사야 6,9; 시편 69,23-24), 악마가 유다인 아닌 사람을 유혹하여 예수 그리스도를 믿지 않게 만들었다(고린토후서 4,4).

인간 평등의 근거는 무엇일까. 모든 인간은 죽는다는 사실이 모든 인간은 평등하다는 근거 중 하나가 되겠다. 바울은 인간 평등의 근거로 두 가지를 새롭게 내세웠다. 모든 인간은 죄를 지었다(로마 3,9) 모든 인간은 예수 그리스도를 믿을 수 있다(로마 1,16; 3,22).

그런데 바울이 말하는 믿음과 오늘 우리가 이해하는 믿음이 같은 뜻일까. 믿는다는 단어에서 우리는 알 수 없다는 뜻을 전제하는지도 모르겠다. 알 수 없는데, 알 수 없지만, 그럼에도 불구하고 믿어주겠다는 말이다. 그런데 바울에게 믿음은 불확실이 아니라 확실함을 전제한다. 믿음과 확실함은 우리에게 서로 거리가 있는 단어처럼 보이지만, 바울에게 믿음과 확실함은 같은 단어다. 진리는 사실과 지식이 일치하는 데 있다고 토마스 아퀴나스도 바울처럼 이해했다.[53] 알 수 없지만 그럼에도 불구하고 믿어주겠다는 우리와, 확실하기 때문에 믿는다는 바울 사이에서 언어 이해의 차이가 없지는 않다.

---

53 Thomas von Aquin, *Summa Theologica* I, q.16, a.2.

# 예수 그리스도

"여러분은 저를 누구라고 생각하십니까?"(마가 8,29a). 예수가 제자들에게 던진 질문이다. 바울은 예수를 만난 적도 없고, 네 복음서를 구경한 적도 없다. 그러나 바울은 복음서의 기초가 되는 말과 글을 조금이라도 알고 있었을 것이다. 바울은 복음서 저자들과는 달리 예수 역사를 이야기로 소개하지는 않았다. 예수 역사에서 드러난 사건과 주제를 골라 논리적으로 의미를 해설하였다. 바울은 이야기꾼이 아니었다. 그러면 바울은 예수를 누구라고 생각했을까.

## 부활한 예수

바울에게 하나님은 무엇보다도 먼저 십자가에서 처형된 예수를 죽은 사람 가운데 부활시키신 분이었다(데살로니카전서 1,10; 고린토후서 4,14; 로마 8,11). 바울에게 예수는 십자가에서 처형되었지만, 하나님에 의해 부활하신 분이다. 세상 끝 날이 아니라 바울 생전에 하나님이 사람을 부활시키셨다는 사실에 유다인 바울은 놀랐다. 유다교는 세상 끝 날에 부활을 믿었지만, 세상 역사 중에 부활은 말한 적이 없었다. 하나님에 의해 부활하신 예수는 대체 어떤 인물일지 바울은 주목했다. 그래서 바울에게 예수는 십자가 죽음에서 부활까지 예수나 다름없었다. 예수의 나머지 역사는 바울에게 십자가 죽음에서 부활보다 중요하진 않았다.

바울에게 예수는 다마스쿠스 가는 길에서 만난 부활한 예수 그리스도였다(데살로니카전서 1,10; 로마 8,11). 무덤에 묻히고 사흘 만에 다시 살아나신 그리스도는 먼저 베드로에게, 열두 사도에게, 한 번에 오백 명이 넘는 성도들에게, 그 뒤 야고보와 모든 사도들에게, 마지막으로 팔삭둥이 같은 바울에게 나타나셨다(고린토전서 15,4-8). 예수 부활은 사실이며, 바울 자신도 사도임을 강조하는 발언이었다. 라틴어로 바울paulus 형용사는 작은, 즉 모든 사도 중에 가장 작은 사람(고린토전서 15,9)이라는 뜻이다.

부활한 예수 그리스도의 나타남은 예수가 죽음에 머무르지 않고 부활하여 하나님 오른편에 있다는 확신을 바울에게 주었다(데살로니카전서 4,14; 고린토후서 4,14; 로마 6,9). 예수는 부활하여 하나님 곁에 있다는 신분 변화가 바울 그리스도론의 핵심 중 하나다. 바울은 예수 제자들처럼 역사의 예수를 먼저 알고 나서 부활한 예수 그리스도를 만난 것은 아니다. 바울은 역사의 예수를 모르는 상태에서 부활한 예수 그리스도를 만났다. 예수 제자들과 바울이 같은 차원에서 부활한 예수 그리스도를 이해하는 것은 아니다. 이 분명한 차이를 우리가 흔히 놓치거나 외면하고 있다.

예수 신분 변화의 목적은 예수 그리스도를 믿는 사람이 예수 부활 사건에 참여하는 것이다.[1] 예수 신분 변화는 예수 그리스도를 믿는 사람이 예수 부활 사건에 참여하는 전제 조건이었다. "하나님은 죄를 모르

---

1 Schweitzer, A, *Die Mystik des Apostels Paulus,* Tübingen 1954, 2판, 116.

는 그분을 우리를 위하여 죄로 만드시고, 우리가 그분 안에서 하나님의 의로움이 되도록 만드셨습니다"(고린토후서 5,21).

예수 부활은 세상 끝 날이 아니라 지금부터 우리에게 확신을 준다. "우리가 그리스도와 함께 죽었으니 또한 그리스도와 함께 살리라고 믿습니다"(로마 6,8). 예수 부활은 예수 그리스도를 믿는 개인뿐 아니라 우주 전체운명에 영향을 끼친다. "하늘과 땅 위와 땅 아래에 있는 모든 것이 예수의 이름을 받들어 무릎을 꿇고, 모두가 입을 모아 예수 그리스도가 주님이시라 찬미하며 하나님 아버지를 찬양하게 되었습니다"(필립비 2,10-11). 그러면, "하나님은 모든 것 안에서 모든 것이 되실 것"(고린토전서 15,28b)이다.

바울은 십자가에 처형된 예수보다 부활한 예수 그리스도를 먼저 만났다. 바울은 십자가 죽음에서 부활을 보는 것이 아니라 부활에서 십자가 죽음을 바라보고 있다. 시간 순서로는 십자가 죽음이 부활보다 먼저 있었지만, 아는 순서로는 부활을 먼저 알고 그다음 십자가 죽음을 안다는 말이다.[2] 그래서 바울 신학을 이해하려면, 먼저 부활을 보고 그다음 십자가 죽음을 보는 순서가 적절하다.[3] 부활 주체는 하나님이요 부활 객체는 예수 그리스도이므로, 부활한 예수 그리스도를 논한다는 말은 부활시키신 하나님을 논한다는 뜻이다. 부활한 예수 그리스도는 동시에 부활시키신 하나님을 포함한다.

예수 부활을 인정하지 않고 예수 죽음을 보는 것과, 예수 부활을 인정하고 예수 죽음을 보는 것은 너무나 다르다. 또한 예수 죽음은 반드시

---

2 Schrage, W, "Der gekreuzigte und auferweckte Herr. Zur theologia crucis und theologia resurrectionis bei Paulus", ZThK 94 (1997), 25-38.

3 Schnelle, U, *Paulus. Leben und Denken,* Berlin/Boston, 2014, 2판, 443.

십자가 죽음으로 이해해야 한다. 예수가 나이, 질병, 사고 탓에 죽은 것은 아니다. 예수 죽음은 십자가 죽음이요 정치범으로서 죽음이었다.

예수 죽음의 정치적 성격을 외면한다면, 예수 죽음 의미를 제대로 알기는 어렵다. 예수 혼자만 정치범으로 십자가 죽음을 당한 것도 아니다. 예수 앞에, 예수 뒤에, 수많은 사람이 십자가 죽음을 당했다. 예수 십자가 죽음만 보고 역사에서 무수한 십자가 죽음을 외면한다면, 예수 죽음의 의미를 제대로 알기는 어렵다. 무수한 십자가 죽음 속에서 예수 십자가 죽음을 보는 것이 적절하겠다.

예수 부활은 바울 신학에서 중요하지만 또한 논란 많은 주제이기도 하다.[4] 바울이 예수 부활을 확신했음은 틀림없다. "그리스도께서 다시 살아나지 않으셨다면 우리가 전한 것도 헛된 것이요 여러분의 믿음도 헛된 것일 수밖에 없을 것입니다"(고린토전서 15,14).

그러나 바울이 그렇게 예수 부활을 확신한다고 해서 예수 부활이 곧 증명되는 것은 아직 아니다. 예수 부활은 이미 증명된 결론이 아니라 이제 증명해야 할 전제다. 아테네에서 예수 부활을 설교한 바울은 그리스철학자들에게 비웃음을 샀다(사도행전 17,32). 한반도 문화에 부활 사상은 없었다. 바울은 예수 부활로써 무엇을 말하려 했을까.

바울이 예수 부활 사상을 처음 개발한 것은 아니다. 바울은 예수 부활 사상을 전해 들었고 받아들였다. "나는 내가 전해 받은 가장 중요한 것을 여러분에게 전해 드렸습니다. 그것은 그리스도께서 성서에 기록된 대로 우리의 죄 때문에 죽으셨다는 것과 무덤에 묻히셨다는 것과 성

---

4 Theissen, G./Merz, A, Der historische Jesus, Göttingen 2001, 3판, 416-446; Jacobi, Chr, "Auferstehung, Erscheinungen, Weisungen des Auferstandenen", in: Schröter, J./Jacobi, Chr, (Hg.), Jesus Handbuch, Tübingen 2017, 490-504.

84 | 2부 _바울의 새로운 사상

서에 기록된 대로 사흘 만에 다시 살아나셨다는 것과 그 후 여러 사람에게 나타나셨다는 사실입니다"(고린토전서 15,3-5a).5 바울은 유다교 인간론과 종말론처럼 부활을 시간과 공간에서 몸의 부활로 믿었다.6 예수 부활을 객관적 역사적 사건으로 믿을 수 있다고 바울은 생각하였다.7 예수 부활을 역사 안에서 일어난 사건으로 본 것이다.

바울 편지에 나타난 부활 전승에서 세 특징이 있다. 예수는 무덤에 묻혔다가 사흘 만에 다시 살아나셨고(고린토전서 15,4), 부활한 예수는 베드로에게(고린토전서 15,5a), 그 후 제자들에게 나타나셨다(고린토전서 15,5b-7). 바울은 예수의 빈 무덤을 명확히 언급하진 않았지만, 고린토전서 15,4와 로마 6,4에서 전제하였다. 빈 무덤은 바울이 몰랐던 전설이라는 의견도 있다.8 빈 무덤이 없었더라면, 예수 시신이 공동묘지에 묻혔거나 돌로 무덤 입구를 열고 막을 수 있는 개인 무덤에 안치되지 않았더라면, 부활 선포가 예루살렘에서 널리 퍼지지 못했을 것이다.9 아리마태아 요셉(마가 15,43; 요한 19,38)이 예수 시신을 무덤에 모셨다는 사실을 예수운동 사람들이 언제 어떻게 알았는지 우리는 알 수 없지만, 예수운동 사람들은 예수 무덤을 알고 있었다.10

---

5 Schrage, W, *Der erste Brief an die Korinther,* EKK VII/4, Neukirchen 2001, 31-53; Wischmeyer, O, 1. "Korinther 15. Der Traktat des Paulus über die Auferstehung der Toten", in: Wischmeyer, O,/Becker, E.-M, *Was ist ein Text?,* Tübingen 2001, 172-178; Wolff, Chr, *Der erste Brief des Paulus an die Korinther,* ThHK 7, Berlin 1996, 354-370.

6 Wolff, Chr, *Der erste Brief des Paulus an die Korinther,* ThHK 7, Berlin 1996, 375.

7 Bultmann, R, "Karl Barth, "Die Auferstehung der Toten"", in: Ders, *Glauben und Verstehen* I, Tübingen 1993, 9판, 38-64, 54.

8 Bultmann, R, *Theologie des Neuen Testaments,* Merk, O. (Hg.), Tübingen, 1984, 9판, 48.

9 Althaus, P, *Die Wahrheit des christlichen Osterglaubens,* BFChTh 42, Gütersloh 1940, 25.

10 Broer, I, *Die Urgemeinde und das leere Grab,* StANT 31, München 1972, 294.

빈 무덤은 여러 해석을 낳을 수 있다. 부활한 예수가 나타난 뒤에야 빈 무덤은 부활의 정황 증거로 내세우고 해석될 수 있었다.[11] 요한복음은 부활한 예수가 맨 처음 막달라 마리아에게, 그다음 제자들에게 나타났다고 기록했다(요한 20,11-18). 부활한 예수는 맨 처음 막달라 마리아에게(마가 16,9), 막달라 마리아와 다른 마리아에게(마태 28,9-10), 엠마오 가던 두 제자에게 맨 처음 나타났다(누가 24,14-31). 그러나 바울은 부활한 예수가 맨 처음 베드로에게 나타났다고(고린토전서 15,5a)[12] 생각했다.

부활한 예수의 나타남 전승들은 예수 부활을 사람들에게 설득하려는 의도로 생기진 않았다.[13] 만일 그랬다면, 증거 능력을 인정받지 못하던 여자들에게 부활한 예수가 맨 처음 나타났다고 기록할 이유가 없었다. 부활한 예수의 나타남 전승에서 여자들이 큰 역할을 했다는 사실은 분명하다. 복음서 저자들이 그렇게 기록한 이유도 있었을 것이다.

부활한 예수의 나타남 전승은 곧 빈 무덤 전승과 연결되어 예수 부활을 전파하는 데 이용되었다. 부활한 예수의 나타남 전승은 세상 끝 날에 하나님께서 특별한 소수 사람에게 당신 활동을 보여주신다는 종말론 차원에 자리 잡고 있다.[14] 부활은 예수운동의 기초 역사가 되었다.[15] 바

---

11 Dalferth, I.U, "Volles Grab, leere Glaube?", ZThK 95 (1998), 379-409, 394.

12 Wilckens, U, *Auferstehung: das biblische Auferstehungszeugnis historisch untersucht und erklärt,* Gütersloh 1977, 2판, 15-61.

13 v. Campenhausen, H, *Der Ablauf der Osterereignisse und das leere Grab,* SHAW.PH 1952, Heidelberg 1977, 4판, 41.

14 Wilckens, U, "Der Ursprung der Überlieferung der Erscheinungen des Auferstandenen", in; Hoffmann, P, (Hg.), *Zur neutestamentlichen Überlieferung von der Auferstehung Jesu,* Darmstadt 1988, 139-193.

15 v. Bendemann, R, "Die Auferstehung von den Toten als 'basic story'", GuL 15 (2000), 148-162.

울은 십자가에서 처형된 예수가 부활했다는 소식을 전하고 다녔다.

바울은 고린토전서 15,3-5에서 자신이 사도라는 주장을 펼쳤다.[16] 즉, 바울은 예수 부활에 대해 독자적인 의견을 펼친 게 아니고, 베드로부터 모든 사도가 공통으로 가진 믿음을 이어받았다는 뜻이다. 예수 몸의 부활, 예수 부활의 증인, 죽은 사람들의 몸의 부활을 사도들은 공통으로 믿었다.[17]

바울은 부활을 하나님 계시로서 받아들였다. "그러나 하나님은 내가 나기 전에 이미 은총으로 나를 택하셔서 불러주셨고, 당신의 아들을 유다인 아닌 사람에게 널리 알리게 하시려고 기꺼이 그 아들을 나에게 나타내 주셨습니다"(갈라디아 1,15-16a). 예수 부활은 하나님이 예수에게 하신 행위뿐 아니라 예수를 믿는 사람이 체험한 새로운 현실이라는 특징이 1960년대 이후 지금까지도 영향을 끼쳐온 부활에 대한 성서학계 논의에서 축소되었다.[18]

진리 주장이 자연과학적 합리성에 의해 평가되는 우리 시대에, 예수 부활에 대한 복음서와 바울 주장이 어떻게 이해될 수 있을까. 성서학계에서 크게 세 가지 설명이 제시되고 있다. 예수 부활은 순전히 예수 제자들의 주관적 투사[Projektion]이고 착각이라는, 19세기 스트라우스[Strauss] 이후 오늘까지 이어온 주장이 있다.[19] 그 주장의 핵심은 예수의 빈 무덤

---

16 v. d. Osten-Sacken, P, "Die Apologie des paulinischen Apostolats in 1. Kor 15,1-11", in: Ders, *Evangelium und Tora. Aufsätze zu Paulus,* TB 77, München 1987, 131-149.

17 Fischer, K.M, *Das Ostergeschehen,* Göttingen 1980, 2판, 73-76; Hoffmann, P, Art. "Auferstehung", TRE 4, Berlin/New York 1979, 452-458.

18 Schnelle, U, *Paulus. Leben und Denken,* Berlin/Boston, 2014, 2판, 446, 주 14.

19 Strauss, D.F, *Der alte und der neue Glaube,* Stuttgart 1938(=1872), 49; Schweitzer, A, *Geschichte der Leben-Jesu-Forschung I,* Gütersloh 1977, 3판, 106-154; Lüdemann, G, *Die Auferstehung Jesu,* Göttingen 1994, 208.

이 후대에 꾸며낸 전설20이라는 것이다. 그러나 예수 제자들이나 반대자들이 예수 무덤을 몰랐을 리 없다(마가 15, 42-47). 예수 부활은 예수 제자들의 주관적 투사요 착각이라는 주장에 반대하는 의견도 있다.21

19세기 예수 생애 연구의 부정적인 결과 앞에서 불트만은 부활 믿음을 역사적으로 근거 놓으려는 작업을 포기했다. 예수 죽음의 허탈함을 극복하려는 예수운동의 노력이 신화를 빌어 부활 믿음으로 나타났다는 것이다. 그 과정이 예수 제자들에게 어떻게 생겨났는지 과정은 사실 부활 믿음에 무의미하다는 것이다.22 십자가는 부활과 일치되어 함께 선포되었다.23 부활은 십자가 의미와 다름없다.24 즉, 예수는 Kerygma에서 부활했다는 것이다.25 부활의 역사성에 대한 질문은 부적절하기 때문에 신학에서 사라져야만 한다는 주장까지 나왔다.26

그런데 부활 사실 없는 부활 의미 해설로서 부활 믿음이 충분할까.27 부활을 실제 사건으로 보는 의견도 있다.28 빈 무덤 전승뿐 아니라 갈릴

20 Lüdemann, G, *Die Auferstehung Jesu,* Göttingen 1994, 67.

21 Pannenberg, W, *Grundzüge der Christologie,* Gütersloh 1976, 5판, 93; Wilckens, U, "Die Auferstehung Jesu: Historisches Zeugnis - Theologie - Glaubenserfahrung", PTh 85 (1996), 102-120.

22 Bultmann, R, *Theologie des Neuen Testaments,* Merk, O. (Hg.), Tübingen, 1984, 9판, 47.

23 Bultmann, R, "Neues Testament und Mythologie", BEvTh 96, München 1985(=1941), 27-69, 57.

24 Bultmann, R, "Neues Testament und Mythologie", BEvTh 96, München 1985(=1941), 27-69, 58.

25 Bultmann, R, "Das Verhältnis der urchristlichen Christusbotschaft zum historischen Jesus", in: Ders, *Exegetica, Aufsätze zur Erforschung des Neuen Testaments,* hg. v. E. Dinkler, Tübingen 1967, 445-469, 469.

26 Conzelmann, H, *Theologie als Schriftauslegung,* BEvTh 65, München 1974, 228.

27 Klappert, B, (Hg.), *Diskussion um Kreuz und Auferstehung,* Wuppertal 1985, 9판.

28 Pannenberg, W, *Grundzüge der Christologie,* Gütersloh 1976, 5판, 93.

래아에서 부활한 예수가 나타난 전승 등 여러 전승이 합쳐진 것이 부활의 역사적 판단에 중요하다.[29] 그런 주장을 하는 판넨베르크는 역사실증주의 틀에 머물러 있다는 비판이 나왔다.[30]

## 십자가에 처형된 예수

바울은 십자가에 처형된 예수를 메시아로 선포하는 예수운동을 이해하지 못했다. "나무에 달린 시체는 하나님께 저주를 받은 것"(신명기 21,23)이기 때문이다. 그래서 바울은 예수운동을 박해했다고 고백했다. 유다교가 십자가에 처형된 사람 모두를 하나님께 저주받았다고 여긴 것은 아니었다. 유다 독립을 위해 싸우다가 십자가에 처형된 유다인도 많았기 때문이다.[31] 바울은 십자가에 대한 생각을 바꾸어서 예수를 믿은 것이 아니라, 부활한 예수를 만났기 때문에 예수를 받아들였다. 부활한 예수를 만난 바울은 십자가에 처형된 예수를 다시 생각하게 되었다.

이제 바울에게 예수는 부활한 예수뿐 아니라 십자가에 처형된 예수다. 부활이 있었기 때문에 십자가의 의미가 새롭게 되었지만, 십자가가 없었으면 부활도 없었다. 부활 없는 십자가는 의미를 찾을 수 있지만 십자가 없는 부활은 아예 생각할 수 없다. "그리스도는 약하셔서 십자가

---

29 Pannenberg, W, "Die Auferstehung Jesu– Historie und Theologie", ZThK 91, 318-328, 327.

30 Reinmuth, E, "Historie und Exegese - zum Streit um die Auferstehung Jesu nach der Moderne", in; Alkier, St,/Brucker, R, (Hg.), *Exegese und Methodenstreit*, TANZ 23, Tübingen 1998, 1-8.

31 Friedrich, G, *Die Verkündigung des Todes Jesu im Neuen Testament*, BThSt 6, Neukirchen 1982, 122-130.

에 달려 죽으셨지만 하나님의 힘으로 지금 살아 계십니다"(고린토후서 13,4). 부활한 예수는 십자가에 못 박힌 상처를 안고 있다.[32] 바울에게 십자가에 처형된 예수는 하나님께 저주받은 사람이 아니라 하나님의 아들이다. "우리는 십자가에 달리신 그리스도를 선포할 따름입니다"(고린토전서 1,23a). 부활한 예수를 만난 바울은 십자가에 처형된 예수를 선포한다.

십자가에 달리신 그리스도는 유다인에게 걸림돌σκάνδαλον, 유다인 아닌 사람에게 어리석음μωρίαν이다(고린토전서 1,23b). 바울 자신도 십자가에 달리신 그리스도에 걸려 넘어진 적 있었다. 십자가 처형은 아주 잔인한 처벌 방법의 하나로 여겨졌다.[33] 사형수 본인이 T 모양의 십자가를 처형장까지 끌고 갔다. 손목 또는 발목에 못이 박힌(누가 24,39; 요한 20,25) 사형수는 심한 고통 속에 죽어간다.[34] 십자가 처형은 로마제국이 주로 노예와 독립 투사에게 쓰던 방식이었다.[35] 그런 잔인한 십자가는 이제 예수운동 상징이 되었다.

바울은 십자가를 하나님 사랑이 드러난 곳으로 생각했다. 바울은 십자가에 처형되신 예수 그리스도 외에는 아무것도 모르기로 작정하였다(고린토전서 2,2b). 현세의 통치자들은 아무도 하나님의 심오하고 감추어

---

32 Friedrich, G, *Die Verkündigung des Todes Jesu im Neuen Testament,* BThSt 6, Neukirchen 1982, 137.

33 Kuhn, H.-W, "Jesus als Gekreuzigter in der frühchristlichen Verkündigung bis zur Mitte des 2. Jahrhunderts", ZThK 72 (1975), 1-46, 7; Cook, J.G, "Roman Crucifixions: From the Second Punic War to Constantine", ZNW 104 (2013), 1-32.

34 Pilz, Chr. M, *Tod am Kreuz. Geschichte und Pathophysiologie der Kreuzigung,* Tübingen 1986, 64.

35 Kuhn, H.-W, *Die Kreuzesstrafe während der frühen Kaiserzeit,* ANRW II 25/1, Berlin/New York 1982, 648-793.

져 있던 지혜(고린토전서 2,7a)를 깨닫지 못하였다(고린토전서 2,8a). 만일 로마 총독 빌라도가 깨달았더라면, 그는 영광의 주님을 십자가에 처형 하지는 않았을 것이다(고린토전서 2,8b).[36] 바울의 반대자들은 십자가를 피하려 하지만 바울은 십자가 박해를 피하려 하지 않았다(갈라디아 5,11). 신화가 아니라 역사의 구체적인 장소인 십자가를 예수운동과 바울은 놓치지 않았다.

"하나님께서는 지혜 있다는 자들을 부끄럽게 하시려고 이 세상의 어리석은 사람들을 택하셨으며, 강하다는 자들을 부끄럽게 하시려고 이 세상의 약한 사람들을 택하셨습니다. 또 유력한 자를 무력하게 하시려고 세상에서 보잘것없는 사람들과 멸시받는 사람들, 곧 아무것도 아닌 사람들을 택하셨습니다"(고린토전서 1,27-28). 십자가에서 하나님이 어떤 분이신지 드러난다. 동시에 십자가에서 하나님이 어떤 사람들을 선택하시는지 드러난다.

하나님은 세상에서 지혜 있다는 자들과 강한 사람이 아니라 약한 사람들과 멸시받는 사람들을 선택하신다. 하나님은 세상 통념을 뒤엎고 가난한 희생자들을 역사의 주인공으로 선택하셨다. 하나님의 깊은 지혜가 드러나는 십자가에서 부활을 보아야 한다. 십자가를 외면하거나 지나치는 부활은 없다(고린토전서 2,6).[37]

십자가에 달리신 그리스도는 바울 신학의 핵심이 되었다.[38] 십자가는 하나님을 이해하고, 예수를 이해하고, 세상 역사와 인간을 이해하는 지혜가 되었다. 바울 삶의 전환은 부활한 예수를 만난 사실에만 있는

---

36 Wolff, Chr, *Der erste Brief des Paulus an die Korinther,* ThHK 7, Berlin 1996, 55-57.
37 Merklein, H, *Der erste Brief an die Korinther,* ÖTK 7/1, Gütersloh 1992, 236.
38 Schnelle, U, *Paulus. Leben und Denken,* Berlin/Boston, 2014, 2판, 466.

것은 아니다. 부활한 예수 그리스도를 만난 바울은 십자가에 달리신 예수를 만나게 되었다. 십자가에 달리신 예수를 만난 바울은 십자가에서부터 인간과 역사를 이해하게 되었다. 바울에게 복음은 십자가에 달리신 예수가 인류에게 구원을 가져다주셨다는 사실을 뜻한다.

## 예수 저항과 수난

예수가 예루살렘에서 겪은 여러 사건과 죽음을 흔히 예수 수난이라는 단어로 표현한다. 그런데 이 표현은 과연 적절한가. 수난 단어는 예수가 수동적으로 고통을 당했음을 가리킨다. 예수는 가만히 앉아 있다가 어느 날 갑자기 영문도 모른 채 느닷없이 고통을 당했는가. 네 복음서는 그렇게 말하고 있지 않다. 예수는 적극적으로 저항했고, 그래서 고통을 당했다. 예수 저항 없이 예수 수난 없다. 그래서 예수 수난보다 예수 저항과 수난이라는 표현이 역사적으로나 내용적으로나 더 적절하겠다.

하나님께서 예수 그리스도를 죽은 자들 가운데 부활시키셨고, 부활한 그리스도는 죽은 자들과 산 자들의 주님이라는 확신(로마 14,9)이 바울 신학의 기초다. 유다교에서 하나님은 이스라엘 백성을 이집트에서 해방시키신 분(출애굽기 13,14; 민수기 23,22; 24,8)이라면, 바울에게 하나님은 예수 그리스도를 죽은 자들 가운데 부활시키신 분이시다(고린토후서 4,14; 갈라디아 1,1; 로마 4,24). 바울 자신은 이 복음을 사람에게 받은 것이 아니고 예수 그리스도의 계시를 통해 받았고(갈라디아 1,10-12) 그래서 복음을 전하는 사도가 되었음(갈라디아 1,15; 로마 1,5)에 큰 가치를 두었다. 바울은 예수 그리스도의 죽음과 부활에 대한 생각을 여러 곳에서 펼치고 있다(고린토전서 15,3b-5; 필립비 2,6-11; 로마 1,3).

전해 받은 전승에 기초하여 바울이 쓴 그리스도 찬가 (필립비 2,6-11)[39]에서 예수 죽음은 부활이 아니라 높여짐에 연결되었다. 하나님이 예수를 드높인 사건은 예수 부활을 포함한다는 해석이다. 예수 그리스도는 죽으셨고, 부활하셨고, 드높여져 하나님의 오른편에 계시며, 우리를 위해 기도하시는 분이시다(로마 8,34). 예수 죽음, 부활, 드높여짐은 바울에게 한 과정의 세 모습이다.[40]

로마서에서 예수 죽음, 부활, 드높여짐 설명은 그리스도 찬가(필립비 2,6-11)와 조금 다르게 표현되었다. 예수는 다윗의 후손이며 죽은 자들 가운데서 부활하심으로써ἐξ ἀναστάσεως νεκρῶν 하나님의 권능을 지닌ἐν δυνάμει 하나님의 아들로 확인되신 분이다(로마 1,3-4). 하나님의 권능을 지닌 하나님의 아들로 확인된 사실과 부활이 어떤 방식으로 연결되는지 논란되고 있다.[41] 부활을 통하여 예수 그리스도는 하나님의 아들로 확인되었다는 해석[42]과 부활 이후로 하나님의 아들로 확인되었다는 해석[43]이 있다.

---

39 Müller, U.B, "Der Christushymnus Phil 2,6-11", ZNW 79, 1988, 17-44, 20; Brucker, R, *'Christushymnen' oder 'epideiktische Passagen': Studien zum Stilwechsel im Neuen Testament und seiner Umwelt*, FRLANT 176, Göttingen 1997, 311.

40 Horn, F.W, *Das Angeld des Geistes. Studien zur paulinischen Pneumatologie*, FRLANT 154, Göttingen 1992. 418.

41 Herzer, J, "Passion und Auferstehung Jesu Christi", in: Horn, F.W, *Paulus Handbuch*, Tübingen 2013, 285-294, 287.

42 Haacker, K, D*er Brief des Paulus an die Römer*, ThHK 6, Leipzig 2012, 4판, 28; Stuhlmacher, P, *Biblische Theologie des Neuen Testament. Band 1: Grundlegung. Von Jesus zu Paulus*, Göttingen 2005, 3판, 186.

43 Strecker, G, *Theologie des Neuen Testaments*. Hg. v, Horn, F.W, Berlin/New York 1996, 72.

어느 쪽 해석이 적절한지 결정하기는 어렵다. 예수 그리스도가 하나님의 아들로 확인되었다는 사실이 모든 죽은 사람의 부활과 인과 관계로 연결되었다는 점이 우리에게 중요하다. 예수 드높여짐은 예수 본인뿐 아니라 모든 죽은 사람의 부활 근거가 되었다. 그리스도는 죽은 자들 가운데서 다시 살아나셔서 죽었다가 부활한 첫 사람이 되셨다(고린토전서 15,20). 예수를 믿다가 죽은 사람들을 하나님은 예수와 함께 생명의 나라로 데려가실 것을 우리는 믿는다(데살로니카전서 4,14).

예수 십자가 죽음과 부활 주제는 특히 고린토전서에서 다루어졌다. 고린토전서 1-2장은 예수 십자가 죽음이 복음 전파에서 얼마나 큰 도전이 되는지 알려준다. 그리스도는 세례를 베풀라고 바울을 보내신 것이 아니라 복음을 전하라고 보내셨다(고린토전서 1,17a). 인간의 말재주로 복음을 전하면 그리스도의 십자가는 그 뜻을 잃고 만다(고린토전서 1,17b). 예수 십자가에서 인간 구원을 위한 하나님 뜻이 역설적인 방식으로 드러난다.[44]

하나님에 의한 예수 부활 관점에서 바울은 예수 십자가 죽음의 구원 의미를 보았다. 십자가에 이르는 과정과 십자가의 고통을 말하지 않으면, 십자가를 말할 수 없다(고린토전서 2,8). 예수가 왜 십자가에서 죽게 되었는지(고린토전서 1,23; 2,2; 갈라디아 3,1) 바울은 언급했다. 그러나 바울은 십자가 죽음의 해석과 그 구원 의미를 설명하는 데 더 집중했다(고린토전서 1,18; 로마 1,16).

십자가 사건보다 십자가 의미를 바울이 더 강조한 까닭이 있었다. 바

---

44 Konradt, M, "Die korinthische Weisheit und das Wort vom Kreuz. Erwägungen zur korinthischen Problemkonstellation und paulinischen Intention in 1 Kor 1-4", ZNW 94, 2003, 181-214.

울은 십자가 사건을 논쟁할 때 자주 언급했다. 언변과 지식에 뛰어난 고린토 공동체와 다툴 때(고린토전서 1,18-23), 율법에 대한 논쟁에서(갈라디아 3,1; 5,11; 6,12), 그리스도 십자가의 원수들(필립비 3,18; 2,8)과 싸울 때, 바울은 십자가 의미를 더 집중하여 강조할 수밖에 없었다.[45]

십자가라는 단어 자체가 당시 사람들에게 수치스러운 생각과 느낌을 주었다. 십자가 처형은 노예들의 처형servili supplicio 방식이자 가장 비참하고 두렵고 부끄러운 죽음[46]으로 여겨졌다. 십자가라는 단어는 사람들은 듣지도 말하지도 생각하지도 말아야 할 것[47]이었다. 이러한 배경에서 바울은 십자가에 이르는 사건을 구체적으로 언급할 필요가 없었고, 십자가 의미만 설명해도 되었다.[48] Ὁ λόγος ὁ τοῦ σταυροῦ는 십자가의 도(개역개정), 십자가의 이치(공동번역)보다 '십자가 단어'로 옮기는 것이 낫다.

바울은 십자가의 걸림돌(갈라디아 5,11) 표현부터 그리스도는 우리를 위해 저주받은 자가 되었다γενόμενος ὑπὲρ ἡμῶν κατάρα(갈라디아 3,13; 신명기 21,23)[49] 표현까지 썼다. 십자가는 그저 걸림돌에 불과하지 않고 무려 저주라는 뜻이다. 율법에 기록된 모든 것을 꾸준히 지키지 않는 사람은 저주받을 것이다(갈라디아 3,10; 신명기 27,26). 예수 죽음은 율법의 저주

---

45 Schrage, W, "Der gekreuzigte und auferweckte Herr. Zur theologia crucis und theologia resurrectionis bei Paulus", ZThK 94 (1997), 25-38, 29.

46 Josephus, Bell, VII 203.

47 Cicero, Verr. II5,165.

48 Herzer, J, "Passion und Auferstehung Jesu Christi", in: Horn, F.W, Paulus Handbuch, Tübingen 2013, 285-294, 289.

49 Delling, G, "Der Tod Jesu in der Verkündigung des Paulus", in: Ders, Studien zum Neuen Testament und zum hellenistischen Judentum: Gesammelte Aufsätze 1950-1968, hg.v. Hahn, F, u.a, Göttingen 1970, 336-346, 338.

에서 우리를 구원하여 하나님께서 아브라함에게 약속하신 복을 그리스도 예수를 믿는 모든 사람에게 전하고 성령을 받게 하려는 것이다(갈라디아 3,14.29; 4,5-7; 고린토후서 5,21). 예수 부활은 갈라디아서에서 특별히 언급되지는 않았다.

십자가 처형이 아주 비참했기 때문에, 그래서 죄인을 위한 희생으로서 역할을 했기 때문에 의미 있다고 설명하기를 바울은 주저했다. 수천 명이 십자가에 처형되던 당시 현실에서, 그런 설명은 유가족이나 사람들에게 불쾌감을 줄 수 있었다. 그렇게 수치스러운 십자가 죽음에서 부활시켜 당사자와 유가족의 명예를 회복시키신 분이 하나님이시라고 해명하는 편이 훨씬 더 나았다.

십자가 처형을 당한 사람의 명예를 부활이라는 방식으로 되찾아 줄 생각과 능력이 하나님 밖에 그 어느 종교나 철학에도 없지 않았는가(고린토전서 1,18-31; 고린토후서 4,3-6). 십자가 처형을 당한 사람이나 유가족의 아픔을 공감하지는 않은 채, 우리 죄가 용서받았다는 사실에만 감격하고 흥분할 수는 없다. 예수만 십자가 처형을 당했는가. 예수 십자가 처형만 의미 있고, 십자가에 처형된 수많은 사람의 죽음은 헛된 죽음에 지나지 않는다는 말인가. 그럴 수는 없다.

누구를 위해 죽다ἀποθνῄσκειν ὑπὲρ(고린토전서 8,11; 로마 5,6; 14,15), 넘겨지다παραὶδόναι(고린토전서 11,23; 갈라디아 1,4; 로마 4,25) 등 예수 죽음을 설명하는 표현이 바울에게 있었다. 예수가 우리 죄 때문에 죽으셨다면(로마 4,25), 죄 많은 인간을 위해 죽으셨다면(로마 5,8) 예수 죽음은 인간에게 특별한 의미를 가지게 된다(로마 3,21-26; 6,10).[50] 예수 죽음이 우리

---

50 Söding, Th, "Sühne durch Stellvertertung. Zur zentralen Deutung des Todes Jesu im Römerbrief", in: Frey, J,/Schröter, J, (Hg.), *Deutungen des Todes Jesu im Neuen*

죄와 죄 많은 인간에게 의미 있음을 알려주고 확인해 준 사건이 예수 부활이다. 부활은 죽음과 죄를 해석해 주는 역할을 하고 있다.

바울은 부활한 예수를 만나고 나서야 예수 삶과 죽음의 의미를 뚜렷하게 이해하게 되었다(고린토전서 1,18; 고린토후서 4,5; 로마 1,16). 바울에게 복음εύαγγέλιον(로마 1,16)은 십자가 단어ὁ λόγος ὁ τοῦ σταυροῦ(고린토전서 1,18)와 동의어다. 복음은 믿음에 이르게 하고(고린토전서 15,11; 로마 10,17), 믿는 사람은 마지막 날 하나님 분노의 심판에서 구출될 것이다(데살로니카전서 5,9; 로마 5,9).[51]

바울에게 복음은 예수 삶과 죽음을 설명하는 것보다 십자가에 처형된 예수를 부활시키신 하나님의 구원 사건을 널리 알리는 일이었다. 바울과는 다르게 네 복음서 저자들은 복음 단어에서 예수 삶을 또한 해설하려 애썼다. 예수 죽음과 부활이 인간을 구원했다고 바울이 설명했다면, 죽음과 부활을 포함한 예수 삶 전체가 인간을 구원했다고 네 복음서 저자들은 해설했다.

죽음과 죄에 대한 해석은 세례에서 구체적으로 드러난다. 세례에서 그리스도와 함께 십자가에 못 박혀 죄에 물들었던 옛 존재는 죽고 죄의 종살이에서 벗어나게 되었기 때문이다(로마 6,6). 그리스도와 같이 죽어 그리스도와 하나가 되었으니(로마 6,5), 우리도 새 생명을 얻어 살아가게 되었다(로마 6,4.9-11). 세례받은 사람은 죽었다가 다시 살아난 사람(로마 6,13)에 비유될 수 있다.

예수 죽음과 부활은 예수 그리스도를 믿는 사람의 삶에 영향을 준다.

---

*Testament,* WUNT 181, Tübingen 2005, 375-396.

51 Wolter, M, *Rechtfertigung und zukünftiges Heil. Untersuchungen zu Röm 5,1-11,* BZNW 43, Berlin/New York 1978, 176-195.

"그리스도 한 분이 모든 사람을 대신해서 죽으셨으니 결국 모든 사람이 죽은 것입니다. 그리스도께서 이렇게 죽으신 것은 사람들이 이제는 자기 자신을 위하여 살지 않고 자기들을 위해서 죽으셨다가 다시 살아나신 분을 위하여 살게 하시려는 것이었습니다"(고린토후서 5,14b-15; 로마 14,8; 데살로니카전서 5,10).

예수 부활이 죽음과 죄를 해석해 준다면, 부활을 통해 율법과 의로움에 대한 새로운 해석이 필요하고 또 가능하다. 인간의 죄를 드러나게 하는 율법(갈라디아 3,10-14; 로마 3,20) 저주에서 예수 그리스도를 믿는 사람은 해방되었다. 믿는 사람에게 새로운 삶을 가능하게 하는 것은 새로운 삶으로 이끄는 성령이다(고린토후서 5,17). 하나님은 우리에게 인증 날인을 하셨고 우리 마음 안에 그 보증으로 영을 주셨다(고린토후서 1,22; 5,5).[52]

예수 부활은 예수 죽음을 해석하는 구원 사건으로서 바울 신학에서 중요한 역할을 맡았지만, 예수 저항과 수난은 독립된 주제로써 다루어지지는 못하고 뒷전으로 밀려나고 말았다. 실제로 바울이 예수 저항과 수난에 대해 알고는 있었는지, 알았다면 어느 정도 알고 있었는지, 성서 학계에서 논란되어 왔다.[53]

바울이 어떤 방식으로든 예수 저항과 수난에 대해 전혀 모르진 않았을 것이다.[54] 최후 만찬 전승(고린토전서 11,23b-25; 15,3b-5; 필립비 2,6-11; 갈라디아 4,4; 로마 1,3; 4,25)이 특히 주목된다.[55] 예수 수난에 대해

---

52 Horn, F.W, *Das Angeld des Geistes,* FRLANT 154, Göttingen 1992, 391-395.

53 Häusser, D, *Christusbekenntnis und Jesusüberlieferung bei Paulus,* WUNT II 210, Tübingen 2006, 1-38.

54 Dunn, J.D.G, "The Relationship between Paul and Jerusalem according to Galatians 1 and 2", NTS 28 (1982), 461-478, 471.

알고 있는 듯 보이는 구절도 있다(고린토전서 2,8; 11,23-25; 15,3). 그러나 바울이 예수 죽음을 불러온 예수 저항과 수난에 대해 분명히 언급한 곳은 없다. 십자가에 달리신 예수 그리스도의 모습(갈라디아 3,1)도 예수 죽음이라는 사실을 말한 것이지 예수 저항과 수난에 대해 설명한 것은 아니다.[56]

예수 저항과 수난에 대한 바울 언급이 빈약하다면, 바울이 자신의 사도직을 예수 죽음과 연결한 것은 의미 있다. 고린토 공동체에서 거물급 사도들ὑπερλίαν ἀποστόλοι(고린토후서 11,5)과 논쟁할 때, 바울은 자기 몸도 약하고 말주변도 부끄러울 정도(고린토후서 10,10; 11,6; 고린토전서 2,1-5)라고 털어놓았다. 바울 생각에, 허약함과 보잘것없는 말솜씨는 진정한 사도의 특징이요 증거다(고린토후서 4,5-12; 6,3-10; 11,5-30). 바울의 허약함과 보잘것없는 말솜씨는 십자가에 매달린 예수의 허약함을 닮았다. 바울이 살아가는 방식이 십자가에서 예수의 허약함을 닮았다는 생각이 고난 목록Peristasenkataloge(고린토후서 4,8-11; 6,4-10)에서 잘 드러난다.[57]

우리는 아무리 짓눌려도 찌부러지지 않고, 절망 속에서도 실망하지 않으며, 궁지에 몰려도 빠져나갈 길이 있으며, 맞아 넘어져도 죽지 않습니다.

55 Schnelle, U, *Paulus. Leben und Denken,* Berlin/Boston, 2014, 2판, 98; Walter, N, "Paulus und die urchristliche Jesustradition", NTS 31 (1985), 498-522; Lindemann, A, "Paulus und die Jesustradition", in: Buitenwerf, R,/Hollander, H.W,/Tromp, J, (Hg.), *Jesus, Paul, and Early Christianity,* NT.S 130, Leiden 2008, 281-315.

56 Weder, H, *Das Kreuz Jesu bei Paulus, Ein Versuch, über den Geschichtsbezug des christlichen Glaubens nachzudenken,* FRLANT 125, Göttingen 1981, 182-186.

57 Wolff, Chr, "Niedrigkeit und Verzicht in Wort und Weg Jesu und in der apostolischen Existenz des Paulus", NTS 34 (1988), 183-196, 185.

이렇게 우리는 언제나 예수의 죽음을 몸으로 경험하고 있지만, 결국 드러나는 것은 예수의 생명이 우리 몸 안에 살고 있다는 사실입니다. 우리는 살아 있는 동안 언제나 예수를 위해서 죽음의 위험을 겪고 있습니다. 그것은 우리의 죽을 몸에 예수의 생명이 살아 있음을 드러내려는 것입니다(고린토후서 4,8-11).

바울은 자신의 고통을 그리스도의 고통에 대한 참여로 생각했고(고린토후서 1,5; 갈라디아 6,17; 필립비 3,10)[58] 공동체에 그리스도의 고통에 참여하라고 권고했다(데살로니카전서 1,6; 고린토전서 4,16; 고린토후서 1,6).[59] 바울의 고통과 공동체의 고통이 예수 그리스도의 고통처럼 구원 의미를 갖고 있지는 않다.[60] 하나님께서 십자가에 처형된 예수 그리스도를 부활시키고 새로운 생명으로 이끄셨기 때문에(필립비 2,9), 예수 죽음은 구원 의미를 지닌다(고린토후서 13,4).[61]

---

58 Güttgemanns, E, *Der leidende Apostel und sein Herr. Studien zur paulinischen Christologie,* FRLANT 90, Göttingen 1966, 126-135; Wolff, Chr, "Niedrigkeit und Verzicht in Wort und Weg Jesu und in der apostolischen Existenz des Paulus", NTS 34 (1988), 183-196, 190.

59 Wolter, M, "Der Apostel und seine Gemeinden als Teilhaber am Leidensgeschick Jesu Christi. Beobachtungen zur paaulinischen Leidentheologie", NTS 35 (1990), 535-557, 550-556.

60 Delling, G, "Der Tod Jesu in der Verkündigung des Paulus", in: Ders, *Studien zum Neuen Testament und zum hellenistischen Judentum: Gesammelte Aufsätze 1950-1968,* hg.v. Hahn, F, u.a, Göttingen 1970, 336-346, 343.

61 Heckel, U, *Kraft in Schwachheit. Untersuchungen zu 2. Kor 10-13,* WUNT II 56, Tübingen 1993, 121-142.

## 예수 죽음

십자가에 달리신 예수는 예수 죽음은 무엇이고 그 의미는 무엇인지 묻게 했다. 바울은 예수가 왜 죽었는가 역사적 상황을 살피기보다 죽음의 의미를 알아내는 데 더 고뇌했다. 바울은 예수 죽음의 의미를 설명하기 위해 여러 단어를 사용했다. 예수는 우리를 위해 죽으셨음[62]을 나타내는 대속代贖/속량贖良이 바울에게 핵심 단어였다.[63]

그런데 우리를 위해 죽으셨음을 나타내는 단어는 언어적으로 분명하지 않고, 바울이 정확한 개념을 사용하지도 않았다.[64] 그런 단어를 우리말이나 독일어나 영어로 정확히 번역하기도 어렵다. 예수가 우리를 위해 죽으셨다는 말이 무슨 뜻인지도 이해하기 어렵고, 그 뜻을 다른 언어로 옮기기도 까다롭다.

예수 죽음을 나타내기 위해 바울은 대부분 그리스어 전치사 ὑπέρ와 소유격 명사를 연결하여 썼다(데살로니카전서 5,10; 고린토전서 1,13; 갈라디아 1,4; 로마 5,6). 그런데 전치사 ὑπέρ와 소유격 명사가 연결되면, ~에게 유리하게, ~대신에, ~을 위하여 등 여러 뜻이 있다. 예수 죽음은 인간 대신에, 인간을 위한, 인간에게 유리한 죽음이라고 우선 이해하는 것이 좋겠다.

---

62 Schürmann, H, *Gottes Reich - Jesu Geschick,* Freiburg 1983, 205.

63 Breytenbach, C, "*Versöhnung, Stellvertretung und Sühne*", NTS 39 (1993), 59-79, 77; Schröter, J, *Der versöhnte Versöhner. Paulus als Mittler im Heilsvorgang,* TANZ 10, Tübingen 1993, 316; Janowski, B, *Stellvertretung. Alttestamentliche Studien zu einem theologischen Grundbegriff,* SBS 165, Stuttgart 1997, 97-129.

64 Bieringer, R, "Traditionsgeschichtlicher Ursprung und theologische Bedeutung der ὑπέρ-Aussagen im Neuen Testament", in: van Segbroeck, G, u.a, (Hg.), *The Four Gospels I* (FS Neirynck, F,), Leuven 1992, 219-248.

인간을 위한 예수 죽음이 죄지은 인간의 책임을 면제시킨다거나 개인의 존엄성을 예수가 가로챘다는 뜻은 아니고, 당사자를 위해 당사자 입장에 섰다는 말이다.[65] 진정한 대속은 개인이 다른 사람을 위해, 예를 들면, 부모나 친구나 공동체를 구출하기 위해, 자발적으로 죽음을 선택할 때 비로소 드러난다.[66]

바울 이전 전승 "그리스도께서 성서에 기록된 대로 우리의 죄 때문에 죽으셨다는 것"(고린토전서 15,3b) 구절은 공동체가 지은 죄의 용서와 연결되었다.[67] "지므리는 수도가 함락되게 된 것을 보고 궁전에 들어가서 불을 지르고 그 자신도 불에 타 죽었다"(열왕기상 16,18)가 떠오른다. 고린토전서 15,3b를 대속 죽음으로 해석하는 의견[68]과 그렇게 해석할 수는 없다는 의견[69]이 있다.

대속 죽음에 대한 바울 입장은 그가 처음으로 쓴 편지에서 드러난다. "그리스도께서 우리가 살아 있든지 죽어 있든지 당신과 함께 살 수 있게 하시려고 우리를 위해서 죽으셨습니다"(데살로니카전서 5,10). 엄밀한 의미에서 바울에게 대속 죽음은 고린토후서 5,14b.15에서 보인다. "그래서 그리스도 한 분이 모든 사람을 대신해서 죽으셨으니 결국 모든 사람이 죽은 것입니다. 그리스도께서 이렇게 죽으신 것은 사람들이 이제는 자기 자신을 위하여 살지 않고 자기들을 위해서 죽으셨다가 다시 살아

---

65 Janowski, B, *Stellvertretung. Alttestamentliche Studien zu einem theologischen Grundbegriff*, SBS 165, Stuttgart 1997, 133.

66 Breytenbach, C, "Gnädigstimmen und opferkultische Sühne im Urchristentum und seiner Umwelt", in: Janowski, B,/Welker, M, (Hg.), *Opfer,* Frankfurt 2000, 217-243, 238.

67 Knöppler, Th, *Sühne im Neuen Testament,* WMANT 88, Neukirchen 2001, 127-129.

68 Gaukesbrink, M, *Die Sühnetradition bei Paulus,* fzB 82, Würzburg 1999, 141.

69 Schnelle, U, *Paulus. Leben und Denken,* Berlin/Boston, 2014, 2판, 478.

나신 분을 위하여 살게 하시려는 것이었습니다."

바울은 보석금을 내고 노예를 해방시키는 행동을 대속과 연결하기도 했다. "그리스도는 우리를 위하여 십자가에 달려 저주받은 자가 되셔서 우리를 율법의 저주에서 구원해 내셨습니다"(갈라디아 3,13). 그리스도는 우리 죄 많은 인간을 위해서 죽으셨다(로마 5,6). 하나님은 세상의 죄를 없애려고 당신의 아들을 보내셨다(로마 8,3). "그리스도는 하나님 우리 아버지의 뜻을 따라 우리를 이 악한 세대에서 건져내시려고 우리 죄를 짊어지시고 당신 자신을 제물로 바치셨습니다"(갈라디아 1,4). 죄를 없애는 예수 죽음은 대속 죽음이기도 하다.[70]

그런데 바울은 예수 죽음을 구약성서의 속죄 제물(레위기 5,6-10)[71] 보다는 그리스 문화에서 퍼졌던 의로운 사람의 헌신적인 죽음 사상과 연결하여[72] 이해하였다. 의로운 사람의 헌신적인 죽음은 유다교 순교자 신학(마카베오하 7,37)에도 영향을 주고 있었다. 바울 이전 이스라엘 밖의 예수운동에서 의로운 사람의 죽음은 이사야 53,11-12에 연결되어 해석되었다.[73]

나의 종은 많은 사람의 죄악을 스스로 짊어짐으로써 그들이 떳떳한 시민

---

70 Friedrich, G, *Die Verkündigung des Todes Jesu im Neuen Testament,* BThSt 6, Neukirchen 1982, 74.

71 Wilckens, U, *Der Brief an die Römer,* EKK VI/1, Neukirchen 1978, 240.

72 Breytenbach, C, "*Versöhnung, Stellvertretung und Sühne*", NTS 39 (1993), 59-79, 66; Barth, G, *Der Tod Jesu Christi im Verständnis des Neuen Testaments,* Neukirchen 1992, 59-64; Eschner, Chr, *Gestorben und hingegeben "für" die Sünder I,* Neukirchen 2010, 511.

73 Barth, G, *Der Tod Jesu Christi im Verständnis des Neuen Testaments,* Neukirchen 1992, 56-59.

으로 살게 될 줄 알고 마음 흐뭇해하리라. 나는 그가 민중을 자기 백성으로 삼고 대중을 전리품처럼 차지하게 하리라. 그가 자기 목숨을 내던져 죽었기 때문이다. 반역자의 하나처럼 그 속에 끼여 많은 사람의 죄를 짊어지고 반역자들을 용서해 달라고 기도했기 때문이다(이사야 53,11-12).

바울은 예수 죽음을 의로운 사람의 헌신적인 죽음으로 해석한 것이다. "이것은 여러분을 위하여 주는 내 몸"(고린토전서 11,24b), "그리스도는 하나님 우리 아버지의 뜻을 따라 우리를 이 악한 세대에서 건져내시려고 우리 죄를 짊어지시고 당신 자신을 제물로 바치셨습니다"(갈라디아 1,4).[74]

바울이 예수 죽음을 구약성서에 나오는 속죄 제물 사상과 연결했다는 의견[75]도 여전히 있다. 그러나 예루살렘 성전 희생 제사에 나오는 희생 개념은 바울 신학에 중요한 부분이라고 보기 어렵다.[76] 바울은 딱 한 번 제물 단어를 중요한 구절에 썼다. "그리스도를 믿는 사람에게는 죄를 용서해 주시려고 하나님께서 그리스도를 제물로 내어주셔서 피를 흘리게 하셨습니다"(로마 3,25a). 예수 죽음을 희생제물로 여기는 바울 이전 전승에 어떤 유다교 사상이 배경으로 있을까.[77] 이 질문은 제물[ίλασ τήριον] 단어의 뜻이 무엇인지 포함하고 있다. 그런데 제물[ίλαστήριον] 단어 뜻을 두고 논란이 벌어지고 있다.[78]

---

74 Wengst, K, *Christologische Formeln und Lieder des Urchristentums,* StNT 7, Gütersloh 1973, 2판, 55-86.

75 Gaukesbrink, M, *Die Sühnetradition bei Paulus,* fzB 82, Würzburg 1999, 283.

76 Schnelle, U, *Paulus. Leben und Denken,* Berlin/Boston, 2014, 2판, 481.

77 Schnelle, U, *Gerechtigkeit und Christusgegenwart. Vorpaulinische und paulinische Tauftheologie,* GTA 24, Göttingen 1986, 2판, 68.

단어 ἱλαστήριον은 이스라엘이 죄를 용서받는 속죄의 날과 이어진다(레위기 16장; 에제키엘 43장). 예수 죽음을 예루살렘 성전에서 바쳐진 희생 제사와 연결하려면, 예수는 성소 휘장 안쪽 법궤 위에 있는 황금 속죄판(레위기 16,2)으로 비유되어야 한다. 그러면 속죄 장소가 예루살렘 성전이 아니라 십자가 처형 장소로 바뀌어야 한다. 이 설명은 유다교 설명과 충돌할 수밖에 없다. 유다인 아닌 사람이 다수인 예수운동 공동체에서 이 설명은 매력이 크지 않다.

단어 ἱλαστήριον을 속죄의 날 제사보다는 순교자 죽음(마카베오하 7,30-38) 배경에서 이해하는 의견도 있다.[79] 예수는 조국의 독립을 위해 목숨을 희생한 사람들처럼 자기 목숨을 희생했고, 그 희생이 죄를 용서하는 효과를 가져왔다는 설명이다. 바울은 이 생각을 꾸준히 펼쳤다(갈라디아 1,14; 필립비 3,6).

예수 죽음을 속죄 제물 사상과 연결하든, 독립투사나 순교자 죽음과 연결하든, 예수 죽음이 죄를 용서하는 효과를 가져왔다는 결론이 공통이다.[80] 인간이 하나님의 분노를 달래기 위해 제물을 바쳤고, 그래서 하나님이 분노를 멈추시고 용서를 베풀었다는 뜻이 아니다. 사람이 속죄 제물을 만들어 하나님께 바친 것이 아니라, 하나님께서 제물을 만들어

---

78 Kraus, W, *Der Tod Jesu als Heiligtumsweihe,* WMANT 66, Neukirchen 1991, 1-9.

79 van Henten, J.W, "The Tradition-Historical Background of Romans 3,25: A Search for Pagan and Jewish Parallels", in: de Boer, M, (Hg.), *From Jesus to John* (FS de Jonge, M,), JSNT.S 84, Sheffield 1993, 101-128; Lohse, E, *Märtyrer und Gottesknecht,* FRLANT 64, Göttingen 1963, 2판, 151; Haacker, K, *Der Brief des Paulus an die Römer,* ThHK 6, Leipzig 2012, 4판, 90.

80 Lietzmann, H, *An die Römer,* HNT 8, Tübingen 1971, 5판, 49; Schnelle, U, *Gerechtigkeit und Christusgegenwart. Vorpaulinische und paulinische Tauftheologie,* GTA 24, Göttingen 1986, 2판, 70; Barth, G, *Der Tod Jesu Christi im Verständnis des Neuen Testaments,* Neukirchen 1992, 38-41.

인간에게 보여주시고 인간의 죄를 용서하셨다. 예수 죽음은 처벌 사건이 아니라 구원 사건이다.

예루살렘 성전의 희생 제사는 유다인의 죄만 용서하지만 십자가에서 예수 죽음은 온 인류의 죄를 용서한다. 성전의 희생 제사에는 피 의식이 필수로 포함되었다(레위기 16,21). 제사 바치는 유다교 사제와 유다인이 희생되는 동물과 하나 되는 방식이었다. 제사에서 인간의 역할이 중요했다. 십자가에서 예수 죽음은 하나님이 주체요 주인공이시다. 인간이 제물을 따로 만들어 바칠 필요가 없다. 예수 죽음이 하나님의 분노를 가라앉힌다는 식으로 바울이 설명한 적은 한 번도 없었다.[81]

바울이 예수 죽음을 화해和解 개념으로 해석했다는 의견도 있다. 명사 화해καταλλαγή(고린토후서 5,18.19; 로마 5,11; 11,15), 동사 화해하다καταλλάσσειν(고린토전서 7,11; 고린토후서 5,18; 로마 5,10) 단어는 신약성서에서 바울 편지에만 있다. 화해, 화해하다 단어를 바울 신학의 특징으로 내세울 만하다. 그런데 바울이 화해 단어를 어디서 가져왔는지 논란되고 있다. 그리스·로마 지역의 가정, 정치, 사회에서 쓰이던 단어 화해를 바울이 가져왔다는 의견이 있다.[82] 화해는 본래 종교 언어는 아니고 외교 언어였다는 말이다. 바울의 화해 사상은 이사야 예언서의 핵심 사상 중 하나인 화해(이사야 52,6-10; 52,13-53,12) 영향을 받았다는 의견도 있다.[83] 화해 사상이 없던 문화와 민족이 세상 어디에 있을까.

바울이 화해 단어를 쓸 때, 하나님의 특징이 잘 드러난다. 인간이 하

81 Schnelle, U, *Paulus. Leben und Denken,* Berlin/Boston, 2014, 2판, 484.

82 Breytenbach, C, *Versöhnung,* WMANT 60, Neukirchen 1989, 221.

83 Hofius, O, "Erwägungen zur Gestalt und Herkunft des paulinischen Versöhnungs-gedankens", in: Ders, *Paulusstudien I,* WUNT 51, Tübingen 1989, 1-14, 14.

나님께 화해를 제안한 것이 아니라 하나님이 인간에게 화해를 제안하셨다.[84] 하나님께서 인간에게 화해를 제안하셨다는 말은 인간과 하나님 사이가 벌어져 있다는 사실을 전제한다. 하나님이 나서주셔야만 인간과 하나님의 단절이 사라질 수 있다. "하나님께서는 인간의 죄를 묻지 않고 그리스도를 내세워 인간과 화해하셨습니다"(고린토후서 5,19a). 하나님은 그리스도를 내세워 인간을 당신과 화해하게 해주셨다(고린토후서 5,18b).

인간과 하나님의 화해를 위해 인간은 아무것도 하지 않았고, 오직 하나님만 하셨다는 말이다. 경제 용어로 비유하면, 채무자 인간은 아무 빚도 갚지 않았는데 채권자 하나님이 모든 빚을 선뜻 없애주셨다. 예수 그리스도를 믿는 사람은 그리스도 안에 새로운 사람έν Χριστῷ, καινὴ κτίσις 이 되었다(고린토후서 5,17a). 바울은 그리스 문화에서 외교 용어인 중재하다πρεσβεύειν(고린토후서 5,20) 동사를 써서 예수의 화해 역할을 나타냈다.[85] 하나님은 화해 중재를 위해 예수 그리스도를 외교 특사처럼 파견하여 인간을 설득하셨다. 바울도 예수처럼 화해 업무를 위해 파견된 사도로서 화해의 이치를 전하고 있다(고린토후서 5,19b).[86] "하나님과 화해하십시오"(고린토후서 5,20b).

하나님과 화해가 가능한 근거는 그리스도다. 하나님은 인간 쪽에서 하나님께 파견하는 특사 역할을 그리스도가 맡은 것처럼 설정하셨다. 실제로는 하나님께서 화해 작업을 혼자 다 기획하고 실행하셨다. 예수

---

84 Hofius, O, "Erwägungen zur Gestalt und Herkunft des paulinischen Versöhnungsgedankens", in: Ders, *Paulusstudien I*, WUNT 51, Tübingen 1989, 1–14, 14, 주 14.

85 Breytenbach, C, *Versöhnung*, WMANT 60, Neukirchen 1989, 65.

86 Schröter, J, *Der versöhnte Versöhner. Paulus als Mittler im Heilsvorgang*, TANZ 10, Tübingen 1993, 305.

죽음이 하나님을 달래는 화해의 몸짓으로 사람들이 알아가는 절차가 필요했다. 하나님이 화해 작업을 위해 예수 그리스도를 인간에게 파견하셨는데, 사람들은 화해 작업을 위해 인간 쪽에서 예수 그리스도를 하나님께 파견한 것처럼 알아듣는다는 말이다. "우리를 위해서 하나님은 죄를 모르는 그리스도를 죄 있는 분으로 여기셨습니다. 그래서 우리는 그리스도로 말미암아 하나님께 무죄 선언을 받게 되었습니다"(고린토후서 5,21).[87]

바울은 고린토후서 5장에서 화해와 속죄 제물을 연결하지 않았지만, 로마서 5,1-11에서는 예수의 대속 죽음(로마 3,21) 설명을 확대하여 의로움, 속죄 제물, 화해를 연결하였다.[88] "우리는 믿음으로 말미암아 하나님과 올바른 관계를 가졌으므로 우리 주 예수 그리스도를 통해서 하나님과 평화를 누리게 되었습니다"(로마 5,1). 예수 그리스도를 믿는 사람은 화해의 은총을 지금 누리게 되었다(로마 5,2a). 그리스도가 죄 많은 인간을 위해 죽으셨기 때문이다(로마 5,8a). 예수 죽음은 인간에게 의로움뿐 아니라 화해를 가져다 주었다(로마 5,9-10). 인간은 의로움을 얻었고 하나님과 화해했기 때문에 인간과 하나님 관계는 과거와 달라지게 되었다.

고린토후서 5장과 로마서 8장은 인간을 위한 예수 죽음이 인간과 하나님 관계를 화해로 바꾸었다고 역설한다. 화해는 하나님이 단독으로 기획하셨다. 인간과 하나님이 협력한 화해(마카베오하 1,5; 7,33; 8,29)는

---

87 Umbach, H, *In Christus getauft - von der Sünde befreit. Die Gemeinde als sündenfreier Raum bei Paulus*, FRLANT 181, Göttingen 1999, 222-228.

88 Schnelle, U, *Paulus. Leben und Denken*, Berlin/Boston, 2014, 2판, 487; Wolter, M, *Rechtfertigung und zukünftiges Heil*, BZNW 43, Berlin 1978, 11-34.

아니고, 하나님이 단독으로 기획하고 실행하신 화해다.[89] 하나님의 화해는 이스라엘이나 예수 그리스도를 믿는 사람만을 위한 것이 아니고, 모든 인간과 피조물 전체를 향하고 있다(고린토후서 5,19; 로마 11,15).[90] 하나님의 화해는 인간이 복음을 받아들일 때 구체적으로 드러난다. 화해의 복음을 받아들일 때, 인간은 변화한다. 하나님과 거리를 두고 살았던 인간은 이제 성령의 힘으로 하나님께 다가선다.[91]

예수 죽음에 대한 바울 설명을 길게 다룬다고 하더라도, 한 가지 의문을 감출 수는 없다. "나는 내가 전해 받은 가장 중요한 것을 여러분에게 전해 드렸습니다. 그것은 그리스도는 기록된 대로 우리의 죄 때문에 죽으셨습니다"(고린토전서 15,3). 그리스도는 우리 죄 때문에 죽으셨다고 맨 처음 생각한 사람은 누구였을까.

바울이 처음으로 그 생각을 한 것은 아니다. 바울은 그 생각을 전해 듣고 받아들였다. 바울 전에 예수 죽음을 구원의 죽음으로 이해하는 전승이 있었다(고린토전서 11,23-25). 바울이 전해 받은 전승(로마 3,24; 고린토전서 8,11; 갈라디아 1,4)을 바울편지에서 더 찾아낼 수 있다는 의견이 한때 많았지만, 최근 연구는 회의적이다.[92]

바울이 예수 죽음을 어떻게 이해했는지 논의하는 과정에서 어김없이 등장하는 개념이 있다. 속죄Sühne와 대속Stellvertertung 두 단어다. 그런데 두 단어와 같은 뜻을 가진 단어는 성서에 없었다. 고대 문화에서도

89 Breytenbach, C, Art. "Versöhnung", TBLNT 2, 2판, 1777-1780, 1779.

90 Käsemann, E, "Erwägungen zum Stichwort Versöhnungslehre im Neuen Testament", in: Dinkler, E, (Hg.), *Zeit und Geschichte* (FS Bultmann, R,), Tübingen 1964, 47-59.

91 Friedrich, G, *Die Verkündigung des Todes Jesu im Neuen Testament,* BThSt 6, Neukirchen 1982, 116.

92 Wolter, M, *Paulus. Ein Grundriss seiner Theologie,* Neukirchen 2015, 2판, 97.

같은 뜻의 단어를 찾기 어렵다. 그리스어 ἱλαστήριον(로마 3,25)는 독일어 Sühne, Stellvertertung와 상당히 다른 뜻을 갖고 있다.[93] 성서 자체에 없는 단어를 신학자들이 개발하여 예수 죽음을 이해하는 데 쓰고 있는 것이다.[94] 일그러진 관계를 돈으로 회복한다는 뜻의 속죄Sühne 단어는 독일법 전통에서 나온 개념으로서 종교가 아니라 사회에서 쓰였다. 대속Stellvertertung 단어는 18세기 중반에야 생겼다.[95] 다양한 뜻을 가진 그 단어는 바울 신학을 이해하는 데 쓰려면 많은 어원 분석이 필요하다.[96]

속죄와 대속 단어를 써서 바울 신학을 이해하는 노력에는 포기할 수 없는 가치가 있다. 문제는 두 단어가 바울 신학 이해에 도움보다 방해된다는 것이다.[97] 한국인이 독일어 두 단어를 우리말로 어떻게 번역해 쓰든, 또는 우리 말에서 그리스어 ἱλαστήριον과 비슷한 단어를 찾거나 개발하여 쓰든, 문제는 비슷하다. 우리가 번역해 쓰거나 만들어 쓰는 단어가 성서에 나오는 단어의 뜻과 거리가 있다.

인간의 영웅적 죽음이 긍정적 효과를 가져온다는 뜻을 나타내는 단어가 예수운동 주변에서 여럿 있었다. 가장 자주 쓰던 단어는 소유격 인칭대명사를 뒤에 놓는 위하여ὑπέρ 전치사였다(로마 5,8; 8,32; 갈라디아

---

93 Schröter, J, "Sühne, Stellvertertung und Opfer", in: Frey, J,/Schröter, J, (Hg.), *Deutungen des Todes Jesu im Neuen Testament,* WUNT 181, Tübingen 2005, 51-71, 53.

94 Hofius, O, Art. "Sühne" IV, TRE 32, 2001, 342-347; Schröter, J, "Sühne, Stellvertertung und Opfer", in: Frey, J,/Schröter, J, (Hg.), *Deutungen des Todes Jesu im Neuen Testament,* WUNT 181, Tübingen 2005, 51-71.

95 Schaede, S, *Stellvertertung. Begriffsgeschichtliche Studien zur Soteriologie,* BHTh 126, Tübingen 2004, 7.

96 Janowski, B, S*tellvertretung. Alttestamentliche Studien zu einem theologischen Grundbegriff,* SBS 165, Stuttgart 1997, 13.97; Röhser, G, *Stellvertretung im Neuen Testament,* SBS 195, Stuttgart 2002, 29.

97 Wolter, M, *Paulus. Ein Grundriss seiner Theologie,* Neukirchen 2015, 2판, 103.

3,13). 어떤 사람을 위해 목숨을 바친다는 뜻의 죽음은 사랑의 행동으로서 그리스 사회에서 칭송되었다.

바울이 예수 죽음을 죄와 연결한 구절이 있다. "그리스도는 성서에 기록된 대로 우리의 죄 때문에 죽으셨다"(고린토전서 15,3b; 갈라디아 1,4; 로마 8,3). 이사야 예언서 52,13-53,12와 연결될 수 있다. "우리 모두 양처럼 길을 잃고 헤매며 제멋대로들 놀아났지만, 야훼께서 우리 모두의 죄악을 그에게 지우셨구나"(이사야 53,6). "이는 그가 자기 목숨을 내던져 죽었기 때문이다. 반역자의 하나처럼 그 속에 끼여 많은 사람의 죄를 짊어지고 그 반역자들을 용서해 달라고 기도했기 때문이다"(이사야 53,12).

바울은 예수 죽음을 희생제물로 비유하기도 했다. "하나님께서 그리스도를 제물로 내어주셔서 피를 흘리게 하셨습니다"(로마 3,25a). 구약성서 레위기와 에제키엘 예언서 사상에 가깝다(레위기 4,3; 5,8; 에제키엘 40,39; 43,22). 바울은 예수 죽음을 인간에게 구원을 가져다준 죽음으로 해석했다(로마 5,8-10; 31b-32). "하나님은 우리에게 진노를 내리기로 작정하신 것이 아니라 우리 주 예수 그리스도를 통해 구원을 주기로 작정하셨습니다"(데살로니카전서 5,9).

십자가 예수와 예수 죽음을 우리는 동의어로 쓴다. 십자가는 죽음과 같은 뜻의 단어다. 그런데 바울은 예수 죽음과 예수 십자가를 정말로 같은 뜻으로 썼을까. 예수 죽음과 예수 십자가를 동의어보다는 차이 나는 뜻으로 이해하는 의견이 최근에 나왔다.[98] 케제만은 십자가 신학이

---

98 Käsemann, E, "Die Heilsbedeutung des Todes Jesu bei Paulus", in: Ders, *Paulinische Perspektiven,* Tübingen 1972, 2판, 61-107; Kuhn, H.-W, "Jesus als Gekreuzigter in der früh christlichen Verkündigung bis zur Mitte des 2. Jahrhunderts", ZThK 72 (1975), 1-46, 2; Zumstein, J, "Das Wort vom Kreuz als Mitte der paulinischen Theologie", in: Dettwiler, A,/Zumstein, J, (Hg.), *Kreuzestheologie im Neuen Testament,* WUNT 151,

그리스도교 신학에서 여러 주제 중 하나가 아니라 유일하고 가장 중요한 주제라고 말한다.[99]

그런데 바울이 십자가 단어를 자주 쓰지는 않았다. 바울의 일곱 편지 전체에 17회 나온다. 고린토전서에 6회, 갈라디아서에 6회 있다. 데살로니카전서와 데살로니카후서에는 십자가 단어가 없다. 로마서에 한 번(로마 6,6) 나온다. 그렇다고 바울이 로마서에서 십자가 중요성을 외면했다고 우리가 말할 수는 없다. 바울의 십자가 신학을 잘 드러내는 구절로 고린토전서 1,18-25와 갈라디아서 6,12-16을 꼽을 수 있다.

자발적이고 또한 영예로운 죽음이 그리스 사회에서 존중받는 죽음의 특징이었다. 아테네 도시와 자매를 위해 죽음을 택한 어느 소녀를 그리스 사회는 칭송했다.[100] 그런데 예수 십자가 죽음은 자발적인 죽음도 아니고 영예로운 죽음도 아니었다. 예수는 사법 살인을 당했고, 십자가 죽음은 저주받은 죽음으로 여겨졌다. 모든 인간은 똑같이 죽음을 맞이하지만 병으로 인한 죽음과 십자가에서 정치범으로 처형당하는 죽음은 같지 않다. 십자가 신학에서 예수 죽음뿐 아니라 가난한 사람들의 죽음을 주목하는 것이 중요하다. 영문도 모른 채 학살당한 수많은 사람이 한반도 역사에도 가득하지 않던가.

2002, 27-41, 32.

99 Käsemann, E, "Die Heilsbedeutung des Todes Jesu bei Paulus", in: Ders, *Paulinische Perspektiven*, Tübingen 1972, 2판, 61-107, 75.87.

100 Euripides, *Herakliden* 530-534.

## 해방자 예수 그리스도

십자가에 처형되어 죽고 부활하신 예수 그리스도는 인류에게 해방
자다. 예수 그리스도는 해방자 예수 그리스도다. "이제 나는 나의 주님
이신 그리스도 예수께 대한 고귀한 인식으로 말미암아 모든 것을 해로
운 것으로 여깁니다. 그분 때문에 나는 모든 것을 잃었지만 그것을 쓰레
기로 여깁니다"(필립비 3,8). 해방자 예수 그리스도를 알았으니, 나머지
는 바울에게 쓰레기에 불과하다. "이 세상도 생명도 죽음도 현재도 미래
도 다 여러분의 것입니다. 그리고 여러분은 그리스도의 것이고 그리스
도는 하나님의 것입니다"(고린토전서 3,22b-23). 예수 그리스도는 닥쳐올
하나님 심판에서 인류를 구하고 죽음의 힘에서 해방시키는 분이다.[101]

하나님은 인류에게 진노가 아니라 예수 그리스도를 통한 구원을 주
시기로 작정하셨다(데살로니카전서 5,9; 로마 5,9). 예수 그리스도는 닥쳐
올 하나님의 진노에서 우리를 건져주실 분이다(데살로니카전서 1,10b). 하
나님께서 예수를 부활시키셨음을 믿는 우리는, 예수를 믿다가 죽은 사
람들을 하나님께서 예수와 함께 생명의 나라로 데려가실 것을 믿는다
(데살로니카전서 4,14; 5,10). 주 예수께서 모든 성도들과 함께 다시 오시는
날, 하나님 앞에 거룩하고 흠 없는 사람으로 나설 수 있게 되기를 바울
은 빌고 있다(데살로니카전서 3,13; 고린토전서 1,7). 우리가 어디서나 그리
스도를 아는 지식의 향기를 풍기게 하시는 하나님께 바울은 감사드리

---

101 Wrede, W, "Paulus", in: Rengstorf, k.H, (Hg.), *Das Paulusbild in der neueren
deutschen Forschung,* Darmstadt 1969, 2판, 1-97, 47-66; Sanders, E.P, *Paul and
Palestinian Judaism: A Comparison of Patterens of Religion,* Minneapolis 1977,
472-474.

고 있다(고린토후서 2,14). 예수 그리스도를 믿고 올바른 일을 많이 하여 하나님께 영광과 찬양을 드릴 수 있게 되기를 바라고 있다(필립비 1,10-11).

인간 현실에 존재하는 죽음을 어떻게 평가할 것인가. 죽음 주제를 바울은 깊이 고뇌했다. "마지막으로 없어질 원수는 죽음입니다"(고린토전서 15,26). 바울은 죽음 주제를 아담과 예수를 비교하여 해설했다(로마 5,12-21). 아담의 잘못으로 죽음이 세상에 들어왔다면, 예수 그리스도에 대한 하나님의 구원 행동으로써 죽음의 힘은 극복되었다. 생물학적으로 죽음은 없어지지 않지만, 인간과 하나님을 갈라놓는 죽음의 힘은 사라졌다는 뜻이다.

이 내용을 당시 사람들의 이해 수준에 맞게 해설하려고 바울은 돈을 내고 죄수를 석방한다는 보석保釋 개념을 사용했다(고린토전서 6,20; 7,23; 갈라디아 3,13; 로마 3,24). 인간을 구속하는 죄와 죽음에서 해방시키려고 예수는 그 대가를 지불했다는 것이다. 하나님은 당신 아들 그리스도를 보내시어 죄의 지배 아래 있던 몸을 갖게 하셨다(로마 8,3). 죄가 활약하는 인간의 몸을 취한 죄 없는 예수(고린토후서 5,21)는 바로 그 몸에서 죄의 힘을 없애버렸다. "예수는 주님이시라고 입으로 고백하고 또 하나님께서 예수를 죽은 자들 가운데서 다시 살리셨다는 것을 마음으로 믿는 사람은 구원을 받을 것입니다"(로마 10,9). 그래서 우리는 "희망으로 구원을 받았습니다"(로마 8,24).

## 예수 호칭

바울은 예수운동 전승에서 예수 호칭을 배우고 전했다. 바울의 예수 호칭 사용에서 특징은 무엇일까. 바울이 선호한 예수 호칭은 어떤 것일까.

정치범으로 십자가에 처형되고 부활한 예수는 해방자 예수 그리스도다. 구원을 가져다준 예수 그리스도에 대한 존중은 예수운동에서 사용한 호칭들에서 자연스럽게 드러난다. 호칭은 예수가 어떤 분이고 무슨 행동을 했는지 알려준다.[102] 예수 호칭은 바울의 일곱 편지에 있다.

그리스도, 예수 그리스도 호칭은 신약성서에 531회 있는데, 로마서에 66회, 고린토전서에 64회, 고린토후서에 47회, 갈라디아서에 38회, 필립비서 37회 등 바울 편지에 모두 270회 있다.[103] 주님 호칭은 신약성서에 719회 있는데, 바울 편지에 189회 있다.[104] 하나님의 아들 호칭은 바울 편지에 15회 나온다.

바울 편지에 가장 자주 나오는 예수 호칭은 그리스도다.[105] 유다교에서 기름부은 사람이란 뜻으로 메시아 왕에게 주던 호칭[106] 그리스도Χριστός는 예수 죽음과 부활(고린토전서 15,3b-5), 역사의 예수(로마 9,5; 고린토후서 5,16), 창조 이전 존재(고린토전서 10,4; 11,3a), 예수 삶 전체에 걸친 구원 활동(갈라디아 2,6)을 가리킨다. 바울이 한 번도 주님 그리스도 호칭을 사용하지 않았다. 예수가 이름이고 그리스도가 호칭인 사실을 바울은 모르지 않았다.

---

102 Böttrich, Chr, ""Gott und Retter". Gottesprädikationen in christologischen Titeln", NZSTh 42 (2000), 217-236.

103 Aland, K, (Hg.), *Vollständige Konkordanz zum griechischen Neuen Testament. Bd. II: Spezialübersichten,* Berlin/New York 1978, 300.

104 Aland, K, (Hg.), *Vollständige Konkordanz zum griechischen Neuen Testament. Bd. II: Spezialübersichten,* Berlin/New York 1978, 166.

105 Hahn, F, *Christologische Hoheitstitel,* Göttingen 1995, 5판, 133-225.466-472; Zeller, D, Art. "Messias/Christus", NBL 3 (1995), 782-786.

106 PsSal 17, 1QS 9,9-11; CD 20,1; Zimmermann, J, *Messinische Texte aus Qumran,* WUNT 2.104, Tübingen 1998, 23.

이름에 붙여진 그리스도 호칭이 예수 이름의 일부인 것처럼 여겨지고, 사람들이 예수 믿는 사람을 그리스도인이라고 부르기도 했다(사도행전 11,26). 바울 자신은 그리스도의 사도라고 자부했다(데살로니카전서 2,7; 고린토후서 11,13). 그리스도 호칭은 유다인 아닌 사람이 많았던 공동체에 보내는 바울 편지에도 쉽게 사용되었다.

왕의 즉위식에 사용되던 기름 붓는 의식은 지중해 전역에 퍼져 있어서, 유다인 아닌 사람도 그리스도 호칭을 모르지 않았다. 기름 부어진 사람은 거룩하고 신에게 가깝다는 생각이 퍼져 있었다.[107] 예수는 거룩하고 하나님에게 가까운 분이라고 예수운동과 바울은 주장했다. 유다교와 지중해 지역에서 널리 알려진 그리스도 호칭을 예수운동과 바울은 예수를 알리는 데 사용했던 이상적인 단어였다.[108]

십자가에 죽고 부활하고 하나님 곁으로 드높여진 예수 그리스도가 예수운동 공동체에 지금 존재한다고 강조할 때 주로 쓰던 호칭이 주님ⁿ úρτος 호칭이었다.[109] "야훼께서 내 주께 선언하셨다. 내 오른편에 앉아 있어라. 내가 네 원수들을 네 발판으로 삼을 때까지"(시편 110,1)는 예수운동이 주님 호칭을 예수에게 적용할 때 가장 도움받은 구약성서 구절이다.[110]

하나님이 예수에게 직접 말씀하시는 듯한 이 구절은 예수운동이 예

---

107 Karrer, M, *Der Gesalbte. Die Grundlagen des Christustitels,* FRLANT 151, Göttingen 1990, 211.

108 Schnelle, U, *Paulus. Leben und Denken,* Berlin/Boston, 2014, 2판, 472.

109 Kramer, W, *Christos Kyrios Gottessohn,* AThANT 44, Zürich 1963, 61-103.149-181; Hahn, F, *Christologische Hoheitstitel,* Göttingen 1995, 5판, 67-132.461-466.

110 Hengel, M, "Psalm 110 und die Erhöhung des Auferstandenen zur Rechten Gottes", in; Breytenbach, C,/Paulsen, H, (Hg.), *Anfänge der Christologie* (FS Hahn, F,), Göttingen 1991, 43-74.

수의 지위와 역할을 설명하는 데 인용하기 좋았다. 예수는 하나님 곁에 올려지고 하나님 곁에 지금 있고, 예수는 하나님의 힘과 영광에 참여하고 있고, 하나님 곁에서부터 예수는 자신의 힘을 행사한다는 뜻이다.

예수운동은 이 맥락에서 하나님에게만 바치던 주님 호칭을 재빠르게 예수에게 붙이기 시작했다(고린토전서 1,31; 고린토후서 10,17; 로마 10,12).[111] 그런데 1세기에 특히 그리스를 포함한 로마제국 동쪽 지역에서 강해진 로마 황제 숭배사상과 신비종교들도 주님 호칭을 사용했다(사도행전 25,26).[112] 로마 황제도 이런저런 신들도 주님으로 불리던 사회에서, 예수운동은 하나님도 한 분뿐이듯이 주님도 예수 그리스도 한 분뿐이라고 선언하고 전파하였다.[113] "우리에게는 아버지가 되시는 하나님 한 분이 계실 뿐입니다. 그분은 만물을 창조하신 분이며 우리는 그분을 위해서 있습니다. 또 주님은 예수 그리스도 한 분이 계실 뿐이고 그분을 통해서 만물이 존재하고 우리도 그분으로 말미암아 살아갑니다"(고린토전서 8,6). 예수 그리스도를 믿는 사람에게 로마 황제가 주님이 아니라 예수 그리스도가 오직 한 분이신 주님이다.[114]

예수운동 공동체에 지금 계신다는 주님 예수를 예수운동 공동체는, 특히 믿음 고백과 빵 나눔 모임에서 자연스럽게 고백하고 외쳤다(고린토전서 11,20-23; 12,3; 필립비 2,6-11). 바울은 공동체 모임뿐 아니라 일상생

---

111 de Jong, M, *Christologie im Kontext,* Neukirchen 1995, 177.

112 Sueton, *Domitian* 13,2.

113 Fitzmyer, J.A, "Der semitische Hintergrund des neutestamentlichen Kyriostitels", in: Strecker, G, (Hg.), *Jesus Christus in Historie und Theologie* (FS Conzelmann, H,), Tübingen 1975, 267-298.

114 Zeller, D, "Der eine Gott und der eine Herr Jesus Christus", in: Söding, Th, (Hg.), *Der lebendige Gott* (FS Thüsing, W,), NTA 31, Münster 1996, 34-49.

활에서도 윤리적 행동을 요청할 때 주님 호칭을 즐겨 썼다. "우리는 살아도 주님을 위해서 살고 죽더라도 주님을 위해서 죽습니다. 그러므로 우리는 살아도 주님의 것이고 죽어도 주님의 것입니다"(로마 14,8).

공동체 모임뿐 아니라 일상생활에서도 우리에게 영향을 주시는 주님 예수를 생각하며 올바로 살아야 한다는 말이다. 바울은 주님 호칭을 역사의 예수(데살로니카전서 1,6; 고린토전서 9,5; 갈라디아 1,19), 부활한 예수 그리스도(고린토전서 9,1) 뿐만 아니라, 다시 오실 주님을 가리키는 뜻으로도 썼다. 다시 오실 주님은 세상을 심판하고 예수 그리스도를 믿는 사람에게 주님 영광에 참여하게 하실 것이다(데살로니카전서 2,19; 고린토전서 1,7; 필립비 3,20).

바울은 자신의 복음 전파 활동을 이렇게 요약했다. "우리는 사실 우리 자신을 선포하는 것이 아니라 예수 그리스도를 주님으로 선포하고, 우리 자신은 예수를 위한 여러분의 노예로 선포합니다"(고린토후서 4,5). 예수 믿는 사람과 예수의 관계를 주인과 노예 비유를 들어 설명한 것이다(갈라디아 1,10; 로마 1,1; 필립비 1,1).

21세기 민주주의 시대를 살아가는 우리에게는 유쾌한 비유는 아닐 수 있다. 바울 시대 상황에는 적절한 비유일지 모르지만, 우리 시대에는 흔쾌히 받아들이기 어려울 수 있다. 그때 쓸모 있던 비유가 지금 우리에게 부적절하게 여겨질 수 있다. 주인과 노예 비유가 종교인과 성도의 관계로 잘못 연결되고 연상된다면, 그 결과와 피해는 성도 개인과 교회 공동체를 망가뜨릴 수 있다. 주인과 노예 비유가 쓰였던 당시 상황을 잘 설명하고 이해하면 좋겠다. 우리 시대에는 그 비유를 가능하면 쓰지 않는 것은 어떨까.

하나님의 아들 호칭은 바울 편지에 겨우 15회 나온다.[115] 드물게 나온다고 해서 바울 신학에서 하나님의 아들 호칭이 사소하다고 말하는 것116은 곤란하다. 유다교 영향을 우선 생각할 수 있다. "나를 왕으로 세우시며 선포하신 야훼의 칙령을 들어라. 너는 내 아들, 나 오늘 너를 낳았노라"(시편 2,7). 그리스 지역에서도 로마 황제117나 알렉산더 대왕118이나 헤라클레스 같은 영웅119을 신의 아들이라고 불렀다.120

하나님의 아들 호칭은 바울에게 다마스쿠스 가는 길에서 체험하고 그 후 선포하는 복음의 내용이었다(고린토후서 1,19). 바울은 하나님의 아들 호칭을 예수운동 전승에서 물려받았다(데살로니카전서 1,9; 로마 1,3b-4a). "지금 내가 살고 있는 것은 나를 사랑하시고 또 나를 위해서 당신의 몸을 내어주신 하나님의 아들을 믿는 믿음으로 사는 것입니다"(갈라디아 2,20). 하나님의 아들 호칭은 예수 그리스도와 하나님의 가까운 관계뿐 아니라 예수 그리스도가 구원의 중재자로서 하나님과 인간 사이에 하는 역할을 나타낸다.121

예수 호칭들은 바울의 복음 선포를 듣는 사람들이 이미 알고 이해할 수 있었던 단어들이다. 바울과 그들 사이에서 소통이 이루어지는 전달자 역할을 했다. 예수 호칭들은 바울 편지뿐 아니라 복음서에서도, 즉

115 Hengel, M, *Der Sohn Gottes,* Tübingen 1977, 2판, 35-39.67-89; Hurtado, L.W, Art. "Son of God", DPL (1993), 900-906; Labahn, A,/Labahn, M, "Jesus als Sohn Gottes bei Paulus", in: Schnelle, U,/Söding, Th,/Labahn, M, (Hg.), *Paulinische Christologie* (FS Hübner, H,) Göttingen 2000, 97-120.

116 Kramer, W, *Christos Kyrios Gottessohn,* AThANT 44, Zürich 1963, 189.

117 Deissmann, A, *Licht von Osten,* Tübingen 1923, 4판, 294.

118 Plutarch, *Alexander* 27.

119 Epiktet, *Diss* III 26,31.

120 Pokorný, P, *Der Gottessohn,* ThSt 109, Zürich 1971, 11-17.

121 Schnelle, U, *Paulus. Leben und Denken,* Berlin/Boston, 2014, 2판, 475.

예수운동 전체에서 큰 역할을 했다. 그것은 하나님의 아들이요 예수 믿는 사람들의 공동체 주인이신 예수 안에서 구원이 지금 있다는 사실을 전해주었다.[122]

바울이 유다교 유일신 사상에 기초하면서도 예수 그리스도에 대한 생각을 어떻게 신학 중심에 놓을 수 있었을까. 바울은 그 가능성을 유다교 전승에서 발견하였다. 유다교의 하나님은 한 분이시지만, 홀로 있지는 않았다. 지혜(잠언 2,1-6; 8,22-31; 지혜서 9,9-11), 로고스[123], 선조들(창세기 5,18-24), 모세, 미카엘 대천사(다니엘 10,13-21) 같은 하나님의 중재자들이 있었다. 그들은 하나님께 복종하면서 하나님 뜻을 지상에 전달하는 존재였다. 그들은 하나님과 경쟁하던 사이는 아니고 숭배되지도 않았다.[124]

그리스 사상도 바울 그리스도론에 영향을 주었다.[125] 하나님이 사람이 되셨다는 생각은 유다교 사상이 아니라 그리스·로마 사상에서 나왔다.[126] 신의 모습을 한 중재자나 인간 모습의 중재자는 그리스·로마

---

122 Schnelle, U, "Heilsgegenwart. Christologische Hoheitstitel bei Paulus", in: Schnelle, U./Söding, T, (Hg.), *Paulinische Christologie* (FS Hübner, H,), Göttingen 2000, 178-193.

123 Philo, *Conf* 146.

124 Hurtado, L.W, *One God, One Lord. Early Christian devotion and Ancient Jewish Monotheism. Edinburgh* 1998, 2판, 93-124; Schrage, W, *Unterwegs zur Einheit und Einzigkeit Gottes,* BThSt 48, Neukirchen 2002, 132-145.

125 Zeller, D, "New Testament Christology in Its Hellenistic Reception", NTS 46 (2001), 312-333, 332.

126 Hengel, M, *Der Sohn Gottes,* Tübingen 1977, 2판, 65; Zeller, D, "Die Menschwerdung des Sohnes Gottes im Neuen Testament und die antike Religionsgeschichte", in: Ders, *Menschwerdung Gottes - Vergöttlichung des Menschen,* NTOA 7, Göttingen/Freiburg (H) 1988, 141-176.

문화에서 자연스러운 현상 중 하나였다. 그러나 로마 황제 갈리구아가 신처럼 숭배되는 모습을 유다교 사상에서는 상상할 수도 없었다.

이러한 복잡한 문화적 사상적 배경에서 예수운동은 이미 예수 그리스도가 창조 이전에 존재했고, 사람이 되셨고, 하늘로 드높여졌으며, 하나님 외아들이라는 독특한 신분이라고 노래했다(필립비 2,6-11). 예수는 제2의 하나님이 아니라 하나이신 하나님 안에 연결되었다. 낮은 수준의 유다계 그리스도론이 높은 수준의 혼합적인 그리스계 그리스도론으로 발전했다고 말하기는 어렵다.[127] 예수운동에서 예수에 대한 생각은 바울 이전에 아주 짧은 기간 여기저기서 나타나 서로 연결되었고 바울이 이어받았다.

바울에 따르면, 창조 이전에 존재했던 예수 그리스도를 통해 만물이 존재한다(고린토전서 8,6). 부활한 예수는 하나님의 아들(데살로니카전서 1,10; 갈라디아 1,16; 로마 1,4)이다. 하나님은 부활한 예수를 높이 올리시고 모든 이름 위에 뛰어난 이름, 즉 하나님 이름을 주셨다(필립비 2,9). 그리스도 예수는 하나님과 본질이 같은 분이고(필립비 2,6; 고린토후서 4,4), 하나님의 영광을 지닌 분(필립비 3,21; 고린토후서 4,6)이다. 그리스도 예수는 하늘에서(데살로니카전서 1,10; 필립비 3,20) 하나님 오른편(로마 8,24)에 계신다. 하늘에서부터 그리스도 예수는 온갖 만물을 다스리며(고린토전서 15,27; 필립비 3,21), 하나님이 보내신 그리스도 예수는 지금 공동체에 존재하시며(갈라디아 4,4; 로마 8,3), 하나님 명을 받아 세상 끝날에 심판하실 분이시다(데살로니카전서 1,10; 고린토전서 16,22; 고린토후서 5,10).

---

127 Hahn, F, *Christologische Hoheitstitel*, Göttingen 1995, 5판, 446-448; Schnelle, U, *Paulus. Leben und Denken*, Berlin/Boston, 2014, 2판, 513.

예수운동 여러 공동체에서 그런 생각이 생긴 듯하다. 예수 그리스도에 대한 생각만 생긴 것은 아니다. 세례, 빵 나눔에서 예수 그리스도를 경배하는 풍습이 또한 생겼다. 부활한 예수의 나타남과 성도들의 성령체험에서 예수 그리스도를 경배하는 풍습이 비롯된 듯하다.[128] 특히 공동체의 빵 나눔 모임에서 드높여진 예수 그리스도에 대한 강렬한 체험이 생긴 듯하다(고린토전서 12,3; 16,22; 고린토후서 12,8).[129] "다 같이 한목소리로 우리 주 예수 그리스도의 아버지 하나님을 찬미하도록 하여주시기를 빕니다"(로마 15,6).

## 십자가

십자가는 예수 죽음과 단순한 동의어만은 아니다.[130] 십자가는 예수죽음에 대한 해설뿐 아니라 하나님과 인간에 대한 모든 언급을 결정하고 역사와 현실을 해석하는 열쇠다.[131] 이런 의미에서 바울이 과연 십자가 신학을 펼쳤는지, 어느 정도 십자가 신학을 소개했는지 논의되어

---

128 Schnelle, U, *Paulus. Leben und Denken,* Berlin/Boston, 2014, 2판, 514.

129 Schrage, W, *Unterwegs zur Einheit und Einzigkeit Gottes,* BThSt 48, Neukirchen 2002, 158-167,

130 Kuhn, H-W, "Jesus als Gekreuzigter in der frühchristlichen Verkündigung bis zur Mitte des 2. Jahrhunderts", ZThK 72 (1975), 1-46, 27; Cousar, Ch.B, *A Theology of the Cross. The Death of Jesus in the Pauline Letters,* Minneapolis 1990, 20-24; Gorman, M.J, *Cruciformity. Paul's Narrative Spirituality of the Cross,* Grand Rapids/Cambridge 2001, 76.

131 Luz, U, "Theologia crucis als Mitte der Theologie im Neuen Testament", EvTh 34 (1974), 115-141, 121-123; Zumstein, J, "Das Wort vom Kreuz als Mitte der paulinischen Theologie", in: Dettwiler, A,/Zumstein, J, (Hg.), *Kreuzestheologie im Neuen Testament,* WUNT 151, 2002, 27-41, 33.

왔다.[132]

십자가 단어는 데살로니카전서와 필레몬서에서 전혀 언급되지 않았고, 로마서에서 드물게 나타났다(로마 6,6).[133] 십자가 단어는 예수운동 공동체 내부에서 논쟁이 벌어졌을 때 바울이 주로 썼다.[134] 바울이 고린토 공동체에서 분열을 일으키던 사람들과 논쟁할 때(고린토전서 1,13.17; 2,2.8), 갈라디아 공동체에서 다른 복음을 전하는 사람들과 맞서 싸울 때(갈라디아 1,6; 3,1; 5,11), 십자가σταυρός, 십자가 처형시키다σταυροῦν 단어가 자주 등장했다. 고린토전서 1-2장에서 십자가 논의를 이해하려면, 십자가 처형이 고대에 아주 수치스러운 죽음[135]으로 여겨졌다는 것을 알아야 한다.

고린토 공동체에서 지혜를 자랑하던 사람들이 있었다. 그들이 유다교와 그리스철학에서 비롯된 지혜신학의 영향을 받았다는[136] 의견이

---

132 Luz, U, "Theologia crucis als Mitte der Theologie im Neuen Testament", EvTh 34 (1974), 115-141, 116; Schenk, W, ""Kreuzestheologie" bei Paulus? Zu den "cultural codes "von σταυρός σκόλοψ ξύλον", in: Wengst, K,/Sass, G, (Hg.), *Ja und Nein. Christliche Theologie im Angesicht Israels,* Neukirchen-Vluyn 1998, 93-109.

133 Haldimann, K, "Kreuz - Wort vom Kreuz - Kreuzestheologie. Zu einer Begriffsdifferenzierung in der Paulusinterpretation", in: Dettwiler, A,/Zumstein, J, (Hg.), *Kreuzestheologie im Neuen Testament,* WUNT 151, 2002, 1-25.

134 Schrage, W, "Der gekreuzigte und auferweckte Herr. Zur theologia crucis und theologia resurrectionis bei Paulus", ZThK 94 (1997), 25-38, 29.31.

135 Hengel, M, "Mors turpissima crucis. Die Kreuzigung in der antiken Welt und die 'Torheit' des 'Wortes vom Kreuz'", in: Friedrich, J, u.a. (Hg.), *Rechtfertigung,* Tübingen/Göttingen 1976, 125-184; Shi, W, *Paul's Message of the Cross as Body Language,* WUNT II 254, Tübingen 2008, 20-52.

136 Hyldahl, N, "Paul and Hellenistic Judaism in Corinth" in: Peder, B,/Søren G, (Hg.), *The New Testament and Hellenistic Judaism,* Aarhus/Oxford/Oakville 1997, 204-216, 211-215.

있고, 그렇지 않다[137]는 의견도 있다. 지식과 달변을 앞세우는 사회 현상[138]으로 보는 의견도 있다. "세속의 몸으로는, 여러분 중에 지혜로운 이도 많지 않으며 유력한 이도 많지 않고 가문이 훌륭한 이도 많지 않습니다"(고린토전서 1,26). 고린토 공동체에서 지혜, 즉 탁월한 말솜씨(고린토전서 1,17; 2,1; 4,19)는 경제와 신분 말고도 사람을 구분하는 특징이었다.[139]

인간의 지혜와 표징을 구하는 종교적 흐름(고린토전서 1,20-25)과 세상의 계급 질서와 인간의 자랑(고린토전서 1,26-31)을 바울은 십자가 관점에서 비판하고, 사도로서 자신의 활동이 어떤 기준에 근거했는지(고린토전서 2,1-5) 설명했다. 바울 생각에, 표징을 구하는 유다인이나 지혜를 찾는 그리스인(고린토전서 1,22)은 실패하였다. 십자가는 기존 사고방식을 뒤집어엎고 하나님을 자기 방식대로 이해하려는 인간의 노력을 물거품으로 만들었다.[140] 십자가는 인간의 지식 능력에 의문을 던질 뿐만 아니라 기존의 사회 가치와 질서를 뒤엎는다(고린토전서 1,26-31). 바울은 인간의 지혜[141]와 맞서는 하나님의 지혜(고린토전서 2,6-16)를 소개

137 Konradt, M, "Die korinthische Weisheit und das Wort vom Kreuz. Erwägungen zur korinthischen Problemkonstellation und paulinischen Intention in 1 Kor 1-4" ZNW 94 (2003) 181-214, 194-210.

138 Pickett, R, *The Cross in Corinth: The Social Significance of the Death of Jesus,* JSNT.S 143, Sheffield 1997, 37-84.

139 Pogoloff, S.M, *Logos and Sophia. The Rhetorical Situation of 1 Corinthians,* SBL.DS 134, Atlanta 1992, 108-113; Litfin, D, *St. Paul's Theology of Proclamation. 1 Corinthians 1-4 and Greco-Roman Rhetoric,* MSSNTS 79, Cambridge 1994, 187-209.

140 Vollenweider, S, "Weisheit am Kreuzweg. Zum theologischen Programm von 1Kor 1 und 2", in: Dettwiler, A,/Zumstein, J, (Hg.), *Kreuzestheologie im Neuen Testament,* WUNT 151, 2002, 43-58, 46-50.

141 Weder, H, *Das Kreuz Jesu bei Paulus, Ein Versuch, über den Geschichtsbezug des*

한다.[142]

십자가는 하나님의 심오하고 감추어져 있던 지혜로서, 하나님께서 우리의 영광을 위하여 현세 이전에 예정하신 것이다(고린토전서 2,7). 현세의 통치자들이 십자가 지혜를 깨달았더라면, 그들이 영광의 주님 예수 그리스도를 십자가에 처형하지는 않았을 것이다(고린토전서 2,8). 하나님은 성령을 통하여 십자가 지혜를 예수 그리스도를 믿는 사람에게 계시하셨다(고린토전서 2,10a).

십자가는 역사를 보는 눈과 윤리를 보는 눈을 뒤집어 놓는다. 십자가는 유다인과 유다인 아닌 사람들 사이의 벽을 허물었다.[143] 육으로 잘난 체하려는 사람(갈라디아 6,12)은 육신에 시킨 일을 자랑하기 위해 할례를 유다인 아닌 사람에게 요구하지만(갈라디아 6,13), 바울은 예수 그리스도의 십자가 외에는, 지혜든 할례든 그 무엇이든 자랑할 것이 아무것도 없다(갈라디아 6,14a). "나는 그리스도와 함께 십자가에 처형되었습니다"(갈라디아 2,19b; 로마 6,6). 십자가 신학을 제외하고는 바울의 복음 전파에 대해 우리가 말할 수 없다.[144]

---

*christlichen Glaubens nachzudenken,* FRLANT 125, Göttingen 1981, 165-173.

142 Wilckens, U, "Das Kreuz Christi als die Tiefe der Weisheit Gottes. Zu 1. Kor 2,1-16", in: Lorenzi, L.D, (Hg.), *Paolo a una Chiesa divisa (1 Co 1-4),* SMBen.BE 5, Rom 1980, 43-81, 48-59; Voss, F, *Das Wort vom Kreuz und die menschliche Vernunft. Eine Untersuchung zur Soteriologie des 1. Korintherbriedes,* FRLANT 199, Göttingen 2002, 139-199.

143 Wolter, M, ""Dumm und skandalös". Die paulinische kreuzestheologie und das Wirklichkeitsverständnis des christlichen Glaubens", in: Weth, R, (Hg.), *Das Kreuz Jesu. Gewalt - Opfer - Sühne,* Neukirchen-Vluyn 2001, 44-63, 55.

144 Konradt, M, "Kreuzestheologie", in: Horn, F.W, (Hg.), *Paulus Handbuch,* Tübingen 2013, 314-321, 321.

# 예수 죽음 해석

바울은 예수 죽음의 효과를 주로 χάρις 단어를 써서 살펴보았다. 우리말로 은총/은혜로 번역된 이 단어는 유다교 전통[145]이나 로마제국 후원Patronat 제도[146]에서 영향을 받았다는 의견이 있다. 어느 쪽 영향을 더 받았든, 바울은 χάρις(고린토전서 1,4; 갈라디아 1,6; 로마 3,24)와 δωρεά(로마 3,24; 5,15.17) 단어를 써서 예수 죽음이 인간을 위해 좋은 일이요 선물이라고 생각했다. 로마 황제가 백성에게 주는 호의를 χάρις 단어로써 표현하던 로마제국 사람들은 바울 설명을 이해하기 편했을 것이다.

사람을 회개시키려고 베푸시는 하나님의 자비 말고도, 하나님의 관용과 인내를 바울은 말하고 있다(로마 2,4). 하나님은 모세에게 "나는 자비를 베풀고 싶은 사람에게 자비를 베풀고 동정하고 싶은 사람을 동정한다" 하고 말씀하셨다(로마 9,15; 출애굽기 33,19). 바울은 로마서 9–11장에 출애굽기 33–34장 영향을 받은 듯하다.[147] "그러나 결국은 그 모두에게 자비를 베푸셨습니다"(로마 11,32b). "나는 야훼다. 야훼다. 자비와 은총의 신이다. 좀처럼 화를 내지 아니하고 사랑과 진실이 넘치는 신이다"(출애굽기 34,6).

그런데 왜 예수 죽음이 인간에게 하나님의 자비인가. 예수 죽음이 어떤 효과를 가져왔길래 바울은 그렇게 말하는가. 예수 십자가 죽음을 바울이 어떻게 해석하는가. 바울은 그리스도 십자가(고린토전서 1,17; 갈라

---

145 Conzelmann, H,/Zimmerli, W, Art. "χάρις κτλ", ThWNT 9, 1973, 363-393.

146 Harrison, J.R, *Paul's Language of Grace in its Graeco-Roman Context*, WUNT II 172, Tübingen 2003, 13-45.

147 Breytenbach, C, *Grace, Reconciliation, Concord. The Death of Christ in Graeco-Roman Metaphors*, NT.S 135, Leiden 2010, 143-148.207-238.

디아 6,12: 필립비 3,18), 십자가에 못 박힌 그리스도(고린토전서 1,23; 2,2; 갈라디아 3,1) 표현을 자주 썼다. 그러나 십자가의 이치가 구원받을 우리에게 곧 하나님의 힘(고린토전서 1,18)이라 말할 때 바울은 십자가σταυρός, 십자가에 처형시키다σταυροῦν 단어를 쓰지는 않았다. 고대 그리스 · 로마 사회에서 십자가 처형이 사람들에게 주는 느낌을 바울이 배려했기 때문이다.

역사의 예수는 죽기 전날 밤 최후 만찬에서 "받아먹으시오. 이것은 내 몸입니다"(마가 14,22)라고 제자들에게 말했다. 바울이 사도로 부르심 받기 몇 년 전에 벌써 예수 제자들은 예수 죽음이 자기들에게ὑπὲρ ὑμῶν(고린토전서 11,24) 좋은 사건임을 알았다. 예수 죽음이 어떤 점에서 좋은 일이냐는 질문이 예나 지금이나 마찬가지로 있다. 구약성서의 희생 제사 배경에서 바울이 그렇게 생각했을 것이라는 의견이 많았다.[148]

한 사람의 죽음이 다른 사람의 목숨을 구한다는 의미의 해석은 이사야 예언서 53장 말고는 구약성서에서 찾을 곳이 없다. 그래서 최근에 그 의견은 많이 비판받고 있다.[149] "자식의 잘못 때문에 아비를 죽일 수 없고, 아비의 잘못 때문에 자식을 죽일 수 없다. 죽을 사람은 죄지은 바로 그 사람이다"(신명기 24,6) 해설에서 유다 철학자 필로Philo는 부모나 자식을 살리기 위해 가족이 죽는 것을 반대한다[150]고 말했다.[151]

---

148 Stuhlmacher, P, *Biblische Theologie des Neuen Testament. Band 1: Grundlegung. Von Jesus zu Paulus*, Göttingen 2005, 3판, 134.

149 Wolter, M, "Für uns gestorben. Wie gehen wir sachgerecht mit dem Tod Jesu um?", in: Hampel, V,/Weth, R, (Hg.), *Für uns gestorben. Sühne - Opfer - Stellvertertung*, Neukirchen-Vluyn 2010, 1-15; Eschner, Chr, *Gestorben und hingegeben "für" die Sünder: Die griechische Konzeption des Unheil abwendenden Sterbens und deren paulinische Aufnahme für die Deutung des Todes Jesu Christi I*, WMANT 122, Neukirchen-Vluyn, 2010, 29-93.

그런데 유다교 대사제 가야파가 말했다. "온 민족이 멸망하는 것보다 한 사람이 백성을 대신해서 죽는 편이 더 낫다는 것도 모릅니까?"(요한 11,50) 한 사람, 즉 나자렛 예수의 죽음이 다른 사람의, 즉 유다 백성의 목숨을 구한다는 뜻이다. 한 사람의 죽음이 다른 사람의 목숨을 구한다는 생각은 공통년 이전 5세기 그리스 극작가 에우리피데스<sup>Euripides</sup>가 쓴 비극 작품에서 특히 드러났다. 그 후 문학과 그림, 조각 등 로마 사회에서는 물론이고 유다교 사상가 요세푸스, 필로와 마카베오 하권에도 큰 영향을 주었다. 예수운동과 바울과 요한복음 저자는 이 배경을 이용하여 당시 사람들에게 예수 죽음 의미를 설명한 듯하다.[152]

"나는 내가 전해 받은 가장 중요한 것을 여러분에게 전해 드렸습니다. 그것은 그리스도께서 성서에 기록된 대로 그리스도께서 우리 죄 때문에 죽으셨고"(고린토전서 15,3b), "우리 죄를 짊어지시고 당신 자신을 제물로 바치셨고"(갈라디아 1,4), "예수는 우리의 죄 때문에 죽으셨습니다"(로마 4,25a). 바울이 이 말을 처음 한 것은 아니고 예수운동에서 전해 받았다. "주 예수께서 잡히시던<sup>παραδίδετο</sup> 날 밤에 빵을 손에 드시고"(고린토전서 11,23)에서 예수 죽음은 당신 사람들을 위한 죽음으로 해석되었다.

바울 자신은 예수 죽음을 어떻게 이해했을까. "그리스도께서 우리가

---

150 Philo, *spec. III* 153-168.

151 Breytenbach, C, *Grace, Reconciliation, Concord. The Death of Christ in Graeco-Roman Metaphors*, NT.S 135, Leiden 2010, 86-94; Eschner, Chr, *Gestorben und hingegeben "für" die Sünder: Die griechische Konzeption des Unheil abwendenden Sterbens und deren paulinische Aufnahme für die Deutung des Todes Jesu Christi II*, WMANT 122, Neukirchen-Vluyn, 2010, 272-276.

152 Breytenbach, C, "Interpretationen des Todes Christi", in: Horn, F.W, (Hg.), *Paulus Handbuch*, Tübingen 2013. 321-331, 323.

살아 있든지 죽어 있든지 당신과 함께 살 수 있게 하시려고 우리를 위해 죽으셨습니다"(데살로니카전서 5,10)에서 처음으로 예수 죽음에 대한 바울 자신의 생각이 드러났다. 예수와 함께 사는 것이 예수가 우리를 위해 죽으신 뜻이다. "하나님께서 인간의 죄를 묻지 않으시고 그리스도를 내세워 인간과 화해하셨습니다"(고린토후서 5,19a; 로마 5,9).

또한 하나님과 인간의 화해가 예수가 우리를 위해 죽으신 뜻이다. "그리스도는 우리 죄 많은 인간을 위해서 죽으셨습니다"(로마 5,8; 고린토후서 5,21) 인간의 의로움을 위해 예수가 죽으셨다는 말이다. 예수와 함께 살기 위해, 하나님과 인간의 화해를 위해, 인간의 의로움을 위해 예수가 죽으셨다고 바울은 생각한 것이다.[153] 그뿐 아니다. 율법의 저주에서 우리를 구원해 내시려고(갈라디아 3,13; 4,4; 로마 7,6) 예수가 죽으셨다. 우리를 현재의 이 악한 세대에서 건져내시려고(갈라디아 1,4), 심판에서 무죄를 선언하시려고(로마 8,33), 예수가 우리를 위해 죽으셨다. 예수 죽음에 대한 바울 해석은 하나가 아니고 여럿이다.

예수 죽음은 우리를 위한 예수의 사랑(갈라디아 2,20; 고린토후서 5,14)뿐만 아니라 모든 인간을 위한 하나님의 사랑(로마 8,32)이라고 바울은 생각했다. 인간이 죄인이었을 때에도(로마 5,8), 하나님의 원수였을 때에도(로마 5,9), 하나님은 인간을 사랑하셨다. 예수 그리스도의 죽음은 죄 많은 인류에게(로마 5,20) 주시는 자비로운 하나님(고린토후서 1,3)의 선물이다.

바울 편지들이 활발하게 쓰인 뒤 약 40년 지났을 때 요한복음 저자는 바울 생각을 이어받았다. "하나님은 이 세상을 극진히 사랑하셔서 외아

---

153 Breytenbach, C, *Grace, Reconciliation, Concord. The Death of Christ in Graeco-Roman Metaphors*, NT.S 135, Leiden 2010, 122-126.

들을 보내주시어 그를 믿는 사람은 누구든지 멸망하지 않고 영원한 생명을 얻게 하여 주셨습니다"(요한 3,16) "온 민족이 멸망하는 것보다 한 사람이 백성을 대신해서 죽는 편이 더 낫다는 것도 모릅니까?"(요한 11,50)라는 대사제 가야파 예언과 "나는 착한 목자입니다. 착한 목자는 자기 양을 위하여 목숨을 바칩니다"(요한 10,11)가 덧붙여져 예수 십자가 죽음을 해석하기 시작했다. 예수가 유다 민족을 대신해서 죽게 되고, 유다 민족뿐 아니라 흩어져 있는 하나님의 자녀들을 한데 모으기 위해 죽는다(요한 11,51b-52)고 기록했다.

## 그리스도 신비

20세기 초 슈바이처와 종교사학파 학자들이 바울의 그리스도 신비론을 본격적으로 언급하기 시작하였다.[154] 바울에게 그리스도 신비론이 있는지, 만일 있다면 어느 정도 우리가 이해할 수 있는지, 불트만과 그 제자들은 논의하였다. 행업의 일부로 오해받을 수 있는 신비주의는 개신교 입장에서 그다지 환영할 수는 없었다. 바울의 그리스도 신비론은 바울 칭의론을 바울 사상의 중심에서 밀어내려는 시도 아니냐는 의심을 받기도 했다. 바울 새 관점 학파는 바울의 그리스도 신비론을 가능성 있게 보았다. 샌더스는 바울의 그리스도 신비론을 참여라는 관점에서 보려 했다.[155]

---

154 von Bendemann, R, "Christusgemeinschaft – Christusmystik", in: Horn, F.W, (Hg.), *Paulus Handbuch*, Tübingen 2013, 305-309, 305.

155 Sanders, E.P, *Paul and Palestinian Judaism: A Comparison of Patterens of Religion*, Philadelphia/London 1977, 434, 주 19; 502.

바울 편지에서 '그리스도 안에서' 표현이 나타난 배경을 살펴야 한다. '그리스도 안에서' 표현과 그리스도의 몸(고린토전서 12,13)이 같은 의미를 가지고 있다고 보기는 어렵다. 바울의 '그리스도 안에서' 표현은 개인적 주관적 체험을 가리킨다기보다 공동체 차원을 강조하고 있다 (로마 8,1; 16,11). 성령에 대한 바울 언급(데살로니카전서 4,8; 고린토전서 3,16; 로마 8,9-11)을 그리스도 신비론에 연결할 수 있다. 바울의 그리스도 신비론에 대한 논의는 바울 사상을 칭의론 중심으로만 보려는 전통적인 시도에 새로운 활기를 넣어주고 있다.

# 하나님

　바울에게 하나님은 누구신가. 바울의 일곱 편지에 하나님$^{ὁ\ θεός}$ 단어는 430회 나온다. 로마서에 153회, 고린토전서에 106회, 고린토후서에 79회, 데살로니카 전서에 36회 나온다. 유다인 바울은 하나님에 대한 유다교 사상을 그대로 이어받았다. 하나님은 오직 한 분이시다. 하나님 존재를 바울은 의심한 적 없다. 하나님은 세상을 창조하시고 완성하실 분이시다.

　예수운동에 참여한 후 바울은 하나님에 대한 유다교 사상에 단 한 가지 생각을 추가했다. 하나님은 예수 그리스도를 죽은 사람 가운데 부활시키셨다. 바울의 하나님 사상은 유다교에 기초하고 연결되며 또한 넘어서고 있다. 유다교와 연결도 놓치지 말고, 유다교와 차이도 놓치지 말아야 한다.

## 창조주 하나님

　하나님은 한 분뿐이시고, 하나님 외에 다른 신은 없다. 유일신 하나님은 유다교의 기본 사상에 속한다.[1] "너, 이스라엘아 들어라. 우리의 하나님은 야훼시다. 야훼 한 분뿐이시다"(신명기 6,4; 이사야 44,6; 열왕기하

5,15). 유일신 하나님은 바울 생각과 실천의 출발이다. "우리에게는 아버지가 되시는 하나님 한 분이 계실 뿐입니다. 그분은 만물을 창조하신 분이며 우리는 그분을 위해서 있습니다"(고린토전서 8,6a).[2] 유일신 하나님은 유다교 밖에서 유다교를 특징짓는 사상이었다.[3]

유일신 하나님은 창조 행위에서 먼저 드러난다. 하나님은 우주 만물을 창조하셨다(고린토전서 10,26; 로마 3,30).[4] 하나님은 온 세상의 아버지시다(고린토전서 8,6; 필립비 2,11). 하나님만 죽은 자를 살려내신다(로마 4,17).[5]

"모든 것은 그분에게서 나오고 그분으로 말미암고 그분을 위하여 있습니다"(로마 11,36a). 사람들은 그분을 알았지만, 하나님으로 받들어 섬기거나 감사하기는커녕 생각이 허황해져서 그들의 어리석은 마음이 어둠으로 가득 차게 되었다(로마 1,21).[6] 역사의 주인이신 하나님은 심판자로서 인류의 운명에 대해 마지막 말씀을 하실 것이다(로마 2,5; 3,5.19). 하나님은 모든 존재의 처음이자 마지막이시다(로마 8,18).[7] 믿는 사람은 심판을 두려워할 필요가 없다. "죽음도 생명도 천사들도 권세의 천신들도 현재의 것도 미래의 것도 능력의 천신들도 높음도 깊음도 그 밖의

1 Schrage, W, *Unterwegs zur Einzigkeit und Einheit Gottes,* BThSt 48, Neukirchen 2002, 1-35; Wright, N.T, *Paul and the Faithfulness of God II,* London 2013. 619-633.

2 Schrage, W, *Unterwegs zur Einzigkeit und Einheit Gottes,* BThSt 48, Neukirchen 2002, 43-90.

3 Tacitus, *Hist* V 5,4.

4 Grässer, E, ""Ein einziger ist Gott" (Röm 3,30)", in: Ders, *Der Alte Bund im Neuen,* WUNT 35, Tübingen 1985, 231-258; Dunn, J.D.G, *The Theology of Paul the Apostle,* Grand Rapids/Cambridge 1998, 38-43.

5 Käsemann, E, *An die Römer,* HNT 8a, Tübingen 1980, 4판, 115.

6 Becker, J, *Paulus. Der Apostel der Völker,* Tübingen 1989, 404.

7 Vollenweider, S, *Freiheit als neue Schöpfung,* FRLANT 147, Göttingen 1989, 375-396.

어떤 피조물도 우리 주 그리스도 예수를 통하여 나타날 하나님의 사랑에서 우리를 떼어놓을 수 없습니다"(로마 8,38-39).

## 의로우신 하나님

하나님은 의로우시다. 구약성서에서 중심 개념 중 하나다.[8] "야훼께서는 정의를 펴시고 모든 억눌린 자들의 권리를 찾아주신다"(시편 103,7; 11,7). "약한 자와 고아를 보살펴 주고, 없는 이와 구차한 이들에게 권리 찾아주며, 가난한 자와 약자들을 풀어주어라. 악인의 손에서 구해 주어라"(시편 82,3-4).

이스라엘이 하나님 찾는 거룩한 백성이 되려면, 우선 해야 할 일이 있다. "공정하지 못한 재판을 하지 마라. 영세민이라고 하여 두둔하지 말고, 세력 있는 사람이라고 하여 봐 주지 마라. 이웃을 공정하게 재판해야 한다"(레위기 19,15). 특별히 이스라엘 왕들은 주의해야 한다. "법과 정의를 실천하고, 억울하게 착취당하는 사람들을 건져주며, 더부살이와 고아와 과부를 괴롭히거나 학대하지 말고, 이곳에서 죄 없는 사람을 죽여 피를 흘리지 말라"(예레미야 22,3).

세상에 오실 메시아는 "겉만 보고 재판하지 아니하고 말만 듣고 시비를 가리지 아니하리라. 가난한 자들의 재판을 정당하게 해주고 흙에 묻혀 사는 천민의 시비를 바로 가려주리라"(이사야 11, 3b-4a). 평화의 왕은

---

8 Scharbert, J, Art. "Gerechtigkeit", TRE 12, Berlin/New York 1984, 404-411; Spieckermann, H, Art. "Rechtfertigung", TRE 28, Berlin/New York 1997, 282-286; Hossfeld, F.-L, "Gedanken zum alttestamentlichen Vorfeld paulinischer Rechtfertigungslehre", in: Söding, Th, (Hg.), *Worum geht es in der Rechtfertigungslehre?*, QD 180, Freiburg 1999, 13-26.

정의로 나라를 다스리고(이사야 32,1), 정의는 평화를 가져올 그날이 온다(이사야 32,17a). "정의를 굳게 지키면 생명에 이르지만, 악한 일을 좇으면 죽음을 불러들인다"(잠언 11,19).

의로우신 하나님은 한 분뿐이시다. "나 야훼밖에 누가 있느냐? 나는 정의를 세워 구원을 이루는 하나님이니, 나밖에 다른 신은 없다"(이사야 45,21b). 고통받는 야훼의 종(이사야 53장) 노래는 죄 없는 사람이 받는 고통과 의로움 사상을 연결시켰다.9 "나의 종은 많은 사람의 죄악을 스스로 짊어짐으로써 그들이 떳떳한 시민으로 살게 될 줄을 알고 마음 흐뭇해하리라. 나는 그로 하여금 민중을 자기 백성으로 삼고 대중을 전리품처럼 차지하게 하리라. 이는 그가 자기 목숨을 내던져 죽었기 때문이다. 반역자의 하나처럼 그 속에 끼여 많은 사람의 죄를 짊어지고 그 반역자들을 용서해 달라고 기도했기 때문이다"(이사야 53,11b-12).

인간의 실천이 하나님의 의로움과 연결되고 요구되었다.10 "야훼께서 말씀하신다. '너희는 바른길을 걷고 옳게 살아라. 나 너희를 구하러 왔다. 나의 승리가 나타날 때가 왔다'"(이사야 56,1). 제3 이사야는 이스라엘 백성이 이집트를 탈출한 후 저지른 불의를 꾸짖는다. "내가 기뻐하는 단식은 바로 이런 것이다. 주 야훼께서 말씀하셨다. 억울하게 묶인 이를 끌러주고 멍에를 풀어주는 것, 압제 받는 이들을 석방하고 모든 멍에를 부수어 버리는 것이다. 네가 먹을 것을 굶주린 이에게 나눠주는 것, 떠돌며 고생하는 사람을 집에 맞아들이고 헐벗은 사람을 입혀주며

---

9 Janowski, B,/Stuhlmacher, P, (Hg.), *Der leidende Gottesknecht: Jes 53 und seine Wirkungsgeschichte,* FAT 14, Tübingen 1996, 23.

10 Crüsemann, F, "Jahwes Gerechtigkeit im Alten Testament", EvTh 36 (1976), 427-450, 446-449.

제 골육을 모르는 체하지 않는 것이다"(이사야 58,6-7).

바빌론 유배부터 유다교는 큰 변화를 겪었다. 선택 사상, 진실하신 하나님에 대한 희망, 하나님의 선물로서 토라, 엄밀한 종교의식을 통해 다른 민족과 구별하려는 노력이 유다교 중심에 깊이 들어왔다.[11] 토라에 충실은 삶의 질서와 사회적 질서 차원을 훨씬 넘어 하나님 뜻을 존중하는 정도로 여겨졌다. 하나님이 이스라엘을 선택하셨으니, 이스라엘은 토라에 충실해야 한다. 의로움은 인간의 노력에 따른 결과가 아니라 순전히 인간을 위한 하나님의 약속이다. 토라에 충실은 의로움과 삶을 보증한다.[12]

꿈란Qumran 공동체에서 죄(1QH 4,30; 1QS 11,9.), 선택 사상, 토라 충실(CD 20,19-21)이 연결되었다.[13] "의롭지 않은 사람이 의로운 심판을 어찌 반박하겠습니까? 모든 것을 다 아시는 하나님 당신께 모든 의로움이 있습니다"(1QH 1,26; 3,21; 1QS 10,25). 오직 하나님만 거룩한 유다인에게 구원을 선사하신다.[14]

공통년 이전 1세기 중반, 즉 예수와 바울 탄생 약 50년 전, 팔레스티나에서 생긴 바리사이파 문헌 솔로몬 시편Psalmen Salomos은 바울 칭의론

---

11 Maier, J, *Zwischen den Testamenten,* NEB.AT EB 3, Würzburg 1990, 191-247; Nissen, A, *Gott und der Nächste im antiken Judentum,* WUNT 15, Tübingen 1974, 99-329; Sonntag, H, *ΝΟΜΟΣ ΣΩΤΗΡ. Zur politischen Theologie des Gesetzes bei Paulus und im antiken Kontext,* TANZ 34, Tübingen 2000, 109-165.

12 Marböck, J, "Gerechtigkeit und Leben nach dem Sirachbuch", in: Jeremias, J, (Hg.), *Gerechtigkeit und Leben im hellenistischen Zeitalter* (FS Kaiser, O,), BZAW 296, Berlin/New York, 2001, 21-51.

13 Betz, O, "Rechtfertigung in Qumran", in: Friedrich, J,/Pöhlmann, W,/Stuhlmacher, P, (Hg.), *Rechtfertigung* (FS Käsemann, E,), Tübingen 1976, 17-36; Seifrid, M.A, *Justification by Faith,* NT.S 68, Leiden 1992, 81-108.

14 Becker, J, *Das Heil Gottes,* SUNT 3, Göttingen 1964, 238-279.

과 관계있다.[15] 하나님 자비, 선택, 의로움 사상을 담고 있는 솔로몬 시편에 의로운$^{δίκαιος}$ 형용사는 34회, 의로움$^{δικαιοσύνη}$ 명사는 25회나 있다. 인간은 어떻게 의로움을 얻는가 질문에 대해 솔로몬 시편은 복잡한 답변을 내놓는다.[16]

하나님의 의로운 심판에 의지하는 거룩한 유다인에게 의로우신 하나님은 자비를 베푸신다(PsSal 8,7). 하나님이 자비를 베푸시는 기준은 율법이다(PsSal 14,1-3). 율법에 따라 살면서 하나님 자비를 신뢰하는 유다인이 의로운 사람이다. 솔로몬 시편은 율법을 지키지 않는 유다인을 배신자 유다인으로, 유다인 아닌 사람을 죄인으로 여긴다(PsSal 13, 7-12).[17] 거룩한 유다인들도 죄지을 수 있지만, 하나님은 그들에게 자비를 베푸시고, 다시 그들이 율법에 충실하게 변화시키신다(PsSal 3,6-8; 9,6.12; 10,3).

그리스철학과 문화에도 의로움에 대한 생각이 없었을 리 없다.[18] 공통년 이전 5세기에 그리스 법률에서 법과 정의(의로움)는 중심 주제였다. 플라톤은 정의를 모든 덕목 중에 으뜸이라고 말했다.[19] 아리스토텔레스는 법과 윤리를 나누지 않고, 법과 윤리를 아우르는 일반적 원리로 정의를 내세웠다. 모든 법은 기본적으로 옳고, 법을 어기면 불의가 생긴

---

15 Holm-Nielsen, S, *Die Psalmen Salomos,* JSHRZ IV/2, Gütersloh 1977, 59; Trafton, J.L, "The Psalms of Solomon in Recent Research", JSP 12 (1994), 3-19.

16 Schnelle, U, "Gerechtigkeit in den Psalmen Salomos und bei Paulus", in: Lichtenberger, H,/Oegema, G.S, (Hg.), *Jüdische Schriften in ihrem antik-jüdischen und urchristlichen Kontext, JSHRZ Studien 1,* Gütersloh 2002, 365-375.

17 Winninge, M, *Sinners and the Righteous,* CB.NT 26, Stockholm 1995, 125-136.

18 Dihle, A, Art. "Gerechtigkeit", RAC 10, Stuttgart 1978, 233-360; Sonntag, H, *NOMOΣ ΣΩTHP. Zur politischen Theologie des Gesetzes bei Paulus und im antiken Kontext,* TANZ 34, Tübingen 2000, 7-108.

19 Plato, *Republica* 433d.e.

다.[20] 법은 국가와 국민에게 정의와 삶을 보호해 준다.[21] 로마제국에서도 정의는 통치 지침[Pax Romana]중 핵심이었다.

## 예수 그리스도의 아버지 하나님

예수 그리스도가 누구이고 무엇을 하셨는지 질문은 예수 그리스도와 하나님과 관계에서 볼 때 비로소 답변할 수 있다. 예수 그리스도는 하나님을 향하고, 하나님은 예수 그리스도를 향한다. 하나님은 예수 그리스도를 보내셨고(갈라디아 4,4; 로마 8,3), 예수 그리스도를 부활시키셨다(로마 4,25; 8,32). 예수 그리스도를 부활시키신 하나님(데살로니카전서 1,10; 고린토전서 15,12-19)이 바울 신론의 특징이다.[22]

바울은 예수 그리스도와 하나님과 관계를 두 가지 특징으로 소개했다. 우선, 예수 그리스도는 하나님보다 아래다.[23] "모든 사람의 머리는 그리스도요 아내의 머리는 남편이요 그리스도의 머리는 하나님이시라는 것을 알아두시기 바랍니다"(고린토전서 11,3). "여러분은 그리스도의 것이고 그리스도는 하나님의 것입니다"(고린토전서 3,23).[24] 그리스도의 권세와 하나님의 권세는 서로 시간의 차이가 있다고 바울은 설명하기도 했다. "마지막 날이 올 터인데 그때에는 그리스도께서 모든 권위와

---

20 Aristoteles, *Ethica Nicomachia* V 1129b-1130b.

21 Aristoteles, *Politica* 1271a; 1325a.

22 Schnelle, U, *Paulus. Leben und Denken,* Berlin/Boston, 2014, 2판, 426.

23 Thüsing, W, *Gott und Christus in der paulinischen Soteriologie,* NTS NF 1/I, Münster 1986, 3판, 20-29.

24 Thüsing, W, *Gott und Christus in der paulinischen Soteriologie,* NTS NF 1/I, Münster 1986, 3판, 10-20.

세력과 능력의 천신들을 물리치시고 그 나라를 하나님 아버지께 바치실 것입니다"(고린토전서 15,24).[25] 하나님에 대한 순종이 예수 그리스도가 주님으로 드높여지기 위한 전제 조건처럼 그려졌다. "당신 자신을 낮추셔서 죽기까지, 아니, 십자가에 달려서 죽기까지 순종하셨습니다"(필립비 2,8).

그러나 바울은 예수 그리스도와 하나님이 동등한 것처럼 묘사하기도 했다. 예수는 하나님과 본질이 같은 분ἴσα θεῷ(필립비 2,6)이다. 예수는 하나님으로 불리기도 했다. "선조들도 그들의 것이며 그리스도께서도 육신으로는 그들에게서 태어나셨습니다. 그분은 만물 위에 계시는 하나님으로서 세세에 찬양을 받으십니다. 아멘"(로마 9,5). 문법으로나 내용으로나 로마 9,5 해석은 몹시 어렵고 까다롭다. 로마 9,5에서 예수는 하나님으로 칭해졌다는 의견과 그렇지 않다는 의견이 있다.[26] 예수 그리스도와 하나님이 동등하다는 표현이 하나님의 유일성을 훼손하지는 않는다.[27] 바울은 기도를 하나님에게 바쳤다(데살로니카전서 1,2; 로마 8,15; 15,30). 예수 그리스도에게 바치기도 했다. "나는 그 고통이 내게서 떠나게 해주시기를 주님께 세 번이나 기도하였습니다"(고린토후서 12,8).[28]

바울 신학에서 예수 그리스도는 인간과 하나님을 연결하는 중재자로 소개되었다. 예수 그리스도는 창조의 중재자요 구원의 중재자다.

25 Schrage, W, *Der erste Brief an die Korinther,* EKK VII/4, Neukirchen 2001, 152-189.

26 Kammler, H.-Chr, "Die Prädikation Jesu Christi als "Gott" und die paulinische Christologie", ZNW 94 (2003), 164-180; Wilckens, U, *Der Brief an die Römer,* EKK VI/2, Neukirchen 1980, 189; Wolter, M, *Der Brief an die Römer,* EKK VI/2, Neukirchen-Vluyn 2019, 38-40.

27 Wright, N.T, *Paul and the Faithfulness of God II,* London 2013, 707-709.

28 Gebauer, R, *Das Gebet bei Paulus,* Giessen 1989, 208.

"그러나 우리에게는 오직 한 분의 하나님이 계실 뿐이니 곧 아버지이십니다. 모든 것은 그분에게서 나오며 우리도 그분을 지향하고 있습니다. 그리고 오직 한 분의 주님이 계실 뿐이니 곧 예수 그리스도이십니다. 모든 것은 그분으로 말미암아 있고 우리도 그분으로 말미암아 있습니다"(고린토전서 8,6). 바울은 전해진 전승을 받아들여 그렇게 말했다.[29]

한 분 하나님이 둘로 쪼개진 것이 아니라, 한 분이신 주님 예수 그리스도가 한 분이신 하나님 안에 포함된다.[30] 하나님은 피조물 전체를 예수와 떨어질 수 없게 만들어 놓으셨다. "그러므로 하나님께서도 그분을 높이 올리시고 모든 이름 위에 뛰어난 이름을 주셨습니다. 그래서 하늘과 땅 위와 땅 아래에 있는 모든 것이 예수의 이름을 받들어 무릎을 꿇고 모두가 입을 모아 예수 그리스도가 주님이시라 찬미하며 하나님 아버지를 찬양하게 되었습니다"(필립비 2,9-11). 오직 한 분이신 하나님은 예수 그리스도 안에서 당신 자신을 결정적으로 드러내셨다.

바울 신학이 유다교와 같은 점은 무엇이고 다른 점은 무엇일까. 바울 신학은 하나님을 강조하여 유다교와 연결된다. 바울 신학의 출발은 나자렛 예수의 활동이 아니라 예수 십자가에서 하나님이 하신 활동이다.[31] 예수 그리스도라는 새 인물을 등장시켰을 뿐만 아니라 하나님의 새로운 모습을 소개했다. 예수 그리스도라는 새 인물보다 하나님의 새

---

29 Schrage, W, *Der erste Brief an die Korinther*, EKK VII/2, Neukirchen 1995, 216-225; Hofius, O, "Christus als Schöpfungsmittler und Erlösungsmittler. Das bekenntnis 1Kor 8,6 im Kontext der paulinischen Theologie", in: Schnelle, U,/Söding, Th,/Labahn, M, (Hg.), *Paulinische Christologie* (FS Hübner, H,), Göttingen 2000, 47-58.

30 Holtz, T, "Theo-logie und Christologie bei Paulus", in: Ders, *Geschichte und Theologie des Urchristentums*, WUNT 57, Tübingen 1991, 189-204, 191.

31 Schnelle, U, *Paulus. Leben und Denken*, Berlin/Boston, 2014, 2판, 429.

로운 모습을 바울은 먼저 강조한다.

하나님의 역사는 예수 그리스도의 역사를 처음부터 끝까지 포함하고 책임진다. 창조 이전 존재(고린토전서 8,6; 갈라디아 4,4; 로마 8,3),[32] 계약(갈라디아 3,15-18; 로마 4,9-11)은 하나님의 역사가 예수 그리스도의 역사를 처음부터 끝까지 포함하고 책임진다는 사실을 알려준다. 이스라엘 역사도 예수 그리스도를 향하고 있으며, 이스라엘 역사는 예수 그리스도에서 해석되어야 한다. 하나님은 예수 그리스도 안에서 결정적으로 하나님 자신을 드러내셨기 때문이다.

이스라엘의 하나님과 예수 그리스도의 아버지 하나님이 같은 분임을 바울은 전혀 의심하지 않았다. 이스라엘의 역사에서 이루어진 하나님의 구원 행동과 예수 그리스도의 역사에서 이루어진 하나님의 구원 행동은 이어져 있다. 그래서 이스라엘의 역사, 예수 그리스도의 역사, 예수운동의 역사는 연결된다. 하나님과 예수 그리스도의 관계를 바울은 유다교 사상을 빌어 설명한다.[33] 유다교에서 하나님은 오직 한 분이지만 홀로 계시진 않는다. 지혜, 로고스, 이스라엘 선조, 천사 등 중재자들이 하나님 곁에 있다. 중재자는 하나님이 아니다. 중재자 때문에 유일신 하나님이 손상되진 않는다. 바울은 예수 그리스도를 하나님의 중재자에 포함했다.

하나님 활동에서 시작하고, 하나님의 역사를 주목하고, 하나님 곁에 있는 중재자 개념을 사용한 점에서 바울 신학은 유다교와 연결되었다.

---

32 Hengel, M, "Präexistenz bei Paulus?", in: Landmesser, Chr, u. a. (Hg.), *Jesus Christus als die Mitte der Schrift* (FS Hofius, O,), BNZW 86, Berlin/New York 1997, 479-517; Söding, Th, "Gottes Sohn von Anfang an", in: Laufen, R, (Hg.), *Gottes ewiger Sohn*, Paderborn 1997, 57-93.

33 Schnelle, U, *Paulus. Leben und Denken*, Berlin/Boston, 2014, 2판, 509-514.

그러면, 바울 신학은 유다교와 다른 점은 무엇일까. 하나님을 보는 눈에서 유다교와 같지만, 예수 그리스도를 보는 눈에서 바울과 유다교는 다르다. 예수 그리스도의 삶 안에서 하나님 역사가 드러난다고 바울은 생각하지만 유다교는 그 생각을 받아들이지 않았다.[34]

십자가에서 하나님이 못 박히셨다는 바울 생각을 유다교는 구약성서에 드러난 하나님의 모습에 어울린다고 볼 수는 없었다. 구약성서에서 십자가에 매달린 하나님을 찾을 수 없기 때문이다. 바울은 구약성서에서 십자가를 찾지 않았고, 그 대신 하나님 백성 개념을 새롭게 확장하였다.[35] 바울의 이 시도를 유다교는 찬성할 수 없었다. 예수 그리스도를 보는 눈에서 바울과 유다교 사이에 분열의 씨앗이 있었다.

## 하나님이 주신 복음

예수 그리스도 안에 나타난 하나님이 우리에게 기쁜 소식을 주셨다. 복음εὐαγγέλιον 명사는 신약성서에 76회, 바울 편지에 48회 있다. 복음 전하다εὐαγγελίζειν 동사는 신약성서에 54회, 바울 편지에 19회 나온다. 바울에게 복음은 중요한 단어다.[36] 복음은 하나님에게서 왔기 때문에 권위가 있다. 복음은 하나님의 복음εὐαγγέλιον [τοῦ] θεοῦ이다(데살로니카전서

---

34 Hofius, O, "Christus als Schöpfungsmittler und Erlösungsmittler. Das Bekenntnis 1Kor 8,6 im Kontext der paulinischen Theologie", in: Schnelle, U,/Söding, Th,/Labahn, M, (Hg.), *Paulinische Christologie* (FS Hübner, H,), Göttingen 2000, 47-58, 58.

35 Schnelle, U, *Paulus. Leben und Denken,* Berlin/Boston, 2014, 2판, 611-619.

36 Merklein, H, "Zum Verständnis des paulinischen Begriffs "Evangelium"", in: Ders, *Studien zu Jesus und Paulus,* WUNT 43, Tübingen 1987, 279-295; Gnilka, J, *Paulus vor Tarsus. Zeuge und Apostel,* HThK. S 6, Freiburg 1996, 229-237; Wolter, M, *Paulus. Ein Grundriss seiner Theologie,* Neukirchen 2015, 2판, 52-71.

2,2; 고린토후서 11,7; 로마 1,1). 복음은 단순히 기쁜 소식이라는 뜻을 넘어 하나님이 우리에게 주신 기쁜 소식이다. 복음은 하나님에게서 비롯되어 성령을 통해 인류를 구원하는 힘이다(데살로니카전서 1,5; 고린토전서 4,20; 로마 1,16).

복음 전하다εὐαγγελίζειν 동사는 구약성서 그리스어 번역본Septuaginta 뿐만 아니라 유다교 문헌에도 있었다.[37] 복음εὐαγγέλιον 명사는 구약성서 그리스어 번역본에서 특별한 신학적 의미 없이 쓰였다. 단수 명사 복음εὐαγγέλιον은 구약성서 그리스어 번역본에 없고, 복수명사 복음들εὐαγγελία는 사무엘하 4,10에만 있다. 신약성서에서 복음 단어가 구약성서 그리스어 번역본에서 곧바로 비롯했다고 말하기는 어렵다.[38]

복음 단어는 기쁜 소식(열왕기하 7,9), 기쁜 소식을 전하는 데 따르는 보상(사무엘하 4,10)을 동시에 가리켰다. 복음 단어는 로마 황제의 생일이나 황제 즉위식[39]이나 그런 기쁜 소식을 전하는 데 따르는 보상[40]을 가리키면서 로마 황제 숭배사상에서 자주 쓰였다.[41]

복음은 바울에게 하나님의 복음(데살로니카전서 2,2; 고린토후서 11,7; 로마 1,1), 그리스도의 복음(데살로니카전서 3,2; 갈라디아 17; 로마 15,19), 나의 /우리 복음(데살로니카전서 1,5; 고린토후서 4,3; 로마 2,16)이다. 두 번(고린토후서 11,4; 갈라디아 1,6)을 제외하면, 바울은 복음 단어를 언제나 단수 명사로만 썼다. 즉, 바울에게는 하나의 복음밖에 없다. 예수운동과 바울

---

37 Philo, *Leg Gai* 18,231.

38 Friedrich, G, Art. "εὐαγγέλιον", ThWNT 2, Stuttgart 1935, 718-734, 722.

39 Josephus, *Bell* 4,618.656.

40 Plutarch, *Ages.* 33,5.

41 Strecker, G, "Das Evangelium Jesu Christi", in: Ders, *Eschaton und Historie. Aufsätze*, Göttingen 1979, 183-228, 188-192.

은 주변 사회에서 쓰던 복음 단어를 가져다 주변 사회에서 쓰던 의미와 다른 독자적인 내용을 포함시켰다. 바울 편지와 예수운동에서 복음이 기쁜 소식을 전하는 데 따르는 보상이나 감사의 희생제물을 가리키진 않았다.42

예수운동과 바울이 복음 단어를 사용한 것에 종교적 의미뿐 아니라 정치적 의미도 있고, 로마제국에 저항하는 뜻도 있다.43 진짜 복음은 로마 황제가 아니고 예수 그리스도의 죽음과 부활이다. 로마 황제가 나타나서 기쁜 소식을 주는 것이 아니고, 예수 그리스도의 죽음과 부활이 기쁜 소식이다. 바울은 복음 단어에서 종교적 의미뿐 아니라 정치적 의미를 분명하게 드러냈다.44 복음 단어에서 정치적 의미를 외면할 수 있는 것45은 아니다.46

바울 편지에서 복음 단어가 로마제국에 저항하는 뜻으로도 사용되었지만, 갈라디아서, 필립비서, 로마서에서 율법을 비판하는 좁은 의미로 쓰이기도 했다. 바울 복음이 처음부터 율법 없는 복음이라고 이해하기는 어렵다. 바울 복음의 내용과 영향이 처음부터 의로움 주제의 도움으로 펼쳐졌다고47 말하기는 곤란하다.48 율법 주제는 바울에게 복음

42 Wolter, M, *Paulus. Ein Grundriss seiner Theologie*, Neukirchen 2015, 2판, 54.

43 Wright, N.T, "Paul's Gospel and Caesar's Empire", in: Horsley, R.A, (Hg.), *Paul and Politics, Ekklesia, Israel, Imperium, Interpretation. Essays in Honour of K. Stendahl*, Harrisburg 2000, 160-183.

44 Schnelle, U, *Paulus. Leben und Denken,* Berlin/Boston, 2014, 2판, 437.

45 Wolter, M, *Paulus. Ein Grundriss seiner Theologie,* Neukirchen 2015, 2판, 52-54.

46 Schreiber, St, "Paulus als Kritiker Roms? Politische Herrschaftsdiskurse in den Paulusbriefen", ThGl 101 (2011), 338-359.

47 Hahn, F, "Gibt es eine Entwicklung in den Aussagen über die Rechtfertigung bei Paulus?", EvTh 53 (1993), 342-366, 344.

48 Schnelle, U, *Paulus. Leben und Denken,* Berlin/Boston, 2014, 2판, 437, 주58.

개념의 주변 주제다. 율법 없는 복음이 아니라 예수 죽음과 부활이 구원 사건 자체다. 바울이 전해 받은 가장 중요한 것은 "그리스도께서 성서에 기록된 대로 우리의 죄 때문에 죽으셨다는 것과 무덤에 묻히셨다는 것과 성서에 기록된 대로 사흘 만에 다시 살아나셨다는 것과 그 후 여러 사람에게 나타나셨다는 사실"(고린토전서 15,3b-5)이다.

사람이 복음을 믿기 전에 먼저 하나님이 복음을 만드셨다.[49] 바울은 복음을 사람의 중재를 통해 받은 것이 아니라, 부활하신 예수 그리스도의 나타남을 통해 하나님께 직접 받았다(갈라디아 1,11; 고린토후서 4,1-6; 로마 1,1-5). 복음은 사람의 말로 전달되지만, 사람의 말이 아니라 하나님의 말씀으로 만나고 받아들여야 한다(데살로니카전서 2,13; 고린토후서 4,4-6; 5,20). 복음은 온 세상에 전해져야 한다(고린토후서 10,16; 로마 10,15). 바울은 복음을 전해야만 한다(로마 15,16).

바울은 복음을 전하기 위해 애쓰고(갈라디아 1,6; 필립비 1,7; 2,22), 복음을 전하는 데 방해되지 않도록 모든 것을 참고 지냈다(고린토전서 9,12). "내가 복음을 전한다 해서 그것이 나에게 자랑거리가 될 수는 없습니다. 그것은 내가 마땅히 해야 할 일이기 때문입니다. 내가 복음을 전하지 않는다면 나에게 화가 미칠 것입니다"(고린토전서 9,16). 바울은 복음을 전하기 위해 무슨 일이라도 하고 있다(고린토전서 9,23).

하나님이 만드시고 선사하신 복음의 내용은 예수 그리스도의 복음εὐαγγέλιον τοῦ Χριστοῦ이다(데살로니카전서 3,2; 고린토전서 9,12; 로마 15,19). 하나님은 천지창조 때부터 그리스도를 통해 그리스도 안에서 인류를 구원하실 생각을 하셨다(고린토전서 2,7; 로마 16,25). 이 생각은 예언자들을 통

---

49 Stuhlmacher, P, *Biblische Theologie des Neuen Testament I*, Göttingen 1992, 315.

해 전해지고(로마 1,2: 16,26) 구약성서가 증언한다(고린토전서 15,3: 갈라디아 3,8).[50] 때가 차서 하나님은 당신 아들을 보내시어 십자가에 죽고 부활시키셔서 세상과 인류의 구원을 실행하셨다(고린토후서 1,20: 갈라디아 4,4: 로마 1,3). 예수 그리스도가 오기 전에는 유다인과 유다인 아닌 사람들이 하나님의 참뜻을 알지 못했다. 예수운동과 바울이 그 뜻을 이제 선포한다.

유다인과 유다인 아닌 사람 모두 예수 그리스도를 받아들여야 한다. 구원의 힘은 예수 그리스도를 믿는 누구에게나 해당된다(로마 1,16,17). 바울은 그 복음을 전하라고 보내졌다(고린토전서 1,17a).[51] 그것이 하나님 뜻이요 하나님과 화해하는 길이다. "하나님과 화해하십시오"(고린토후서 5,20). 바울에게 복음 선포는 심판과 연결된다. 하나님은 예수 그리스도를 통하여 사람들의 숨은 마음을 심판하실 것이다(로마 2,16). 구원의 복음을 거절하는 사람은 멸망을 스스로 선택한 것이다.

### 유일신론과 그리스도론

바울의 하나님 사상은 "하나님은 한 분이십니다"(갈라디아 3,20)에 기초한다. 그러나 바울은 동시에 "하나님은 그리스도 안에서"(고린토후서 5,19)[52] 보고 있다. 하나님은 둘이 아니라 한 분이시고, 한 분 하나님은

---

50 Dunn, J.D.G, *The Theology of Paul the Apostle*, Grand Rapids/Cambridge 1998, 169-173.

51 Merklein, H, "Zum Verständnis des paulinischen Begriffs "Evangelium"", in: Ders, *Studien zu Jesus und Paulus*, WUNT 43, Tübingen 1987, 279-295, 291-293.

52 Hofius, O, "Gott war in Christus. Sprachliche und theologische Erwägungen zu der Versöhnungsaussage 2 Kor 5,19a", in: Dalferth, I.U/Fischer, J,/Grosshans, H-P, (Hg.), *Denkwürdiges Geheimnis. Beiträge zur Gotteslehre*, Tübingen 2004, 225-236.

예수 그리스도와 관계 안에서 온전히 알 수 있다. 그리스도론적 유일신[53] 표현을 써도 좋겠다. 신약성서에 있는 예수 호칭 중에서 그리스도와 하나님의 아들 호칭이 하나님과 예수 그리스도의 관계를 주로 말하고 있다.

하나님과 관계 말고도 예수 그리스도의 독자적 지위는 주님 호칭이 주로 다루고 있다. 구약성서 그리스어 번역본에서 하나님을 에둘러 가리키던 주님 단어는 예수운동 초기부터[54] 예수 그리스도에게 주어졌다. 필립비 2,5-11은 예수 그리스도에게 바치는 헌사carmen[55] 같다.

하나님은 그리스도를 높이 올리시고, 모든 이름 위에 뛰어난 이름을 주셨다는(필립비 2,9) 전승을 바울은 받아들였다. 주님은 예수 그리스도 한 분이 계실 뿐이고, 그분을 통해 만물이 존재하고(고린토전서 8,6), 생명을 주는 영적 존재가 되며(고린토전서 15,45; 로마 5,15-17), 우리는 그리스도의 심판대 앞에 나아간다(고린토후서 5,10). 하나님의 전능한 힘에 참여한 예수 그리스도는 하나님에게만 주어지는 역할을 맡았다.

예수 그리스도를 주님이라 부른 것이 하나님께 누를 끼치는 것은 아니고 오히려 하나님께 영광을 드리는 일이다. "모두 입을 모아 예수 그리스도는 주님이시라고 고백하여 하나님 아버지께 영광을 드리게 하셨도다"(필립비 2,9). 그리스·로마 종교와 문화에서 신을 아버지라고 부르는 풍습은 흔히 있었다. 구약성서에서 하나님 이름을 아버지라고 부른

53 Vollenweider, Art. "Paulus", RGG 6, 4판, 1035-1065, 2003, 1046.

54 Hanhart, R, "Textgeschichtliche Probleme der LXX von ihrer Entstehung bis Origenes", in: Hengel, M,/Schwemer, A-M, *Die Septuaginta zwischen Judentum und Christentum*, WUNT 72, Tübingen 1994, 8.

55 Lohmeyer, E, *Kyrios Jesus. Eine Untersuchung zu Phil. 2,5-11* (SHAW.PH 1927/1928, 4), Heidelberg 1928. Nachdr. Darmstadt 1962, 2판, 7.

사례는 17회 있다.

신약성서가 나오기 전 유다교 문헌에서도 하나님을 아버지라고 부르는 경우는 드물었다.56 "다 같이 한목소리로 우리 주 예수 그리스도의 아버지 하나님을 찬미하도록 하여주시기를 빕니다"(로마 15,6). 바울의 하나님은 우리 주 예수 그리스도의 아버지 하나님이시다. 역사의 예수가 바울보다 먼저 하나님을 아버지라고 불렀다(마가 14,36).

이제 바울은 하나님과 예수 그리스도의 관계에서 시작하여 하나님을 생각하고 있다. 하나님 아버지는 여전히 이스라엘의 하나님이시다. 그러나 바울은 이스라엘의 하나님을 예수 그리스도와 연결하여 해설한다. 하나님께서 당신의 예언자들을 통하여 약속하신 하나님의 아들에 관한 소식이다. 하나님의 아들이 곧 우리 주 예수 그리스도이다(로마 1,4).

아브라함도 죽은 자를 살리시고 없는 것을 있게 만드시는 하나님을 믿었다(로마 4,17b). 무에서 유를 창조하신 하나님은 죽음에서 부활을 일으키신다. 창조주 하나님은 예수 그리스도를 죽음에서 부활시키신 하나님과 같은 분이시다. 그 하나님을 믿는 사람을 하나님은 의롭다고 선언하신다(로마 3,26.30). 그것이 곧 바울이 전한 복음이다(로마 1,16; 3,21).

우리 주 예수 그리스도의 아버지 하나님(마가 14,36)이 우리 편 되셨으니 누가 감히 우리와 맞설까?(로마 8,31) 하나님, 예수, 예수를 믿는

---

56 Hengel, M, "Abba, Maranatha, Hosanna und die Anfänge der Christologie", in: Ders, *Studien zur Christologie, Kleine Schriften IV,* WUNT 201, Tübingen 2000, 496-534, 530; Zimmermann, Chr, *Die Namen des Vaters. Studien zu ausgewählten neutestamentlichen Gottesbezeichnungen vor ihrem frühjüdischen und paganen Sprachhorizont,* AJEC 69, Leiden/Boston 2007, 42-64.

사람이 하나로 연결되었다. 그리스도에게 속한 우리는 아브라함의 자손이며 약속에 의한 상속자다(갈라디아 3,29; 4,7). 우리는 하나님의 상속자로서 그리스도와 함께 상속을 받을 사람이다(로마 8,17b).

## 바울 신론의 매력

유다교 유일신 사상은 고대 사회의 다신론 문화에서 유다인 아닌 사람에게도 호감을 주었다. 다신론 사상은 설득력이 줄어들었다. 어떤 신을 어떤 이유로 믿어야 할지 사람들은 가늠할 수 없었다.[57] 여러 신들과 제사들은 서로를 상대화시켰고, 경제적으로 성장하던 사람들의 지적 종교적 간절함을 만족시킬 수 없었다.[58] 다신론의 약점은 유다교와 예수운동의 유일신 사상에 흥미를 갖게 만들었다. 예수운동에 참여한 일부 유다인은 예수운동에서 내세운 새로운 하나님 모습에 끌렸다.

바울 시대에 유행하던 그리스철학의 스토아학파와 에피쿠로스학파는 어떤 신을 사람들에게 소개했을까. 스토아학파는 범신론汎神論을 주장했다.[59] 모든 것 안에 언제나 신이 존재한다고 주장하는 범신론은 그러나 손으로 붙잡을 수 없고 얼굴을 볼 수 없는 신을 말하고 있다. 에피쿠로스학파가 소개한 영원불변하고 고통받을 수 없는 신은 인간을 염려하는 신이 아니었다.[60] 그런데 바울이 말하는 신은 예수 그리스도라는 구체적인 얼굴과 이름과 역사를 통해 드러나는 분이었다.[61]

---

57 Cicero, *Nat Deor* III 47.

58 Stark, R, *Der Aufstieg des Christentums*, Weinheim 1997, 44.

59 Cicero, *Nat Deor* I 39.

60 Cicero, *Nat Deor* I 95.121.

61 Schnelle, U, *Paulus. Leben und Denken*, Berlin/Boston, 2014, 2판, 439.

하나님은 예수 그리스도라는 구체적인 인물과 역사를 통해 사람을 걱정하고 돌보고 계신다. 하나님은 역사 안에서 활동하시고 인간을 염려하는 분이다. 하나님은 구름 위 하늘에 멀리 있는 신화적인 존재가 아니고, 누구신지 우리가 종잡을 수 없는 오리무중인 분이 아니다. 하나님은 인류 역사와 관계없는 분이 아니다. 예수 그리스도를 믿는 사람은 하나님의 자녀요 상속자다(갈라디아 4,6,7). 하나님은 나 자신과 너무나 가까운 분이고, 나를 지금 염려하고 사랑하신다. 하나님은 역사의 주인이요 내 삶의 주인이시다. 인류 역사와 내 삶은 이제 든든히 의지할 분을 모시게 되었다.

인간은 하나님을 두뇌 속에서 생각만 하는 것이 아니라, 공동체 모임과 삶에서 하나님을 몸으로 느끼고 확인하고 노래한다. 역사의 주인이요 내 삶의 주인이신 하나님 덕택에, 나와 우리는 지금 삶과 죽은 이후 삶도 안심하게 되었다. 예수 그리스도 안에 나타난 하나님을 통해 삶의 문제도 죽음의 문제도 인간은 걱정할 필요가 없다. 바로 이것이 예수운동에 참여한 일부 유다인과 유다인 아닌 사람들이 느꼈던 하나님의 매력이요 바울 신론의 매력 아니었을까.

# 성령

    바울 신학의 특징 중 하나는 예수 그리스도의 부활과 함께 성령이 다시 활동하신다는 확신이다.[1] 고대 사회에서 신이 영의 형태로서 세상 안에 있고 인간과 소통한다는 생각이 널리 퍼져 있었다.[2] 영에 대한 생각과 표현이 유다교에만 있던 것[3]은 아니었다. 그리스철학도 영을 말했다. "우리의 악한 행동과 선한 행동을 지켜보고 감시하는 거룩한 영이 우리 안에 살고 있다."[4] 바울과 예수운동은 영에 대한 유다교와 그리스철학의 생각을 받아들이고 또한 새롭게 바꾸었다.

    믿음과 세례처럼 성령은 예수 그리스도를 믿는 사람에게 고유한 특징이다. 예수 그리스도를 믿고 세례받은 사람은 누구나 성령을 받는다. 바울은 갈라디아 공동체 사람들을 영으로 가득한 사람들(갈라디아 6,1)이라고 불렀다. 그런데 믿음과 세례와 달리, 믿고 세례받은 사람이 성령을 하나님께 받았다(고린토전서 2,12; 갈라디아 3,2; 로마 8,15), 또는 주어졌다(데살로니카전서 4,8; 고린토후서 1,22; 로마 5,5)고 바울은 표현했다. 믿음

---

1 Horn, F.W, *Das Angeld des Geistes*, FRLANT 154, Göttingen 1992, 385-431; Wolter, M, *Paulus. Ein Grundriss seiner Theologie*, Neukirchen 2015, 2판, 152-181.

2 Schnelle, U, *Paulus. Leben und Denken*, Berlin/Boston, 2014, 2판, 526, 주2.

3 Wright, N.T, *Paul and the Faithfulness of God II*, London 2013, 711-727.

4 Seneca, *Ep* 41,2.

과 세례를 하나님께 받았다고 바울이 말하진 않았다. 바울은 성령이 무엇인지 공동체에 설명할 필요를 느끼지 않았다. 예수 그리스도를 믿고 세례받은 사람들의 공동체에 성령이 생생하게 계신다는 확신을 바울은 하고 있었기 때문이다. 바울 공동체에는 성령의 확신이 있었다. 그런 확신이 오늘 그리스도교 공동체에서 크게 사라졌기 때문에, 바울과는 달리 우리는 성령에 대해 자세히 설명해야 한다.5

언제나 하나님에게서 나오는 영πνεῦμα(데살로니카전서 4,8; 고린토전서 1,12; 로마 5,5)은 창조주 하나님이 주시는 생명의 힘이다.6 하나님의 영은 예수 그리스도를 부활시켰다(고린토후서 13,4; 로마 1,3b-4a; 6,4;). 또한 하나님의 영은 부활한 예수 그리스도가 지금 현실에서 새롭게 존재하는 역동적인 방식이다(고린토전서 15,45; 고린토후서 3,17). 예수 그리스도를 믿는 사람은 하나님의 영을 받았다. "여러분의 몸은 여러분이 하나님께로부터 받은 성령이 계시는 성전이라는 것을 모르십니까?"(고린토전서 6,19a) 예수 그리스도를 믿는 사람은 하나님 영의 작용을 통해 죄와 죽음의 힘에서 해방된다(로마 8,9-11).

그리스도와 영은 상응한다. "주님은 곧 성령입니다"(고린토후서 3,17). 그리스도와 영은 아주 가깝기 때문에 바울은 그리스도와 영을 함께 말할 수밖에 없었다. "그러나 그리스도의 성령을 모시지 못한 사람은 그리스도의 사람이 아닙니다"(로마 8,9b). 부활 이후 예수 그리스도는 영으로서 영 안에서 믿는 사람과 연결되어 있다. 하늘로 드높여진 그리스도는 생명의 영으로서πνεῦμα ζῳοποιοῦν(고린토전서 15,47) 믿는 사람에게 영적인

---

5 Wolter, M, *Paulus. Ein Grundriss seiner Theologie,* Neukirchen 2015, 2판, 152.

6 Horn, F.W, "Kyrios und Pneuma bei Paulus", in: Schnelle, U,/Söding, T,/Labahn, M, (Hg.), *Paulinische Christologie* (FS Hübner, H,), Göttingen 2000, 59-75, 59.

몸σῶμα πνευματικόν(고린토전서 15,44)을 주신다. 생명의 영이라는 표현은 신약성서에만 있다.[7] 주님의 영은 믿는 사람의 삶을 움직이고 만들어 준다(필립비 1,19). 드높여진 그리스도와 믿는 사람의 일치는 영 안에서 일치다. "주님과 결합하는 사람은 그분과 하나의 영이 됩니다"(고린토전서 6,17).

하나님의 영을 받은 사람은 지금 구원 안에 있다. 그리스도와 그리스도의 사람은 영 편에 있기 때문에, 죄와 죽음의 영역 안에 있지 않다. 하나님의 영을 받은 사람은 두려움 없이 다가오는 심판을 맞이할 수 있다. "하나님은 우리를 당신의 사람으로 확인해 주셨고, 그것을 보증하는 표로 우리의 마음에 성령을 보내주셨습니다"(고린토후서 1,22; 5,5). 현재도 미래도 영의 구원하는 작용 안에 있기 때문이다.

예수 그리스도를 믿는 사람은 세례에서 성령을 받으면서 그리스도와 일치를 시작한다(고린토전서 6,11; 갈라디아 4,6; 로마 8,14). 하늘에 계신 드높여진 그리스도(고린토후서 11,10; 갈라디아 2,20; 로마 8,10)와 성령(고린토전서 3,16; 로마 8,9.11)은 세례에서 믿는 사람 안에 동시에 활동하신다. 믿는 사람이 그리스도의 영 안에 포함되듯이, 그리스도는 믿는 사람 안에서 영으로서 계신다.[8] 믿는 사람은 성령 덕택에 자기 삶에서 커다란 전환을 맞이한다. 성령의 전환이다. "우리는 세상의 영을 받은 것이 아니라 하나님으로부터 오는 영을 받았습니다"(고린토전서 2,12). 우리는 성령을 따라 사는 사람이다(로마 8,9b).[9]

---

7 Horn, F.W, *Das Angeld des Geistes,* FRLANT 154, Göttingen 1992, 197; Dunn, J.D.G, *The Theology of Paul the Apostle,* Grand Rapids/Cambridge 1998, 261.

8 Schnelle, U, *Gerechtigkeit und Christusgegenwart. Vorpaulinische und paulinische Tauftheologie,* GTA 24, Göttingen 1986, 2판, 120-122; Vollenweider, S, "Der Geist Gottes als Selbst der Glaubenden", ZThK 93 (1996), 163-192, 169-172.

성령을 따라 사는 사람의 행동 근거와 기준이 곧 성령이다(갈라디아 5,25; 고린토전서 5,7; 로마 6,2.12). 그래서 바울은 갈라디아 공동체 사람들에게 묻는다. "여러분은 율법을 지켜서 성령을 받았습니까? 복음을 듣고 믿어서 성령을 받았습니까?"(갈라디아 3,2) 바울은 성령 은사가 인간에게 책임을 요청하지 않는다고 말한 적이 없다.10 하나님께 받은 성령은 믿는 사람에게 책임 있는 행동을 요구한다.

하나님의 영은 현재뿐 아니라 미래를 결정짓는다. 믿는 사람은 육체적인 몸으로 묻히지만, 영적인 몸으로 다시 살아나고(고린토전서 15,44) 영원한 생명을 얻는다(갈라디아 6,8b). 최후 심판에서 성령은 우리를 위해 우리 편에 서서 하나님께 기도드린다(로마 8,26).11 "예수를 죽은 자들 가운데서 다시 살리신 분의 성령께서 여러분 안에 계시면, 그리스도를 죽은 자들 가운데서 다시 살리신 분께서 여러분 안에 살아계신 당신의 성령을 시켜 여러분의 죽을 몸까지도 살려주실 것입니다"(로마 8,11).

성령은 예수 그리스도를 믿는 사람 모두에게 은사를 주시고 또 공동체 안에서 지금 활동하신다. 성령은, 무엇보다도 먼저, 자유를 주신다. "주님의 성령이 계신 곳에는 자유가 있습니다"(고린토후서 3,17b). 그리스도 예수와 함께 생명을 누리게 하는 성령의 법이 인간을 죄와 죽음의 법에서 해방시켜 주었다(로마 8,2). 믿는 사람은 노예가 아니라 자유인으로 산다(갈라디아 4,21-31). "여러분이 받은 성령은 여러분을 다시 노예로 만들어서 공포에 몰아넣으시는 분이 아니라 여러분을 하나님의 자녀로 만들어 주시는 분이십니다. 그래서 우리는 그 성령에 힘입어 하

9 Bultmann, R, *Theologie des Neuen Testaments,* Merk, O. (Hg.), Tübingen, 1984, 9판, 227.
10 Käsemann, E, *An die Römer,* HNT 8a, Tübingen 1980, 4판, 26.
11 Horn, F.W, *Das Angeld des Geistes,* FRLANT 154, Göttingen 1992, 294-297.

나님을 '아빠, 아버지!'라고 부릅니다"(로마 8,15). 믿는 사람은 자유인이 되었을 뿐만 아니라 하나님의 자녀가 되었다. 하나님의 자녀는 또한 하나님의 상속자다. 하나님의 상속자로서 믿는 사람은 고통 속에서도 영광 속에서도 하나님의 상속자다(갈라디아 4,6; 로마 8,17).

사랑의 힘은 예수 그리스도를 믿는 사람의 삶을 규정한다. 성령께서 우리 마음속에 하나님의 사랑을 부어주셨기 때문이다(로마 5,5b). 성령의 열매 중에 첫째는 사랑이다. "이제는 믿음, 희망, 사랑, 이 세 가지가 남아 있습니다. 그러나 그중에 가장 위대한 것은 사랑입니다"(고린토전서 13,13). 인간은 생각하는 존재 이전에 사랑받는 존재다. 인간은 사랑받는 존재다. 나는 하나님께 사랑받는다, 그러므로 나는 존재한다. 나는 다른 사람을 사랑한다, 그러므로 나는 존재한다. 인간은 사랑하는 존재다. 인간에 대한 우선적 사랑이 하나님 뜻이다. 바울은 칭의론의 전도사보다 사랑의 전도사다.

성령의 인도를 받지 않고서는 아무도 예수는 주님이시라고 고백할 수 없다(고린토전서 12,3b).[12] 성령의 첫 열매요 가장 위대한 은사인 사랑은 성령이 실제로 작용하는 기준이다. 성령은 은혜의 힘이고, 은혜는 사랑에서 커진다(로마 12,6). 성령 은사와 사랑은 연결된다. 성령 은사와 사랑은 모두 하나님에게서 시작되었다. 사람마다 하나님께 받는 은혜의 선물은 각각 다르다(고린토전서 7,7). 은혜의 선물은 공동체의 이익에 맞게 써야 한다(고린토전서 14,5).

하나님의 자녀요 상속자인 믿는 사람들은 공동체 빵 나눔에서 예수 그리스도를 십자가에서 처형된 분이요 부활한 분이라고 외친다. 나자

---

12 Pfeiffer, M, *Einweisung in das neue Sein. Neutestamentliche Erwägungen zur Grundlegung der Ethik*, BEvTh 119, Gütersloh 2000, 211-215.

렛 예수가 걸었던 사랑의 길을 믿는 사람은 따라 걷는다. 나자렛 예수가 걸었던 사랑의 길을 우리는 따라 걷는다. 바울이 고린토 공동체에게 결국 말하고 싶었던 것은 바로 그것이었다. 마가복음이 예수가 걸었던 사랑의 길을 따르라고 요청하듯, 바울도 마찬가지로 예수가 걸었던 사랑의 길을 따르라고 요청하였다.

바울은 하나님, 예수 그리스도, 성령의 관계를 어떻게 생각했을까. 바울 편지에 삼위일체를 다루는 듯한 구절은 있다. "우리 주 예수 그리스도의 은총과 하나님의 사랑과 성령께서 이루어 주시는 친교를 여러분 모두가 누리시기를 빕니다"(고린토후서 13,13; 갈라디아 6,18; 필립비 2,1; 필레몬 25).13 바울 편지에서 삼위일체론의 시작은 모든 것이 하나님으로부터 출발하여 하나님께 향한다는 기본 방식이다. 그리스도만 하나님의 아들이며(갈라디아 4,4; 로마 1,3), 구원 주기 위해 우리 죄를 위하여 죽으셨다고 표현되었다(고린토전서 15,3; 고린토후서 5,15; 로마 5,8).

성령은 단독으로 활동하지는 않고, 언제나 예수 그리스도와 함께 예수 그리스도 안에서 움직인다.14 성령은 하나님에게서 왔고 예수 그리스도에게 연결된다. 하나님의 힘으로서 성령은 예수 그리스도를 믿는 사람이 하나님을 "아빠, 아버지!"라고 부르게 하고(로마 8,15), 예수 그리스도에 대한 믿음으로 이끌고", 예수 그리스도를 주님이라 고백하게 한다(고린토전서 12,3). 성령은 믿는 사람이 하나님의 자녀임을 증명해주고(로마 8,16.27), 모든 것을 살피고, 하나님의 깊이까지도 샅샅이 살피신다(고린토전서 2,10). 성령은 하나님의 사랑을 믿는 사람의 가슴에

---

13 Fee, G,D, *God's Empowering Presence. The Holy Spirit in the Letters of Paul*, Peabody 1999, 4판, 829-842.

14 Schlier, H, *Der Brief an die Galater*, KEK VII, Göttingen 1971, 5판, 249.

부어주시고(로마 5,5), 거룩함을 완성한다(고린토전서 6,11; 로마 15,16). 성령은 미래에 우리에게 나타날 영광으로 우리를 변화시킨다(고린토전서 15,44; 로마 8,18). 그리스도는 하나님의 성령을 통해 생명을 주는 영이 된다는 점에서, 성령은 하나님과 그리스도를 향한다.

예수 그리스도를 믿고 세례받은 사람은 누구나 다 성령을 받았다는 체험과 확신이 바울 성령론의 기초였다. 믿고 세례받은 모든 사람이 다 성령을 가졌기 때문에, 공동체 안에서 영의 친교(필립비 2,1)가 이루어진다. 바울은 하나님의 영과 그리스도의 영이라는 표현을 썼는데, 둘 다 같은 영을 가리킨다(로마 8,9-10). 바울 성령론의 특징 중 하나는 바울이 성령을 독자적인 주제로서 따로 다루지 않았다는 사실이다.[15] 성령은 다른 주제와 연결되어 여기저기서 언급되었다. 바울이 위격Persona 개념에 기초하여 존재론 관점에서 삼위일체론을 펼치지는 않았다.[16]

예수 그리스도를 믿고 세례받은 사람은 모두 성령을 받았다. 믿음과 세례처럼, 성령 또한 바울에게 자연스러웠다. 성령이 무엇이며 성령을 공동체에 어떻게 설명해야 하는지 바울은 고민하지 않았다. 예수 그리스도를 믿고 세례받은 사람은 모두 성령을 받았다는 사실과 전제에서 바울은 성령을 언급하면 되었다. 이러한 기본적인 성령 확신이 당시 바울 공동체에 있었다. 그러나 오늘 적지 않은 그리스도교 공동체에서 그런 성령 확신은 사라졌다.[17]

성령 단어는 "당신의 거룩한 영"(이사야 63,11) 표현으로서 구약성서에서 비교적 후대에 나타났다. 모세 오경Torah에 성령 단어는 없었다. 하

---

15 Wolter, M, *Paulus. Ein Grundriss seiner Theologie*, Neukirchen 2015, 2판, 164.

16 Horn, F.W, *Das Angeld des Geistes*, FRLANT 154, Göttingen 1992, 415-417.

17 Wolter, M, *Paulus. Ein Grundriss seiner Theologie*, Neukirchen 2015, 2판, 152.

나님은 거룩하시기 때문에 그분의 영은 거룩하다(지혜서 1,5; 7,22; 9,17). 바람, 숨, 호흡이란 뜻의 영 단어는 신약성서에 흔적이 있지만(요한 3,8a; 데살로니카후서 2,8; 히브리 1,7), 바울 편지에는 아무 역할이 없다.[18]

예수 부활과 함께, 예수 부활 이후 성령이 다시 활동하신다고 바울은 생각했다. 이스라엘 역사에서 오래전에 끊겼던 성령의 역사가 예수 부활과 함께 다시 시작되었다는 뜻이다. 성령은 하나님, 예수 그리스도, 구원, 인간, 윤리, 완세론 등 모든 분야에 존재하신다는 말이 특히 바울 성령론에서 돋보인다. 성령은 그 모든 분야에서 나타나고, 서로 연결하고 종합시킨다.[19]

하나님의 생생함은 성령의 생생함이기도 하다. 하나님이 계신 곳에 성령이 있고, 성령이 있는 곳에 하나님이 계신다. 언제나 하나님으로부터 비롯되는 성령(데살로니카전서 4,8; 고린토전서 1,12; 로마 5,5)은 창조주의 생명을 주시는 힘을 보여준다.[20] 하나님의 성령은 예수 부활을 일으켰고(로마 1,3b-4a) 또한 부활한 예수 그리스도가 생생히 존재하는 방식이다(고린토전서 15,45; 고린토후서 3,17). 예수 그리스도를 믿는 사람은 성령의 활동을 통해 죄와 죽음의 힘에서 해방되었다(로마 8,9-11). 예수 그리스도와 예수 그리스도를 믿는 사람에게 하는 성령의 활동이 지금이 구원의 시대라는 바로 그 표시다.[21]

예수 그리스도는 하나님의 성령에 의해 죽은 사람들 가운데 부활하

---

18 Wolter, M, *Paulus. Ein Grundriss seiner Theologie,* Neukirchen 2015, 2판, 153.

19 Horn, F.W, *Das Angeld des Geistes,* FRLANT 154, Göttingen 1992, 385-431; Dunn, J.D.G, *The Theology of Paul the Apostle,* Grand Rapids/Cambridge 1998, 413-441.

20 Horn, F.W, "Kyrios und Pneuma bei Paulus", in: Schnelle, U,/Söding, T,/Labahn, M, (Hg.), *Paulinische Christologie* (FS Hübner, H,), Göttingen 2000, 59-75, 59.

21 Schnelle, U, *Paulus. Leben und Denken,* Berlin/Boston, 2014, 2판, 527.

였다(로마 1,3b-4a 6,4; 고린토후서 13,4). 생명을 주고 활기 있게 만드는 힘은 주님이신 성령이다. "주님은 그러나 성령이십니다"(고린토후서 3,17). 드높여진 그리스도는 영적 존재πνεῦμα ζωοποιοῦν이다(고린토전서 15,45). 영적 존재라는 단어는 신약성서에만 있다.[22] 드높여진 그리스도가 예수 그리스도를 믿는 사람들의 공동체 안에서 존재하고 활동하는 방식이 곧 성령이다(갈라디아 4,6). 성령과 그리스도의 결합은 아주 가까워서 바울은 성령과 그리스도를 따로 떼어놓고 생각할 수 없다. "그리스도의 성령을 모시지 못한 사람은 그리스도의 사람이 아닙니다"(로마 8,9b).

예수 그리스도를 믿는 사람은 세례 안에서 영적 존재인 그리스도 영역 안에 있다(갈라디아 2,20; 고린토후서 11,10; 로마 8,10). 예수 그리스도를 믿는 사람이 그리스도의 성령 안에 있듯이, 그리스도 또한 믿는 사람 안에 성령으로서 있다. 믿는 사람은 더 이상 자기 자신 안에 살지 않고 성령의 작용 안에 있다(로마 8,5-11).[23] "우리가 받은 성령은 세상이 준 것이 아니라 하나님께서 주신 것입니다. 그래서 우리는 하나님께서 우리에게 주시는 은총의 선물을 깨달아 알게 되었습니다"(고린토전서 2,12). 성령은 새로운 삶의 힘이요 원리다. 성령의 선물을 받고 깨달아 알게 된 사람은 책임 있는 행동을 해야 한다.[24] 그래서 바울은 갈라디아 공동체 사람들에게 이렇게 자신 있게 물었다. "여러분은 율법을 지켜서 성령을 받았습니까? 복음을 듣고 믿어서 성령을 받았습니까?"(갈라디아 3,2).

---

22 Horn, F.W, *Das Angeld des Geistes,* FRLANT 154, Göttingen 1992, 197.

23 Bultmann, R, *Theologie des Neuen Testaments,* Merk, O. (Hg.), Tübingen, 1984, 9판, 227.

24 Käsemann, E, *An die Römer,* HNT 8a, Tübingen 1980, 4판, 26.

성령은 자유를 주셨다. "주님의 성령이 계신 곳에는 자유가 있습니다"(고린토후서 3,17b) 그리스도 예수와 함께 생명을 누리게 하는 성령의 법이 죄와 죽음의 법에서 해방시켜 주었기 때문이다(로마 8,2). 성령을 받은 사람은 자녀요 상속자의 지위를 얻었다. 또다시 불안에 떠는 노예의 영이 아니라 자녀의 신분을 주시는 영을 받았기 때문에, 우리는 이 성령 안에서 "아빠, 아버지!" 하고 외친다(로마 8,15). 하나님의 자녀로서 우리는 영광과 고난을 함께 상속받았다(갈라디아 4,6; 로마 8,17). 또한 우리에게 선사된 성령을 통하여 하나님의 사랑이 우리 마음속에 부어져 있다(로마 5,5b). 성령의 열매 중에 제일은 사랑이다(고린토전서 13,13; 갈라디아 5,22). 성령의 인도를 받지 않고서는 아무도 "예수는 주님이시다" 하고 고백할 수 없다(고린토전서 12,3b).[25]

그리스도가 하나님의 성령을 통해 생명을 주는 영이 되었다는 점에서, 성령은 하나님과 예수 그리스도를 향하고 있다.[26] 그런데 하나님, 예수 그리스도, 성령의 관계를 바울은 어떻게 생각했을까. 바울이 존재 개념과 위격persona 개념으로 고정된 삼위일체론을 펼치지는 않았다.[27]

25 Pfeiffer, M, *Einweisung in das neue Sein. Neutestamentliche Erwägungen zur Grundlegung der Ethik,* BEvTh 119, Gütersloh 2000, 211-215.

26 Schnelle, U, *Paulus. Leben und Denken,* Berlin/Boston, 2014, 2판, 535.

27 Fee, G.D, *God's Empowering Presence. The Holy Spirit in the Letters of Paul,* Peabody 1999, 4판, 829-842; Horn, F.W, *Das Angeld des Geistes,* FRLANT 154, Göttingen 1992, 415-417.

# 구원

## 바울 의화론義化論

고대 그리스·로마 철학과 문화 그리고 유다교에서 법, 정의, 삶은
서로 연결되었다. 바울은 그런 시대를 살았고 호흡했다. 바울 역시 법,
정의, 삶을 깊이 고뇌하고 연구했다. 바울은 의로움 주제를 어떻게 펼쳤
을까. 여기서 칭의론 단어보다 의로움 단어를 쓰는 것이 더 적절하겠다.
바울은 일관된 의로움 단어를 썼던가, 아니면 의로움 단어를 여러 뜻으
로 썼던가. 의로움 신학과 의로움 이론을 구분하는 의견1, 의로움 주제
와 의로움 이론을 구분하는 의견2이 있다. 서로 내용이 얽혀 있어서, 그
런 단어를 서로 정확히 구분하기는 불가능하다.

신약성서에 의로움δικαιοσύνη 명사는 91회, 바울 편지에 49회 나온다.
바울 편지에서 로마서에 34회, 고린토후서 6회, 필립비서 4회, 고린토

---

1 Hübner, H, "Die paulinischen Rechtfertigungstheologie als ökumenisch-hermeneu-
tisches Problem", in; Söding, Th, (Hg.), *Worum geht es in der Rechtfertigungslehre?*, QD
180, Freiburg 1999, 76-105, 86; Schnelle, U, *Paulus. Leben und Denken,* Berlin/Boston,
2014, 2판, 500, 주224.

2 Hahn, F, "Gibt es eine Entwicklung in den Aussagen über die Rechtfertigung bei Paulus?",
EvTh 53 (1993), 342-366, 344.353.

전서에 1회 있다. 데살로니카전서와 필레몬서에는 없다. 하나님의 의로움δικαιοσύνη θεοῦ 표현은 신약성서에 7회 나오는데, 바울 편지에만 있다. 로마서에 5회, 고린토후서와 필립비서에 1회씩 있다. 데살로니카전서, 고린토전서, 갈라디아서, 필레몬서에 그 표현은 없다. 네 복음서 저자들은 하나님의 의로움 표현을 한 번도 쓰지 않았다. 율법νόμος 단어는 신약성서에 195회, 바울 편지에 118회 있다. 갈라디아서에 32회, 로마서에 74회 있다. 죄 단어는 신약성서에 173회 있는데, 바울 편지에 59회 있고, 로마서에만 48회 있다.

바울 의화론은 바울 편지에서만 주로 다룰 수 있다. 바울 편지의 율법과 의화 주제에 아브라함 인용이 많다. 바울 편지에 아브라함은 19회 있는데, 갈라디아서와 로마서에 9회씩 있다. 유다인 아닌 사람에게 예수 그리스도를 전하면서 할례를 주장하던 바울의 반대자들은 "할례를 받지 않은 남자는 내 계약을 깨뜨린 사람이니 겨레에게서 따돌림을 받게 되리라"(창세기 17,14)를 근거로 삼았다. 바울의 아브라함 인용은 반대자들에게 맞서 할례 없는 선교를 주장할 때 아브라함을 인용하였다. 바울의 아브라함 인용은 의화론에서만 언급될 의미가 있다.

의로움, 율법, 죄, 아브라함 인용이 없거나 드물게 나오는 바울의 다른 편지에서 의화론을 다루기3는 곤란하다. 바울 의화론은 갈라디아서, 로마서, 필립비서에서만 논의할 수 있다. 바울의 첫 편지 데살로니카전서에서 의화론은 논의되기 어렵다. 고린토전서와 고린토후서에서 의화론이 논의되었는지 논란되고 있다. 의화론과 연결되는 단어는 나오지만(고린토전서 6,11; 15,56; 고린토후서 5,21), 의화론이 본격적으로 설명되

---

3 Frey, J, "Rechtfertigungstheologie im Ersten Korintherbrief", in: Belezos, C.J, (Hg.), *Saint Paul and Corinth I*, Athen 2009, 549-585.

고 있지 않다.[4]

의화론은 왜 갈라디아서와 로마서에서만 논의되었을까. 공동체와 바울 상황이 그랬다. 바울이 의화 주제를 다른 편지에서도 갈라디아서와 로마서에서처럼 일관되게 다루지는 않았다. 바울 편지에서 의화론은 처음에는 세례 전승(고린토전서 1,30; 고린토후서 1,21; 로마 3,25)과 연결되었다.[5] 예수운동 공동체들이 세례를 하나님 심판을 미리 받는 의화(고린토전서 6,11)로 이해한 전승이 바울 의화론의 전제가 되었다. 예수 그리스도 예수를 믿고 세례받은 사람은 죄에서 죄 없는 상태로 변화되고 그리스도 운명에 참여한다.

세례에서 의화는 바울 신학에서 일관되게 강조되는 변화와 참여와 연결된다.[6] 바울 의화론은 새로운 내용이 아니고, 예수운동 공동체의 세례 전승에 뿌리내리고 있다.[7] 바울이 갈라디아서와 로마서에서 다룬 의화 주제의 핵심 내용은 다른 편지에는 없었다.[8]

바울은 죄와 의로움에 대한 생각에서 이사야 예언서뿐 아니라 시편에서도 영향을 받았다. 하나님은 정의를 사랑하신다. "야훼는 옳고 바른 일을 사랑하시며, 한결같은 그의 사랑은 온 땅에 가득하다"(시편 33,5; 51,14; 71,15). 바울은 자비를 간청하는 죄인의 심정을 모르지 않았다. "내 죄 내가 알고 있사오며, 내 잘못 항상 눈앞에 아른거립니다"(시편

4 Schnelle, U, *Paulus. Leben und Denken,* Berlin/Boston, 2014, 2판, 501.

5 Kertelge, K, *"Rechtfertigung" bei Paulus. Studien zur Struktur und zum Bedeutungsgehalt des paulinischen Rechtfertigungsbegriffs,* NTA 3, Münster 1971, 2판, 228-249; Hahn, F, "Taufe und Rechtfertigung", in: Friedrich, J,/Pöhlmann, W,/Stuhlmacher, P, (Hg.), *Rechtfertigung* (FS Käsemann, E,), Tübingen 1976, 95-124, 104-117.

6 Schnelle, U, *Paulus. Leben und Denken,* Berlin/Boston, 2014, 2판, 503.

7 Luz, U, Art. "Gerechtigkeit", EKL II, 3판, 90-92, 91.

8 Wilckens, U, *Theologie des Neuen Testaments* I/3, Neukirchen 2005, 132.

51,3), "야훼여, 당신께서 사람의 죄를 살피신다면, 감당할 자 누구이리까? 그러나 용서하심이 당신께 있사오니 이에 당신을 경외하리이다"(시편 130,3-4).

바울은 여러 시편에서 영향을 받았다(시편 34,23; 50,6; 72,13; 142,2).[9] 믿음과 의로움이 연결된 창세기 15,6과 하바국 예언서 2,4는 바울 칭의론에 결정적인 영향을 주었다.[10] 하바국 예언서 2,4에 따르면, 믿음에 충실함은 의로움의 표시가 되었다.

16세기 루터의 그리스도교 개혁 이후 의화론은 개신교 신학에서 믿음의 종합적 자기 해석[11]이자 교회가 넘어지느냐 쓰러지느냐articulus stantis et cadentis ecclesiae 결정하는 항목[12]으로 여겨졌다. 그 후 의화론은 구원론의 핵심이 되었다. 의화론은 20세기 말 개신교와 가톨릭의 일치 대화에서 중요하게 논의되었다.[13] 루터 교회와 가톨릭 사이에 의화론의 기본 진리에서 하나의 합의가 이루어졌다(GE 40).

교회일치 대화에서 얻은 성과와 비교하면, 성서학계에서는 바울 신학에서 의화론의 위치와 비중에 대해 다양한 의견이 나타났다. 의화론은 바울 신학을 이끌고 구성하는 중심이라는 의견이 있다. 불트만과 케제만이 대표적이다.[14] 케제만은 의화론이 신약성서 전체의 중심[15]이라

9 Spieckermann, H, Art. "Rechtfertigung", TRE 28, Berlin/New York 1997, 282-286, 284.

10 Oeming, M, "Der Glaube Abrahams, Zur Rezeptions-Geschichte von Gen 15,6 in der Zeit des zweiten Tempels", ZAW 110 (1988), 16-33; Mosis, R, ""Glauben" und "Gerechtigkeit". Zu Gen 15,6", in: Görg, M, (Hg.), *Die Väter Israels,* Stuttgart 1989, 225-257.

11 Härle, W,/Herms, E, *Rechtfertigung. Das Wirklichkeitsverständnis des christlichen Glaubens,* UTB 1016, Göttingen 1979, 10.

12 Sauter, G, Art. "Rechtfertigung IV-VII", TRE 28 (1997), 315-364.

13 Meyer, H, u.a, (Hg.), "Gemeinsame Erklärung zur Rechtfertigung", in: *Dokumente wachsender Übereinstimmung III,* Paderborn/Frankfurt 2003, 419-441.

고 말한다. 바울 신학에서 중심은 의화론이 아니라 그리스도에 참여하고 일치하는 그리스도 신비라는 의견도 있다. 브레데와 슈바이처가 대표적이다. 의화론은 바울이 유다교와 논쟁할 때 언제나 나타나는 전투이론이 더 이상 아니다.[16] 슈바이처는 의화론을 그리스도 안에서 존재의 신비라는 구원론의 주요 분화구 곁에 있는 기생 분화구Nebenkrater라고 비유했다.[17] "예수 그리스도를 믿는 사람이 선행을 해야 하느냐 마느냐 질문은 바울 의화론과는 아무 관계 없다… 의화론은 유다인 아닌 사람에게 복음을 전하는 데 사용되었다. 그런데 의화론이 그리스도교 공동체 내부로 옮겨왔을 때 논쟁이 시작되었다."[18]

브레데와 슈바이처의 생각을 이어받은 바울 새 관점 학파New Perspective on Paul는 1960년대 스텐달[19], 70년대 샌더스[20], 80년대 던[21]을 거쳐 20세기 후반 영어권과 독일어권 신학에 자리 잡았다. 새 관점 학파는 의화론을 바울 신학에 브레데와 슈바이처보다 더 통합시키고 있다.[22] 루터, 불트만, 케제만처럼 의화론을 인간학 안에 놓는 것이 아니라 의화론을

---

14 Bultmann, R, *Theologie des Neuen Testaments,* Merk, O. (Hg.), Tübingen, 1984, 9판, 187; Käsemann, E, *Exegetische Versuche und Besinnungen II,* Göttingen 1970, 3판, 181.

15 Käsemann, E, "Zusammenfassung", in; Ders, (Hg.), *Das Neue Testament als Kanon,* Göttingen 1970, 399-410, 405.

16 Wrede, W, "Paulus" (1904), in: Rengstorf, K.H, (Hg.), *Das Paulusbild in der neueren deutschen Forschung,* WdF 24, Darmstadt 1969, 2판, 1-97, 67.

17 Schweitzer, A, *Die Mystik des Apostels Paulus,* Tübingen 1981(=1930), 220.

18 Wernle, P, *Der Christ und die Sünde bei Paulus,* 1897, Freiburg/Leipzig 1897, 83.

19 Stendahl, K, "The Apostle Paul and the Introspective Conscience of the West", HThR 56 (1963), 199-215.

20 Sanders, E.P, *Paul and the Palestinian Judaism,* London 1977, 3.

21 Dunn, J.D.G, "The New Perspective on Paul", BJRL 65 (1983), 95-122.

22 Wolter, M, *Paulus. Ein Grundriss seiner Theologie,* Neukirchen 2015, 2판, 340.

교회론 안에 놓고 있다. 바울 의화론은 바울이 유다인 아닌 사람에게 예수 그리스도를 전할 때 생긴 신학적 의미와 결과를 반영한다는 것이다. 바울 의화론을 루터 의화론 입장에서 해석하면 바울 의화론이 잘못 이해될 수 있기에, 새 관점 학파는 루터 의화론을 바울 의화론과 구분하자고 제안한다. 바울은 역사적으로나 신학적으로나 루터 관점에서 이해해야만 한다는 케제만 주장[23]과는 다르다. 루터의 양심 고뇌에 대해 바울이 응답한 것은 아니다.[24]

의화론 단어는 바울이 만들지 않았다. 의화론은 바울 해석자들이 바울 편지에서 몇 단어를 꺼내고 연결하여 만든 것이다. 바울 해석자들이 무언가 잘못했다는 말은 아니다. 어떤 기준으로 어떤 단어를 골라 사용했는지 바울 해석자들이 스스로 밝혀야 한다는 뜻이다. 어느 바울 해석자도 의화론을 말할 때 피하지 못하는 단어가 있다. 의로움과 믿음이다. 바울의 일곱 편지에서 의로움과 믿음 단어를 찾기는 어렵지 않다. 의로움 단어는 동사, 형용사, 명사를 모두 합해 79회 있다. 그중 23회는 믿음 단어와 함께 나온다. 의로움과 믿음 단어는 로마서에 15회, 갈라디아서에 7회, 필립비서에 한 차례 같이 나온다.

믿음 단어처럼 의로움 단어에 가까이 있는 단어는 바울에게 없다. 믿음 단어와 연결된 단어는 바울 편지에 94회 있는데, 그중 82회가 의로움 단어로 무려 87%에 이른다. 믿음 단어와 의로움 단어가 연결된 94회의 문장 모두 하나님과 인간의 관계를 다루고 있다. 의로움의 근원이요 주어는 언제나 하나님이고, 인간은 믿음으로 의로움을 받는다. 의로

---

23 Käsemann, E, *Paulinische Perspektiven*, Tübingen 1972, 2판, 61.

24 Stendahl, K, *Paul among Jews and Gentiles and Other Essays,* Philadelphia 1976, 1-77, 12.

움은 하나님에게 있고, 믿음은 인간에게 있다. 하나님은 믿는 인간에게 의로움을 주신다. 이것이 바울 의화론의 핵심 내용이다.

의화론은 신약성서에 공통인 의화론이 아닌, 바울 특유의 의화론이라고 말할 수 있다. 믿음 단어와 의로움 단어가 바울 편지 말고 다른 신약성서에 어떻게 나왔는지 살펴보면, 그 사실을 금방 알 수 있다. "이분으로 말미암아 여러분에게 죄의 용서가 선언됩니다. 여러분이 모세의 율법으로는 의롭게 될 수 없었던 모든 것들로부터 벗어나, 믿는 이는 모두 이분 안에서 의롭게 됩니다"(사도행전 13,38-39)라고 바울이 말한 것처럼 사도행전 저자는 기록했다. 야고보서 저자는 창세기 15,6을 동원하여 "사람은 행함으로 의롭게 되지 믿음만으로는 의롭게 될 수 없다는 것을 여러분은 알아야 합니다"라고 말했다.

야고보서 저자가 바울 의화론과 논쟁하려는 뜻에서 그렇게 말했는지 성서학계에서 논의되고 있다.[25] "노아는 믿음을 통하여 세상을 단죄하고 믿음에서 비롯하는 의로움의 상속자가 되었습니다"(히브리 11,7). 세 곳 말고는 바울 의화론과 연결하여 토론할 곳이 신약성서에 사실상 없다.

다른 신약성서 저자와 비교해 보더라도, 바울 의화론은 바울만의 특징이다. 바울의 로마서보다 조금 뒤에 쓰인 네 복음서는 바울 의화론을 언급조차 하지 않았다. 바울 영향을 받은 바울 학파들이 남긴 편지에서도 바울 의화론은 다루어지지 않았다. 바울 의화론이 신약성서의 핵심이라고 말하기는 어렵다. 또한 바울의 다른 편지와 비교해 보더라도,

---

25 Avemarie, F, "Die Werke des Gesetzes im Spiegel des Jakobusbriefes", ZThK 98 (2001), 282-309, 289; Konradt, M, *Christliche Existenz nach dem Jakobusbrief*, StUNT 22, Göttingen 1998, 241.

바울 의화론은 필립비 3,9를 제외하면 갈라디아서와 로마서만의 특징이다. 그렇다면, 바울은 왜 갈라디아서에서 처음으로 의화론을 꺼냈을까. 바울이 갈라디아서를 쓰게 된 이유를 살펴보는 것이 순서에 맞겠다.[26]

갈라디아 공동체에서 생긴 갈등은 예루살렘 사도회의와 안티오키아 충돌 사건에서 드러난 갈등과 같다. 그래서 바울은 갈라디아서에서 예루살렘 사도회의와 안티오키아 충돌 사건을 자연스럽게 언급했다(갈라디아 2,1-14). 갈라디아 공동체 빵 나눔 모임에 예수 그리스도를 믿는 유다인이 나타났다. 그들은 예수운동이 유다교 내부 그룹 중 하나라고 생각했다. 유다인 아닌 사람이 예수 그리스도를 믿으려면, 예수 그리스도를 믿을 뿐만 아니라 유다인이 되어야 한다는 말이다. 그들 눈에 예수 그리스도를 믿는 유다인과 유다인 아닌 사람이 똑같이 예수운동 사람이라기보다 우선 유다인이고 유다인 아닌 사람이었다.

예수 그리스도를 믿는 사람이라는 공통점보다 유다인이고 유다인 아닌 사람이라는 차이가 그들에게 우선 중요했다. 그들에게 예수 그리스도를 믿는 유다인 아닌 사람은 할례받지 않은 사람이고, 예수 그리스도를 믿는 유다인은 할례받은 사람이다. 즉, 예수 그리스도를 믿는다 하더라도 유다인과 유다인 아닌 사람 사이에 차이가 분명히 있다는 말이다. 남미에 선교하러 간 유럽 사람들과 그들에게 강제로 선교당한 남미 원주민 사이에 예수 그리스도를 믿는 공통점보다 유럽인과 남미 사람이라는 차이가 우선 중요했다.

그러나 바울에게 예수 그리스도를 믿는 유다인과 유다인 아닌 사람

---

26 Wolter, M, *Paulus. Ein Grundriss seiner Theologie*, Neukirchen 2015, 2판, 125.

은 똑같이 새로운 피조물이다. "할례를 받고 안 받는 것이 문제가 아니라 새로운 사람이 되는 것이 중요합니다"(갈라디아 6,15). 예수 그리스도를 믿는 유다인과 유다인 아닌 사람 사이에 차이를 강조하면서 그렇게 유다인의 특권을 유지하려는 유다인에게 바울은 저항하고 있다.

바울은 예수 그리스도를 믿는 유다인과 유다인 아닌 사람 사이에 차이가 아니라 평등을 주장한 것이다. 예수운동에서 예수 그리스도를 믿는 유다인은 1등급 그리스도인이고, 예수 그리스도를 믿는 2등급 그리스도인으로 취급되면 안 된다는 뜻이다. 그리스도교 안에 민족 차별이나 신분 차별은 없다.

할례는 바빌론 유배 이후 유다교의 특징이 되었다. 갈라디아 공동체에서 예수 그리스도를 믿는 유다인은 예수 그리스도를 믿는 유다인 아닌 사람에게 할례를 요구했다(갈라디아 5,2; 6,12). 근거는 창세기 17,10-14이었다.

너희 남자들은 모두 할례를 받아라. 이것이 너와 네 후손과 나 사이에 세운 내 계약으로서 너희가 지켜야 할 일이다. 너희는 포경을 베어 할례를 베풀어야 한다. 이것이 나와 너희 사이에 세운 계약의 표다. 대대로 너희 모든 남자는 난 지 팔 일 만에 할례를 받아야 한다. 네 후손이 아닌, 네 집에서 난 씨종이나 외국인에게서 돈 주고 산 종이라도 할례를 받아야 한다. 네 집에서 난 씨종이나 돈 주고 산 종도 반드시 할례를 받아야 한다. 그러면 내 계약이 영원한 계약으로서 너희 몸에 새겨질 것이다. 포경을 베어 할례를 받지 않은 남자는 내 계약을 깨뜨린 사람이니 겨레에게서 따돌림을 받게 되리라(창세기 17,10-14).

예수 그리스도를 믿는 유다인 아닌 사람에게 할례를 요구했던 동족 유다인에 맞서, 바울은 그들처럼 창세기와 아브라함 전승을 인용하며 다른 주장을 내놓았다. 그들이 창세기 17,10-14를 인용했다면, 바울은 창세기 15,6; 12,3; 18,18을 인용하였다.

성서에도 기록되어 있듯이 아브라함은 하나님을 믿었고 하나님께서는 그의 믿음을 보시고 그를 올바른 사람으로 인정해 주셨습니다. 그러므로 여러분은 믿음으로 사는 사람만이 아브라함의 참 자손이 된다는 것을 알아야 합니다. 하나님께서는 이방인들도 믿기만 하면 당신과 올바른 관계를 가지게 해주시리라는 것을 성서는 미리 내다보았습니다. 그래서 성서는 아브라함에게 "너로 말미암아 만백성이 복을 받으리라"는 복음을 미리 전해 주었던 것입니다. 그러므로 믿음으로 사는 사람들은 믿음의 사람 아브라함과 함께 복을 누리는 사람입니다(갈라디아 3,6-9).

유다인 아닌 사람도 아브라함의 자손에 포함된다는 논리를 바울은 "너에게 복을 비는 사람에게는 내가 복을 내릴 것"(창세기 12,3)과 "세상 민족들은 아브라함의 이름을 부르며 서로 복을 빌 것"(창세기 18,18), "세상 만민이 네 후손의 덕을 입을 것"(창세기 22,18)에서 끌어냈다. 갈라디아 공동체 위기는 유다인 아닌 사람에 대한 아브라함 의미를 두고 바울과 반대자들이 벌인 논쟁에서 드러난다. 아브라함이 할례를 받았기 때문에 유다인 아닌 사람에게 의미가 있느냐(바울 반대자), 아브라함이 믿음으로 의롭다고 선언 받았느냐(바울) 두 해석이 대결한 것이다.

구약성서에서 처음으로 창세기 15,6에 믿음 단어가 나온다. 아브라함은 인류 역사에서 처음으로 하나님을 믿는 사람이라고 소개된 것이다. 바울 의화론은 예수운동의 세례나 구원론에서 처음으로 논의된 것이 아니라 바울이 믿음과 의로움 관계를 창세기 15,6에서 발견했기 때문이다.[27] 그런데 바울은 믿음과 의로움 관계를 나타내기 위해 하바국 예언서 2,4를 갈라디아 3,11과 로마 1,17에서 인용했다. 구약성서 그리스어 번역본에 있는 "의로운 사람은 하나님의 충실함으로써ἐκ πίστεώς μου 살리라"(하바국 2,4) 구절을 바울은 "의로운 사람은 자신의 믿음으로써 살리라"로 바꾸었다.

믿는 사람을 의롭게 하는 믿음은 바울에게 지금(로마 3,26), 그리스도 믿음(갈라디아 2,16; 로마 3,22; 필립비 3,9)이다. 아브라함의 믿음은 그리스도 믿음을 향하지 않았기 때문에, 바울은 사람을 의롭게 하는 믿음을 그리스도 믿음이라고 정확히 말해야 했다. 그래서 바울은 아브라함을 생각하며, "경건하지 않은 자를 의롭게 하시는 분을 믿는 이는 그의 신앙이 의로움으로 인정됩니다"(로마 4,5)라고 덧붙였다.

아브라함은 죽은 자들을 살리시고, 없는 것을 있는 것으로 만드시는 하나님을 믿었다(로마 4,17). 바울은 아브라함의 믿음과 예수운동 사람들의 그리스도 믿음을 연결하기 위해 "우리는 우리 주 예수를 죽은 자들 가운데서 일으키신 분을 믿고 있기 때문입니다"(로마 4,24b; 데살로니카전서 1,8)라고 말했다. 아브라함이 믿은 하나님은 예수운동 사람들이 믿는 하나님과 같은 분이시다.

믿음으로 의로움을 얻는다고 말할 때마다 바울은 율법에 대해 말한다. 바꾸어 말하면, 바울은 율법에 대해 말할 때마다 믿음으로 의로움을 얻는다고 말한다. 신약성서에 율법νόμος 단어는 195회 나오는데, 바울

---

27 Wolter, M, *Paulus. Ein Grundriss seiner Theologie*, Neukirchen 2015, 2판, 348.

편지에 118회 있다. 로마서에 74회, 갈라디아서에 32회, 필립비서에 3회 등 110회 있다. 바울은 율법을 사실상 로마서와 갈라디아서에만 다룬다. 바울이 율법을 네 가지 뜻으로 사용한 듯하다.[28] 바울은 율법 단어를 한 가지 뜻으로 일관되게 쓰지는 않았다는 말이다.

율법은, 대부분 경우에, 토라와 그에 따른 실천 규정을 가리켰다. 율법은 율법의 행업ἔργων νόμου(갈라디아 2,16; 로마 3,20.28), 행업行業ἔργων(로마 9,32; 11,60)과 같은 말로 쓰였다. 율법의 행업이 토라를 지키기 위해 실천하는 행동을 가리키는지, 실천해야 할 규정을 가리키는지 분명히 말하기는 어렵다.[29] 둘 중 하나만 해당될 수도 있고, 둘 다 적용될 수도 있다.[30]

율법의 행업은 토라를 실천하는 행동과 실천해야 할 규정을 둘 다 가리킨다. 또한 이 율법은 율법 규정뿐 아니라 율법 실천을 가리킨다(요한 7,19b; 갈라디아 5,3; 로마 2,25). 율법은 창조에서 모세 죽음까지 역사를 기록한 구약성서의 첫 다섯 권인 창세기, 출애굽기, 레위기, 민수기, 신명기 등 모세 오경(갈라디아 4,21c; 로마 3,21b; 3,31b)을 가리키기도 한다. 또한 일반적 의미에서 법률(갈라디아 5,23; 로마 4,15b; 7,1b)을 가리킬 때도 있다. 마지막으로, 율법은 거의 강제되는 규칙(로마 7,21a.23.25c) 뜻이 있다.

바울이 모든 종류의 실천을 거절했다[31]고 말하면 안 된다. 바울이 일

---

28 Wolter, M, *Paulus. Ein Grundriss seiner Theologie*, Neukirchen 2015, 2판, 351.

29 Hofius, O, *Exegetische Studien*, WUNT 223, Tübingen 2008, 49-94.

30 Bachmann, M, "Keil, oder Mikroskop? Zur jüngeren Diskussion um den Ausdruck "'Werke' des Gesetzes"", in: Ders, (Hg.), *Lutherische und Neue Paulusperspektive*, WUNT 182, 2005, 69-134, 73.

31 Schweitzer, A, *Die Mystik des Apostels Paulus*, Tübingen 1954, 2판, 220.

반적 의미에서 법률을 거절했다고 보기는 어렵다. 오히려 법률에 대한 긍정적인 평가를 바울에게서 볼 수 있다.[32] 바울이 율법을 종교의식과 윤리로 나누고 할례나 안식일이나 유다교 축제 같은 종교의식은 거절하였지만, 윤리는 받아들였다[33]고 보아도 좋을까. 율법을 종교의식과 윤리로 나누는 사례는 2세기 중반에 처음 시작되었고,[34] 바울 공동체에서 유다인 아닌 사람들이 바울을 통해 율법의 윤리를 교육받지도 않았다.

바울의 율법 논의는 선행을 해야 하느냐 주제와는 아무 관계 없다.[35] 바울 공동체에서 유다인 아닌 사람들은 선행하라는 가르침을 예수운동에 참여하기 전에 이미 알고 있었다. 선행은 유다교나 그리스도교나 불교나 이슬람이나 어느 종교나 다 해야 한다. 종교 없는 사람이나 무신론자나 누구나 다 해야 한다. 선행은 바울의 율법 문제와 관계없이 누구나 해야 한다. 바울의 율법 문제를 후대에 개신교와 가톨릭 사이에 생기는 문제와 연결하거나 적용하면 안 된다.

바울에게 율법 문제는 언제나 이스라엘 문제와 연결되어 있다(고린토전서 9,20-21; 로마 2,17; 9,4). 이 특징이 오늘날 그리스도교에서 자주 잊히고 있다. 이 사실을 망각한다면 바울의 율법 논의는 허공에 뜨게 된

---

32 Haacker, K, "Der "Antinomismus" des Paulus im Kontext antiker Gesetzestheorie", in: Lichtenberger, H, (Hg.), *Geschichte - Tradition - Reflexion III* (FS Hengel, M,), Tübingen 1996, 387-404, 387.

33 Schnelle, U, *Paulus. Leben und Denken,* Berlin/Boston, 2014, 2판, 587; Schnelle, U, "Paulus und das Gesetz", in: Becker, E.-M,/Pilhofer, P, (Hg.), *Biographie und Persönlichkeit des Paulus,* WUNT 187, Tübingen 2005, 245-270, 260.

34 Wolter, M., *Theologie und Ethos im frühen Christentum: Studien zu Jesus, Paulus und Lukas,* WUNT 236, Tübingen 2017, 453-470.

35 Wolter, M, *Paulus. Ein Grundriss seiner Theologie,* Neukirchen 2015, 2판, 354.

다. 율법에 따라 살지 않는 유다인 아닌 사람들이 바울 공동체에 참여했을 때, 그들은 아브라함과 하나님 백성 역사에 어떻게 연결되느냐 다루면서(갈라디아 3,10-29; 4,21-31; 로마 4,13-17) 율법 문제는 이스라엘 문제와 이어지게 되었다. 유다인 아닌 사람들은 율법이 아니라 예수에 대한 믿음으로써 하나님 백성 역사에 연결된다고 바울은 주장한다.

율법은 아브라함이 하나님께 받은 약속과 관계없다고 바울은 논의를 시작한다. 율법은 아브라함이 약속을 받은 지 430년 뒤에 생겼다(갈라디아 3,17). 믿음처럼 율법은 축복을 주지도 않고(갈라디아 3,9), 오히려 저주를 준다(갈라디아 3,10). 율법을 지키려는 유다인의 노력이 저주를 가져온다는 말36은 아니다. 율법과 축복은 서로를 배제(갈라디아 3,18; 로마 4,14)할 뿐만 아니라, 율법은 축복보다 가치가 낮다(갈라디아 3,16-19c). 아브라함과 그 후손은 상속을 율법을 통해 받지도 않았다(갈라디아 3,18; 로마 4,13; 창세기 21,10). 바울은 아브라함의 여자 노예 하갈의 몸에서 난 아들이 율법의 노예라고 비유하기도 했다(갈라디아 4,22-25).

그렇다면 율법은 무엇을 위한 것이었나(갈라디아 3,19a). 율법은 약속을 부여받은 후손이 오실 때까지 범법 때문에παραβάσεων χάριν 곁들여진 것이다(갈라디아 3,19b). 율법이 있었기 때문에 죄는 율법을 통해 아담의 죄처럼 범법이라는 모습으로 자신을 드러냈다(로마 4,15; 5,13-14).

바울은 율법이 죄를 막기 위한 역할을 한다고 보았다. 그래서 율법은 거룩하며, 계명 역시 거룩하고 의롭고 선한 것이다(로마 7,12). 율법은 모세부터 그리스도가 오실 때까지 우리의 교사였으니, 그것은 우리가

---

36 Klein, G, "Sündenverständnis und theologia crucis bei Paulus", in: Andresen, C,/Klein, G, (Hg.), *Theologia Crucis - Signum Crucis* (FS Dinkler, E,), Tübingen 1979, 249-282, 270.

믿음으로 의롭게 되기 위함이었다(갈라디아 3,24). 흔히 노예들은 7살에서 성인이 될 때까지 어린이 교육을 맡았다. 바울은 그래서 율법을 노예, 즉 교사로 비유했다. 어린이가 성인이 되면, 노예 즉 교사의 역할은 끝난다. 예수 그리스도가 오시고, 예수 그리스도에 대한 믿음이 생겼으니, 율법은 더 이상 교사 역할을 할 필요가 없다는 설명이다.

바울 생각에 예수 그리스도를 받아들이지 않았던 유다인의 가장 큰 잘못은 무엇일까. 예수 그리스도가 왔는데도 그들은 여전히 구원을 믿음이 아니라 율법에 매달리고 있다는 것이다. 의로움을 찾지 않았던 유다인 아닌 사람들은 믿음으로 의로움을 받았는데(로마 9,30), 이스라엘은 의로움의 율법을 추구하였는데도 믿음으로가 아니라 행업으로 이룰 수 있다고 생각했기 때문에 이르지 못했다(로마 9,31-32).

예수 그리스도가 오기 전에 유다교가 율법에 대해 무엇인가 잘못했다는 말이 아니다. 유다교가 율법에 충실하려는 노력을 바울이 비판한 것은 아니다. 유다교는 예수 그리스도가 온 뒤에도 예수 그리스도를 받아들이지 않았다는 말이다. 예수 그리스도를 받아들인 유다인 아닌 사람은 달리기 경주에서 결승선을 통과했는데, 예수 그리스도를 받아들이지 않은 유다인은 돌에 걸려 부딪쳤다(로마 9,32). 바울은 달리기 경주에 참여한 두 종류의 사람, 즉 예수 그리스도를 받아들인 유다인 아닌 사람과 받아들이지 않은 유다인만 서로 비교했을 뿐이다. 다른 경주에 참여한 사람, 즉 불교, 유교를 바울은 모른다.

Τέλος γὰρ νόμου Χριστὸς εἰς δικαιοσύνην παντὶ τῷ πιστεύοντι(로마 10,4)를 어떻게 번역해야 좋을까. 예나 지금이나 로마 10,4는 번역부터 논란되고 있다. Τέλος 단어를 어떻게 번역해야 적절할까. 성서학자들은 사전에서 뜻과 용례를 찾아보고 결정하면 안 된다는 의견이 일치

하고 있다.37 Τέλος γὰρ νόμου Χριστὸς 번역38에 네 가지 제안이 있다.39

첫째, 그리스도는 율법의 완성이다. 고대에 테르툴리아누스[Tertullian40]와 오리게네스[Origenes41], 그리스도교 개혁시대의 루터[Luther42]와 칼뱅[Calvin43]이 그렇게 주장하였고 최근에도 동조자는 있다.44

둘째, 그리스도는 율법의 목표다. 첫 번째 의견과 가깝게 연결된다. 율법의 완성에서 율법의 목표를 볼 수 있기 때문이다. 칼뱅[Calvin45]이 지지한 이 의견을 지지하는 학자들이 최근에 늘어났다.46 로마 9,30-10,21

---

37 Haacker, K., ""Ende des Gesetzes" und kein Ende? Zur Diskussion über τέλος νόμου in Röm 10,4", in: *Ja und Nein. Christliche Theologie im Angesicht Israels.* (FS Schrage, W), Neukirchen-Vluyn 1998, pp.127-138, p.132.

38 Despotis, A, *Die "New Perspective on Paul" und die griechisch-orthodoxe Paulusinterpretation,* VIOT 11, Sankt Ottilien 2014, pp.334-338; Irons, Ch.L, "The Object of the Law is Realized in Christ: Romans 10:4 and Paul's Justification Teaching", JStPL 6 (2016), pp.33-54.

39 Wolter, M., *Der Brief an die Römer:* Teilband 2: Röm 9-16, EKK, Neukirchen-Vluyn 2019, p.108.

40 *Adv. Marc.* 5,14,7.

41 *Comm. in Rom* 8,2.

42 *WA* 56,99,5-6.

43 215,24-26.

44 Kundert, L, "Christus als Inkorporation der Tora. τέλος γὰρ νόμου Χριστὸς Röm 10,4 vor dem Hintergrund einer erstaunlichen rabbinischen Argumentation", ThZ 55 (1999), 76-89; Oegema, G.S, "Versöhnung ohne Vollendung? Römer 10,4 und die Tora der messianischen Zeit", in: Avemarie, F./Lichtenberger, H, (Hg.), *Bund und Tora,* WUNT 92, Tübingen 1996, 229-261.

45 215,33-35; 216,9-11.

46 Haacker, K., ""Ende des Gesetzes" und kein Ende? Zur Diskussion über τέλος νόμου in Röm 10,4", in: *Ja und Nein. Christliche Theologie im Angesicht Israels.* (FS Schrage, W), Neukirchen-Vluyn 1998, 127-138; Theissen, G,/v. Gemünden, *Der Römerbrief. Rechenschaft eines Reformators,* Göttingen 2016, 333.

을 전체적으로 보고 해석한다면, 이 의견이 적절하다.[47]

셋째, 그리스도는 율법의 끝이다. 구원의 길로서 율법이 그리스도에 의해 극복되었다[48] 또는 토라의 역할이 그리스도에 의해 끝장났다.[49] 이 의견은 바울의 회개와 연결되어 자주 설명되었다.[50] 율법의 끝은 예수 그리스도를 믿고 사는 사람에게만 해당한다[51]는 사실이 중요하다. 예수 그리스도를 믿지 않는 유다인은 여전히 율법을 구원의 길로 믿고 살고 있으며, 그들에게 율법의 역할은 없어지지 않았다.[52]

넷째, 그리스도는 율법의 완성이고 목표이고 끝이다. 처음 세 의견을 모두 포함하는 의견이다. 로마 9,31-32처럼 목표 지점을 통과하면 달리기는 끝난다.[53]

Τέλος 단어로써 바울은 무슨 말을 하고 싶었을까. 율법과 그리스도의 연결을 강조하려 했을까 단절을 강조하려 했을까.[54] 예수 그리스도

47 Burchard, Ch, *Studien zur Theologie, Sprache und Umwelt des Neuen Testaments,* WUNT 107, Tübingen 1998, p.257; Theobald, M, *Studien zum Römerbrief,* WUNT 136, Tübingen 2001, 218.

48 Bultmann, R., "Christus des Gesetzes Ende", in: ders., *Glauben und Verstehen II,* 1968, 5판, 32-58, 48; Käsemann, E., *An die Römer,* HNT 8, Tübingen 1974, 2판, 273.

49 Hofius, O., *Paulusstudien I,* WUNT 51, Tübingen 1994, 64; Wilckens, U., *Der Brief an die Römer,* EKK, Bd 6/2, Zürich/ Neukirchen-Vluyn 1980, 222.

50 Stuhlmacher, P., *Versöhnung, Gesetz und Gerechtigkeit. Aufsätze zur biblischen Theologie,* Göttingen 1981, p.182; Theissen, G, Röm 9-11 - Eine Auseinandersetzung des Paulus mit Israel und mit sich selbst, in: *Fair Play.* (FS Räisänen, H), NT.S 103, Leiden u.a. 2002, 311-341, 317.

51 Bultmann, R., "Christus des Gesetzes Ende", in: ders., *Glauben und Verstehen II,* 1968, 5판, 32-58, 48.

52 Hofius, O., *Paulusstudien* I, WUNT 51, Tübingen 1994, 65.

53 Dunn, J. D. G., *Romans* II, WBC 38B, Dallas 1988, 589; Jolivet, I, "Christ the τέλος in Romans 10:4 as both Fulfillment and Termination of the Law", RestQ 51 (2009), 13-30.

54 Gignac, A, "Le Christ, τέλος de la loi (Rm 10,4)", ScE 46 (1994), 55-81, 57.

사건에서 드러난 하나님 의로움을 일부 유다인은 알아차리지 못했고, 예수 그리스도를 믿지 않았고, 의로움에 이르지 못했다(로마 9,30-10,3). 바울은 그 현실이 안타까울 뿐이다. 바울은 율법 역할이 끝장났다고 말하려는 것은 전혀 아니었고, 율법이 예수 그리스도와 연결되고 완성되었다고 말하고 싶었다. 율법과 예수 그리스도는 단절이 아니라 연속이다. 만일 이스라엘이 의로움의 율법을 믿음에서(로마 9,32), 바른 지식에서(로마 10,2) 달렸다면, 목표에 이르렀을 것이다.

로마 10,4에서 주어와 술어는 무엇일까. 대부분 성경번역과 주석서에서 그리스도Χριστὸς는 주어로, 율법의 목표요 끝τέλος νόμου은 술어로 여겼다.[55] 그런데 율법의 목표요 끝τέλος νόμου을 주어로, 그리스도Χριστὸς를 술어로 보자는 의견이 있었다.[56] 율법의 목표요 끝τέλος νόμου이 주제고, 그리스도Χριστὸς는 해설이라는 이유에서다. 이 제안을 지지하는 의견[57]이 반대하는 의견[58]보다 강하다.

로마 10,4에서 무엇이 주어고 무엇이 술어냐 문제는 τέλος를 어떻게 번역하느냐 문제와 관계없다. 로마 10,4에서 명사 τέλος 앞에 관사가 없다는 것과 단어들의 위치 또한 무엇이 주어고 무엇이 술어냐 문제에 아무런 영향을 끼치지 못한다.[59]

---

55 Cranfield, C. E. B., *Romans* II, ICC, Edinburgh 2004(=1975), 515.

56 Burchard, Ch, *Studien zur Theologie, Sprache und Umwelt des Neuen Testaments,* WUNT 107, Tübingen 1998, 254-262.

57 Avemarie, F, "Israels rätselhafter Ungehorsam. Römer 10 als Anatomie eines von Gott provozierten Unglaubens", in: Wilk, F./Wagner, J.R, (ed.), *Between Gospel and Election. Explorations in the Interpretation of Romans 9-11,* WUNT 257, Tübingen 2010, 299-320, 309; Haacker, K., *Der Brief des Paulus an die Römer,* ThHK 6, Leipzig 2012, 4판, 248.

58 Hofius, O., "Zu Römer 10,4: τέλος γὰρ νόμου Χριστὸς", in: ders., *Exegetische Studien,* WUNT 223, Tübingen 2008, 95-101.

59 Hofius, O., "Zu Römer 10,4: τέλος γὰρ νόμου Χριστὸς", in: ders., *Exegetische Studien,*

결정적인 질문은 이렇다. 바울은 그리스도를 통해 율법의 목표요 끝τέλος을 설명하려 했는가, 아니면 율법의 목표요 끝τέλος을 통해 그리스도를 설명하려 했는가. 로마 10,4는 그리스도에 대한 문장인가, 아니면 목표요 끝τέλος에 관련된 율법에 대한 문장인가.[60] 로마 9,30-10,3이 예수 그리스도를 믿지 않는 유다인이 하나님 의로움에 이르는데 실패했다고 말한 것으로 보면, 율법의 목표요 끝τέλος νόμου은 주어요 그리스도Χριστός는 술어로 보는 편이 적절하다.[61]

율법의 목표요 끝τέλος νόμου은 주어요 그리스도Χριστός는 술어로 보는 나는 로마 10,4a를 이렇게 번역하고 싶다. "율법의 목표요 끝은 그리스도입니다"(로마 10,4a). 우리말 번역 성경을 보자. "그리스도께서 나타나심으로 율법은 끝이 났고 그를 믿는 사람은 누구든지 하나님과 올바른 관계를 가지게 되었습니다"(공동번역). "그리스도께서 율법의 끝마침이 되시어 믿는 모든 이에게 의로움이 되어 주셨기 때문입니다"(200주년 기념성서). "그리스도는 모든 믿는 자에게 의를 이루기 위하여 율법의 마침이 되시니라"(개역개정). 그리스도Χριστός는 주어로, 율법의 목표요 끝τέλος νόμου은 술어로 보는 번역들이다.

유다인은 하나님 의로움에 이르는 길이라고 배웠던 길을 꾸준히 걸었지만, 결국 도달하지 못했다. 유다인 아닌 사람은 하나님 의로움에 이르는 길이라고 생각하지도 않았고 찾지도 않았는데, 걷다 보니 어느

---

WUNT 223, Tübingen 2008, 95-101, 99; Wolter, M., *Der Brief an die Römer*: Teilband 2: Röm 9-16, EKK, Neukirchen-Vluyn 2019, 111, 주 79.

60 Burchard, Ch, *Studien zur Theologie, Sprache und Umwelt des Neuen Testaments*, WUNT 107, Tübingen 1998, 254-262, 255.

61 Wolter, M., *Der Brief an die Römer*: Teilband 2: Röm 9-16, EKK, Neukirchen-Vluyn 2019, 112.

덧 하나님 의로움에 이르게 되었다. 두 갈래 길에서 차이는 예수 그리스도라는 돌을 만나는 일이다. 그 돌을 무시하느냐 존중하느냐가 하나님 의로움에 이르느냐 마느냐 결정한다. 믿는 사람은 누구나 구원을 받지만, 믿는 사람만 구원받는다.[62] 바울이 이스라엘의 잘못이라고 길게 설명한 것을 한마디로 요약한다면, "유다교는 그리스도교가 아니기 때문이다."[63]

바울은 율법에 의한 의로움에서 흠잡을 데 없었다고(필립비 3,6b) 고백했다. 그러나 다마스쿠스 체험(갈라디아 1,11-24) 이후 바울은 그리스도를 알기 전의 자기 삶이 덧없음을 깨달았다(필립비 3,7-9). "우리야말로 진정한 할례를 받은 사람들입니다"(필립비 3,3b). 예수 믿지 않는 유다인은 가짜 할례κατατομή(필립비 3,2)를, 예수 믿는 유다인은 진짜 할례περιτομή(필립비 3,3b)를 받은 사람이라는 것이다. 예수 믿는 사람들이 진정한 이스라엘 사람이라고 바울은 생각했다. 단어 κατατομ는 진짜 할례περιτομή보다 못한 할례를 가리킨다. 그래서 바울은 "율법에 의거하는 의로움이 아니라, 그리스도를 믿음으로 얻는 의로움, 곧 믿음으로 말미암아 하나님에게서 오는 의로움을 지니게 됩니다"(필립비 3,9)라고 말했다.

## 세례

하나님의 구원 활동이 예수 그리스도 안에서 나타나기 때문에, 바울 편지 전체에 구원 사상이 깔려 있다.[64] 예수 그리스도를 믿는 사람은

---

62 Wolter, M., *Der Brief an die Römer. Teilband 1: Röm 1-8*, EKK, Neukirchen-Vluyn 2014, 117, 271.

63 Sanders, E.P., *Paul and Palestinian Judaism*, London 1977, 552.

세례 안에서 성령 은사를 통해 예수 그리스도의 죽음과 부활로 생긴 구원에 지금 참여하고 있다. 믿는 사람은 구원의 완성을 아직 더 기다려야 하지만 지금 구원을 체험한다는 사실을 바울은 외면하지 않고 강조한다.[65] "지금이 바로 그 자비의 때이며 오늘이 바로 구원의 날입니다"(고린토후서 6,2b). 믿고 세례받은 사람은 예수 그리스도를 통한 구원에 참여하는 존재다. 세례받은 사람은 그리스도에 참여하는 존재다. 참여하는 존재로서 특징을 바울은 그리스도와 함께, 그리스도 안에서 두 단어로 표현했다.

그리스도와 함께σὺν Χριστῷ(데살로니카전서 4,14; 고린토후서 13,4; 로마 6,8)는 구원과 그리스도 공동체에 참여함을 나타낸다. 세례 안에서 그리스도 안에 새로운 인간 존재의 모습이 드러나고 실현된다.[66] 세례에서 예수 죽음과 또한 예수 부활의 힘이 드러난다. 세례 자체가 곧 구원은 아니지만, 세례는 구원과 연결된다.[67] 부활의 힘은 빵 나눔뿐 아니라 세례받은 사람의 일상생활에서도 작용한다. "세례를 받아 그리스도 안으로 들어간 여러분은 모두 그리스도를 옷 입듯이 입었습니다"(갈라디아 3,27).

그리스도 안에서ἐν Χριστῷ 표현은 세례받은 사람의 새로운 삶을 가리킨다. 바울이 그 표현을 처음 만든 것은 아니지만(고린토전서 1,30; 갈라디

---

64 Dunn, J.D.G, *The Theology of Paul the Apostle*, Grand Rapids/Cambridge 1998, 461-498.

65 Strecker, G, *Die liminale Theologie des Paulus*, FRLANT 185, Göttingen 1999, 245.

66 Theissen, G, "Die urchristliche Taufe und die soziale Konstruktion des neuen Menschen", in: Assmann, J,/Stroumsa, G.G, (Hg.), *Transformation of the Inner Self in Ancient Religions*, SHR 83, Leiden 1999, 87-114, 107.

67 Schnelle, U, *Gerechtigkeit und Christusgegenwart. Vorpaulinische und paulinische Tauftheologie*, GTA 24, Göttingen 1986, 2판, 11-32.

아 3,26-28), 바울 신학에서 일관되게 쓰였다.[68] 바울 편지에 ἐν Χριστῷ [Ἰησοῦ] 단어는 64회 나온다.[69] 존재, 공간 개념을 둘 다 가지고 있는데,[70] 세례받은 사람의 개인적인 삶뿐만 아니라 공동체 안에서 삶을 가리키기도 한다.[71] 하나님과 관계(갈라디아 3,27)는 공동체 안에서 삶과 함께 성숙한다(갈라디아 3,28; 고린토전서 12,13).

세례받은 사람은 자신의 삶을 새로운 눈으로 볼 뿐만 아니라 시간을 대하는 태도 역시 크게 달라진다. 그리스도는 죽은 자들 가운데 다시 살아나 죽었다가 부활한 첫 사람이 되셨으니(고린토전서 15,20; 로마 3,21), 세상의 종말을 눈앞에 둔 것처럼 생각한다(고린토전서 10,11c). 믿고 세례받은 사람은 지금ⁿᵘⁿ 그리스도의 피로써 하나님과 올바른 관계를 얻었고(로마 5,9), 지금ⁿᵘⁿ 하나님을 섬기는 기쁨을 누리게 되었다(로마 5,11). 지금ⁿᵘⁿ 우리가 처음 믿던 때보다 우리의 구원이 더 가까이 다가왔다(로마 13,11b).

은혜, 은총χάρις 단어는 신약성서에 155회, 바울 편지에 63회 있다. 주로 단수 명사로 나온다. 은총은 죄와 죽음의 힘을 이긴다.[72] "죄가 죽음을 통하여 지배하였듯이, 은총도 의로움을 통하여 우리 주 예수 그리

---

68 Gnilka, J, *Paulus vor Tarsus. Zeuge und Apostel,* HThK. S 6, Freiburg 1996, 255-260; Strecker, Chr, Die *liminale Theologie des Paulus,* FRLANT 185, Göttingen 1999, 189-211.

69 Klehn, L, "Die Verwendung von ἐν Χριστῷ bei Paulus", BZ 74 (1994), 66-79, 68.

70 Umbach, H, *In Christus getauft - von der Sünde befreit. Die Gemeinde als sündenfreier Raum bei Paulus,* FRLANT 181, Göttingen 1999, 220.

71 Hübner, H, "Die paulinischen Rechtfertigungstheologie als ökumenisch-hermeneutisches Problem", in; Söding, Th, (Hg.), *Worum geht es in der Rechtfertigungslehre?,* QD 180, Freiburg 1999, 76-105, 91.

72 Bultmann, R, *Theologie des Neuen Testaments,* Merk, O. (Hg.), Tübingen, 1984, 9판, 281-285.287-291; Dunn, J.D.G, *The Theology of Paul the Apostle,* Grand Rapids/Cambridge 1998, 319-323.

스도로 말미암아 영원한 생명에 이르기까지 지배하려는 것입니다"(로마 5,21). 믿고 세례받은 사람들에게 성령이 주어져(고린토전서 2,12), 그들은 성령의 은총으로 새로운 시간을 알아차린다. 예수 그리스도를 통해 하나님과 화해가 의로움과 은총이라는 선물 안에서 이루어진다(고린토후서 5,18-6,2; 로마 5,1-11).

은총뿐 아니라 구원은 바울에게 새로운 시대를 가리키는 중요한 단어다. 로마 황제는 세상의 구원자라는 뜻에서, 구원 단어는 원래 정치적 종교적 용어로 쓰였다.[73] 예수운동과 경쟁하던 여러 종교에서도 구원 단어는 중심에 있었다.[74] 불투명한 생존 가능성과 운명에 부닥친 고대 사람들에게, 예수운동은 구원 메시지를 전했다.

하나님의 분노(로마 1,18)가 아니라 구원이 믿는 사람에게 주어진다(데살로니카전서 5,9; 로마 5,9). 바울은 다만 몇 사람이라도 구원하려고(고린토전서 9,22; 10,33), 유다인의 구원을 바라면서(로마 10,1; 11,14), 예수 그리스도를 전하고 있다. 이스라엘의 남은 자만이 구원을 얻으리라(로마 9,27b)에서 모든 이스라엘이 구원받게 되리라고(로마 11,26) 바울은 생각을 바꾸었다.

---

73 Jung, F, *ΣΩTHP : Studien zur Rezeption eines hellenistischen Ehrentitels im Neuen Testament,* NTA 39, Münster 2002, 45-176; Karrer, M, "Jesus der Retter (Sōtēr)", ZNW 93 (2002), 153-176.

74 Söding, Th, "Das Geheimnis Gottes im Kreuz Jesu", in: Ders, *Das Wort vom Kreuz. Studien zur paulinischen Theologie,* WUNT 93, Tübingen 1997, 71-92, 79.

# 윤리

하나님께서 인간에게 어떻게 하셨다(직설법), 그래서 인간은 어떻게 행동해야 한다(명령법)는 설명 방식이 바울 윤리학의 기본이라는 의견이 있다.[1] 직설법이 명령법의 근거다.[2] 직설법과 명령법을 토대로 바울 윤리학을 설명하는 성서학자들은[3] 인간에 대한 하나님의 행동과 인간의 행동을 연결하여 해설하는 장점을 갖고 있다. 이 방식은 바울 윤리학의 역동적 측면을 담아내기 어렵다는 의견도 있다.[4]

직설법과 명령법 둘로 나누지 말고 하나로 보자는 의견도 있다.[5] 직

---

1 Horn, F.W, "Ethik des Neuen Testaments", ThR 60 (1995), 32-86; Blischke, F, *Die Begründung und die Durchsetzung der Ethik bei Paulus,* ABG 25, Leipzig 2007, 10-38.

2 Bultmann, R, *Theologie des Neuen Testaments,* Merk, O. (Hg.), Tübingen, 1984, 9판, 335.

3 Schrage, W, *Ethik des Neuen Testaments,* GNT 4, Göttingen 1989, 2판, 170-191; Schnackenburg, R, *Die sittliche Botschaft des Neuen Testaments. Band 2; Die urchristlichen Verkündiger,* HThK. S 2, Freiburg 1988, 26-35; Wolter, M, *Paulus. Ein Grundriss seiner Theologie,* Neukirchen 2015, 2판, 312.

4 Backhaus, K, "Evangelium als Lebensraum. Christologie und Ethik bei Paulus", in: Schnelle, U,/Söding, T,/Labahn, M, (Hg.), *Paulinische Christologie* (FS Hübner, H,), Göttingen 2000, 9-31, 9-14; Zimmermann, R, "Jenseits von Indikativ und Imperativ", ThLZ 132 (2007), 259-284.

5 Landmesser, Chr, "Der paulinische Imperativ als christologisches Performativ", in: Ders,/Eckstein, H.-J,/Lichtenberger, H, (Hg.), *Jesus Christus als Mitte der Schrift* (FS Hofius, O,), BZNW 86, Berlin/New York 1997, 543-577.

설법과 명령법 틀보다는 변화와 참여 틀로써 바울 윤리학을 보자는 의견이 있다.6 세례에서 그리스도에 참여는 세례받은 사람의 삶과 윤리에 직접적인 영향을 준다(갈라디아 3,2; 5,18; 로마 6,4). 그리스도 안에 있는 사람은 새로운 존재다(고린토후서 5,17). 그리스도는 윤리의 내용이다.7

그리스도는 인간에 대한 사랑으로 죽으셨고, 그 사랑이 예수 그리스도를 믿는 사람들의 공동체를 감싸고 있다(고린토후서 5,14; 로마 8,35.37). 믿는 사람은 서로 남의 짐을 져주어야 한다(갈라디아 6,2). 그래서 바울은 말한다. "내가 그리스도를 본받는 것처럼 여러분도 나를 본받으십시오." (고린토전서 11,1) 그리스도를 믿는 사람은 그리스도를 닮는 사람이다.8

바울은 편지마다 조금씩 다른 윤리적 권고를 내놓았다. 데살로니카 전서는 곧 다가올 심판과 예수 재림에 비추어 거룩하고 흠 없는 삶을 살도록 공동체에 요청했다(데살로니카전서 3,13; 4,3; 5,23).9 돈 욕심과 음행을 바울이 언제나 경계하였다(고린토전서 5,9-11; 갈라디아 5,19-21; 로마 1,29-31).10 분열과 갈등에 시달리는 고린토 공동체에는 사랑에 기초한 일치를 요구했다(고린토전서 5-7장).11 갈라디아서는 예수 그리스도

---

6 Schnelle, U, "Transformation und Partizipation als Grundgedanken paulinischer Theologie", NTS 47 (2001), 58-75.

7 Schürmann, H, ""Das Gesetz des Christus" Gal 6,2. Jesu Verhalten und Wort als letztgültige sittliche Norm nach Paulus", in: Ders, *Studien zur neutestamentlichen Ethik*, hg.v. Söding, T, SBAB 7, Stuttgart 1990, 53-77.

8 Backhaus, K, "Evangelium als Lebensraum. Christologie und Ethik bei Paulus", in: Schnelle, U,/Söding, T,/Labahn, M, (Hg.), *Paulinische Christologie* (FS Hübner, H,), Göttingen 2000, 9-31. 24.

9 Blischke, F, *Die Begründung und die Durchsetzung der Ethik bei Paulus*, ABG 25, Leipzig 2007, 39-99.

10 Reinmuth, E, *Geist und Gesetz,* ThA 44, Berlin 1985, 12-47.

11 Lindemann, A, "Die biblischen Toragebote und die paulinische Ethik", in: Ders, *Paulus, Apostel und Lehrer der Kirche,* Tübingen 1999, 91-114; Blischke, F, *Die Begründung*

안에서 나타난 사랑(갈라디아 5,14)과 성령(갈라디아 5,18)을 강조했다.[12] 로마서에서 유다인, 유다인 아닌 사람, 예수운동 사람들 사이 윤리적 공통점에서 바울은 논의를 시작한다(로마 2,14; 13,13).[13]

전체적으로 보면 바울 윤리학은 그리스·로마 철학, 구약성서 가르침과 크게 다르지는 않다. 바울은 구약성서를 사랑으로 요약했고(로마 13,8-10),[14] 그리스도의 율법(갈라디아 6,2)도 우정에 기초한 그리스 윤리학의 내용에서 멀지 않다.[15] 윤리학이 그리스 윤리학처럼 인간 이성이나 이성과 자연의 일치에 곧바로 기초한 것은 아니었다.[16] 바울은 자율적으로 행동하는 인간의 관점에서 윤리를 설명한 것은 아니고, 그리스도에 참여하는 인간의 관점에서 윤리를 바라보고 있다.

*und die Durchsetzung der Ethik bei Paulus,* ABG 25, Leipzig 2007, 100-239.

12 Blischke, F, *Die Begründung und die Durchsetzung der Ethik bei Paulus,* ABG 25, Leipzig 2007, 240-306.

13 Blischke, F, *Die Begründung und die Durchsetzung der Ethik bei Paulus,* ABG 25, Leipzig 2007, 307-369.

14 Wolter, M, "Die ethische Identität christlicher Gemeinden in neutestamentlicher Zeit", in: Marburger Jahrbuch Theologie XIII: *Woran orientiert sich Ethik?,* MThSt 67, Marburg 2001, 61-90, 82-84.

15 Schnelle, U, *Paulus. Leben und Denken,* Berlin/Boston, 2014, 2판, 289-307.

16 Betz, H.D, "Das Problem der Grundlagen der paulinischen Ethik", in: Ders, *Paulinische Studien,* Tübingen 1994, 184-205, 201.

# 교회

## 교회란 무엇인가

바울은 믿는 사람들의 공동체를 어떻게 생각했을까. 신약성서에 114회 나오는 공동체ἐκκλησία 단어는 바울 편지에 44회, 고린토전서와 고린토후서에 31회 있다. 단어 ἐκκλησία 배경을 구약성서 그리스어 번역본Septuaginta으로 보는 의견[1]과 그리스 사회에서 정치 개념으로 보는 의견[2]이 있다. 그리스 사회에서 ἐκκλησία는 투표권 있는 자유민들의 모임을 가리켰다(사도행전 19,32.39).[3]

예수운동 모임을 이스라엘의 하나님 백성(신명기 23,2-4; 역대기상 28,8; 이사야 56,8)과 연결하면서도, 유다교 회당συναγωγή 단어를 쓰지 않았다는 점이 눈에 띈다. 각 모임은 전체 모임의 지부나 일부가 아니라,

---

1 Trebilco, P, *Self-Designations and Group Identity in the New Testament,* Cambridge 2012, 164-207.

2 van Kooten, G, "Ἐκκλησία του θεού: The 'Church of God' and the Civic Assemblies (ἐκκλησ ίαι) of the Greek Cities in the Roman Empire: A Response to Paul Trebilco and Richard A. Horsley", NTS 58 (2012), 522-548.

3 Klauck, H.-J, "Junia Theodora und die Gemeinde in Korinth", in: Karrer, M,/Kraus, W,/Merk, O, (Hg.), *Kirche und Volk Gottes* (FS Roloff J,), Neukirchen-Vluyn 2000, 42-57.

그 지역에서 전체 모임을 대표한다.[4] 바울은 전체 모임과 지역 모임 사이에 상하 관계라는 구조를 모른다.[5]

하나님의 모임ἐκκλησία του θεοῦ은 예루살렘에서 예수운동 모임을 가리키는 단어로 벌써 쓰인 듯하다(데살로니카전서 2,14; 갈라디아 1,13; 필립비 3,6). 그 단어는 바울 편지와 바울 편지의 영향을 받은 문헌에서만 보인다(사도행전 20,28; 데살로니카후서 1,1; 디모테오전서 3,5). 바울은 하나님의 모임ἐκκλησία [τοῦ] θεοῦ(고린토전서 1,2; 고린토후서 1,1; 갈라디아 1,13), 하나님의 모임들ἐκκλησίαι [τοῦ] θεοῦ(데살로니카전서 2,14; 고린토후서 11,16), 하나님 안의 모임ἐκκλησία ἐν θεῷ(데살로니카전서 1,1), 그리스도 안에서 모임ἐκκλησίαι ς ἐν Χριστῷ(갈라디아 1,22), 그리스도의 모임ἐκκλησίαι τοῦ Χριστοῦ(로마 16,16) 표현을 썼다. 그 지역에서 예수 그리스도를 믿는 사람들의 모임을 바울은 ἐκκλησία 단어로써 가리켰다(데살로니카전서 1,1; 고린토전서 1,1; 갈라디아 1,2).[6] 모이는 장소보다 모임 자체를 가리키는 단어다.

지역 모임(데살로니카전서 1,1; 고린토전서 1,2), 지역 모임들(고린토후서 1,1; 갈라디아 1,2) 뿐만 아니라 예수운동 전체(데살로니카전서 2,14; 고린토전서 10,32; 갈라디아 1,13)를 가리키기도 했다. 지역 모임과 예수운동 전체를 가리킬 때 똑같이 공동체를 쓰거나, 지역 모임을 가리킬 때는 공동체로, 예수운동 전체를 가리킬 때는 교회 단어를 쓰자는 의견[7]이 있다. 21세기 한국인은 지역 모임과 예수운동 전체를 가리킬 때 똑같이 교회 단어를 쓰는 데 더 익숙한 듯하다.

---

4 Käsemann, E, *An die Römer*, HNT 8a, Tübingen 1980, 4판, 323.

5 Schnelle, U, *Paulus. Leben und Denken*, Berlin/Boston, 2014, 2판, 612.

6 Roloff, J, *Die Kirche im Neuen Testament*, GNT 10, Göttingen 1993, 98.

7 Roloff, J, Art. "ἐκκλησία", EWNT I (1980), 998-1011, 999.

공동체를 οἱ ἅγιοι(신명기 33,3; 다니엘 7,18; 솔로몬 시편 11,1) 선택된 사람들ⁱᶜκλεκτοί(이사야 65,9; 역대기상 16,13; 시편 106,5) 표현도 바울에게 있다. 구약성서와 바울 이전 예수운동 전승과 연결되는 단어다. 바울 편지 서문에서 거룩한 사람들ᵃγιοι 표현이 자주 보인다(고린토전서 1,2; 고린토후서 1,1; 로마 1,7). 거룩한 사람들ᵃγιοι 단어는 예수 그리스도를 믿는 사람들이 특별히 윤리적으로 훌륭하다는 뜻이 아니라 세례 안에서 이루어지는 하나님의 거룩한 구원 행동에 참여하기 때문에 쓰였다. "하나님의 성전은 거룩하기 때문입니다. 그것은 바로 여러분 자신입니다"(고린토전서 3,17b-c).[8] 부르심과 거룩함은 연결된다. 부르심을 받은 사람은 거룩하다(고린토전서 1,2; 로마 1,7).

그리스도 안에서ⁱᶜν Χριστῷ, 그리스도의 몸σῶμα Χριστοῦ, 하나님의 백성 λαός θεοῦ이라는 표현으로써 바울은 공동체를 나타냈다.[9] 그리스도의 몸과 하나님의 백성,[10] 하나님의 백성과 교회, 그리스도의 몸, 하나님의 성전ναός τοῦ θεοῦ[11] 등으로 바울 교회론의 핵심을 가리키는 단어를 다르게 분류하여 나타낼 수도 있다. 그리스도 안에서ⁱᶜν Χριστῷ 표현은 예수 그리스도를 믿는 개인과 모든 사람이 예수 그리스도와 함께 누리는 긴밀한 공동체를 가리킨다.[12]

1세기와 2세기에 예수운동 공동체보다 더 자주 모임을 했던 경쟁 모임이나 종교는 어디에도 없었다.[13] 세례받은 사람들은 자주 만나서 예

---

8 Conzelmann, H, *Der erste Brief an die Korinther,* KEK V, Göttingen 1969, 39.

9 Schnelle, U, *Paulus. Leben und Denken,* Berlin/Boston, 2014, 2판, 614.

10 Ridderbos, H, *Paulus,* Wuppertal 1970, 229; Roloff, J, *Die Kirche im Neuen Testament,* GNT 10, Göttingen 1993, 86.

11 Schlier, H, *Ekklesiologie des Neuen Testaments,* MySal 4.1, Einsiedeln 1972, 152.

12 Schnelle, U, *Paulus. Leben und Denken,* Berlin/Boston, 2014, 2판, 519-520.

수 그리스도 안에서 성령의 교제ⁿκοινωνία를 나누었다(고린토후서 13,13; 필립비 2,1). 그리스도의 몸σῶμα Χριστοῦ은 "여러분도 그리스도의 몸을 통하여 율법에 대해서는 이미 죽임을 당했습니다"(로마 7,4)에서 십자가에 못 박힌 예수 그리스도를 가리킨다면, "빵이 하나이니, 우리는 여럿이지만 한 몸입니다. 우리는 모두 하나의 빵을 나누기 때문입니다"(고린토전서 10,17)에서는 예수 그리스도의 몸과 하나되는 세례받은 사람들을 가리킨다. 세례받은 사람들과 예수 그리스도는 한 몸이다. "여러분은 그리스도의 몸이고 여러분 하나하나는 그 지체들입니다"(고린토전서 12,27).

"우리는 모두 한 성령으로 세례를 받아 한 몸이 되었고 같은 성령을 받아 마셨습니다"(고린토전서 12,13b). 그리스도의 몸은 예수 그리스도를 믿는 사람보다 먼저 존재했다는 사실을 바울은 전제한다. 예수 그리스도를 믿는 사람들이 모여서 비로소 그리스도의 몸이 있는 것이 아니고, 그리스도의 몸이 있었기 때문에 예수 그리스도를 믿는 사람들이 생기고 모일 수 있다. 세례받은 사람은 그리스도의 몸에 참여한다는 뜻도 있다. 세례가 그리스도의 몸을 만든 것이 아니고, 예수 그리스도를 믿는 사람들이 그리스도의 몸에 참여하는 역사적 계기라는 말이다. 예수 그리스도를 믿는 사람들이 그리스도의 몸, 즉 교회를 만든 것이 아니고, 그리스도의 몸이 예수 그리스도를 믿는 사람들과 그들이 일치하는 공동체를 낳았다.

교회 없이 그리스도가 없는 것이 아니라, 그리스도 없이 교회는 없다. 그리스도의 몸 비유는 개별 공동체에서 생기는 문제를 해결하고 일치를 강조하는 데 사용될 수 있다. 지체는 여럿이지만 몸은 하나이듯이,

---

13 Ebel, E, *Die Attraktivität früher christlicher Gemeinden*, WUNT 2.178, Tübingen 2004, 163.

공동체에 여러 은사가 있지만 공동체는 하나다(고린토전서 1,10-17; 12,12; 로마 12,5). 공동체 안에서 믿는 사람들은 여러 역할이 있지만, 그들은 모두 평등하다. 다양성이 차별을 낳는 것이 아니라 평등을 낳는다.

예수 그리스도를 믿는 유다인 아닌 사람들이 늘어나면서, 바울은 예수운동과 유다교의 연결과 차이를 고뇌하게 되었다. 유다인 아닌 사람들이 어떻게 유다교에 참여하고 통합시킬 수 있는가 주제는 구약성서와 유다교 문헌도 다루었다.[14] 바울은 이 주제를 구약성서에 있던 하나님의 백성$^{λαός\ θεοῦ}$ 표현을 빌어와 논의한다. 이 단어는 바울이 다섯 번 인용하는데, 네 번이 로마서에 있다(로마 9,25; 출애굽기 32,6; 10,21; 이사야 65,2; 11,1; 시편 93,14; 15,10; 신명기 32,43). 예수운동이 유다인과 유다인 아닌 사람들로 이루어진 공동체라거나, 옛 하나님 백성과 새로운 하나님 백성 같은 표현을 바울은 쓰지 않았다.[15] 하나님의 역사가 이스라엘 백성과 예수운동에서 계속 실현되고 있다는 생각은 바울 교회론의 일관된 주제였다.

유다교가 이미 있는데, 왜 예수운동이 또 있을까. "유다인들의 죄는 극도에 달해서 마침내 하나님의 진노가 그들에게 내리게 되었습니다"(데살로니카전서 2,16)라고 바울은 유다교와 예수운동의 단절을 우선 강조했다. 바울은 데살로니카 공동체에게 "하나님께서 여러분을 택해 주셨다"(데살로니카전서 1,4b; 2,12; 4,7; 5,24)라고 말했지만, 동시에 이스라엘에 대해 그렇게 말하지는 않았다.

그런데 바울은 우리 조상들(고린토전서 10,1), 역사의 이스라엘(고린토전서 10,18)처럼 예수운동이 유다교에서 비롯되었음을 말하기도 했다.

---

14 Kraus, W, *Das Volk Gottes*, WUNT 85, Tübingen 1996, 16-110.

15 Schnelle, U, *Paulus. Leben und Denken*, Berlin/Boston, 2014, 2판, 616.

이스라엘 백성이 이집트를 탈출한 뒤 벌인 부끄러운 행동을 가리키며 바울은 "이런 일들이 본보기로서 저들에게 일어났고 우리에게는 경고로서 기록되었으니, 실상 우리에게는 세상의 끝이 가까이 있습니다"(고린토전서 10,11)라고 했다.

하나님은 이스라엘 백성의 대부분을 못마땅하게 생각하셨고(고린토전서 10,5a), 결국 하나님 뜻이 예수운동에 있다고 바울은 생각한 듯하다.16 오늘까지도 너울에 가려져 우둔해진 이스라엘 백성들의 마음은 그리스도를 믿을 때 비로소 벗겨지게 된다(고린토전서 10,14c).

바울의 그 생각은 갈라디아서에서도 확인된다. 아브라함과 그 후손에게 하신 하나님의 약속은 없어지거나 무효가 되지 않는다(갈라디아 3,17). 율법은 그리스도 오실 때까지만 우리의 감시자였고, 믿음이 온 다음부터는 더 이상 율법이라는 감시자 아래 있지 않다(갈라디아 3,24-25). 그리스도와 하나가 되는 세례를 받아 그리스도를 새 옷으로 입은 사람(갈라디아 3,27)이 아브라함의 진짜 후손(갈라디아 6,16; 필립비 3,3)이요 약속의 상속자들이다(갈라디아 3,29).

로마서는 어떻게 설명했을까. 그리스도는 육으로 다윗의 후손으로부터 태어나셨다(로마 1,3). 복음은 먼저 유다인에게 다음에 유다인 아닌 사람에게 전해진다(로마 1,16; 2,9; 3,29; 9,24). 율법은 거룩하고 의롭고 선하다(로마 7,12). 그러나 유다인은 더 이상 할례와 율법의 특권에 호소할 수 없다(로마 2,17-29). 유다인이나 유다인 아닌 사람이나 똑같이 죄의 지배 아래 있다(로마 3,9.20).

이스라엘 태생이라고 해서 모두 이스라엘은 아니다(로마 9,6b). 이스

---

16 Roloff, J, *Die Kirche im Neuen Testament*, GNT 10, Göttingen 1993, 120.

라엘의 일부가 완고하게 된 것은 유다인 아닌 민족이 모두 다 들어올 때까지만 그러할 것이다(로마 11,25c). 다음에는 온 이스라엘도 구원받을 것이다(로마 11,26a). 하나님께서 모든 이를 불순종 안에 가두신 것은 모든 이에게 자비를 베푸시려는 것이다(로마 11,32).

그리스도 안에서, 그리스도의 몸, 하나님의 백성 세 표현은 예수 그리스도를 믿는 사람이 예수운동 공동체 안에서 연결되고 일치함을 가리킨다. 그리스도의 몸 표현이 하나님의 백성 표현보다 바울에서 더 우세하며, 그리스도의 몸 표현이 바울 교회론의 중심이라는 의견이 있다.[17] 그와 반대로, 하나님의 백성 표현이 바울 교회론의 중심이며 그리스도의 몸 표현보다 더 우세하다는 의견이 있다.[18]

그리스도의 몸 표현은 공동체가 지금 성장하는 모습을 나타내고, 하나님의 백성은 하나님의 역사에 깊이 뿌리내리고 있는 표현이다.[19] 바울은 공간 차원의 그리스도의 몸 표현과 역사 차원의 하나님의 백성 표현을 함께 생각한 듯하다(갈라디아 3,26-29). 바울 교회론은 바울의 십자가 신학의 일부이며 바울 그리스도론에서만 이해할 수 있다.[20] 바울은 예수운동 공동체를 하나님의 성전(고린토전서 3,9b)이라고 비유하기도 했다.[21]

---

17 Käsemann, E, *An die Römer,* HNT 8a, Tübingen 1980, 4판, 325; Käsemann, E, "Das theologische Problem des Motivs vom Leib Christi", in: Ders, *Paulinische Perspektiven,* Tübingen 1972, 2판, 178-210, 185.

18 Dahl, N.A, *Das Volk Gottes,* Darmstadt 1963, 2판, 226; Neugebauer, F, *In Christus. Eine Untersuchung zum paulinischen Glaubensverständnis,* Berlin 1961, 93.

19 Kraus, W, *Das Volk Gottes,* WUNT 85, Tübingen 1996, 351.

20 Käsemann, E, "Das theologische Problem des Motivs vom Leib Christi", in: Ders, *Paulinische Perspektiven,* Tübingen 1972, 2판, 178-210, 197.

21 Roloff, J, *Die Kirche im Neuen Testament,* GNT 10, Göttingen 1993, 110-117; Böttrich, Chr, ""Ihr seid der Tempel Gottes". Tempelmetaphorik und Gemeinde bei Paulus",

## 교회 조직과 임무

바울이 벌써 유다교와 분리된 예수운동을 전제하여 그 조직과 임무를 설명한다는 뜻은 아니다. 바울은 예수운동이 여전히 유다교 안에서 활동하던 시대를 살았다. 바울은 언제나 예수운동을 하나님, 예수와 연결하여 생각했다. 믿는 사람을 멸망이 아니라 구원으로 이끌고(데살로니카전서 5,9), 세상과 화해시키며(고린토후서 5,18-21), 평화와 정의와 생명을 선사하는 하나님의 사랑이 예수 그리스도 안에서 예수운동 공동체에 나타난다. 예수 행동은 바울에게 교회론의 구성 원칙이었다.[22] 예수는 지배와 폭력을 거부하고 다른 사람을 위해 봉사하는 존재로서 살았다(필립비 2,1-11).

예수운동 공동체는 예수 생각과 행동을 따르고(고린토후서 13,11; 로마 12,16; 필립비 2,2), 서로 위로하고 훈계하며(데살로니카전서 5,14; 갈라디아 6,1; 로마 15,14), 언제나 하나님 뜻을 연구해야 한다(로마 12,2; 필립비 1,9; 4,8). 언제나 누구에게나, 특히 믿음의 형제자매에게 선을 행해야 한다(갈라디아 6,10; 데살로니카전서 3,12). 형제자매적 사랑은 예수운동 공동체의 특징이다(데살로니카전서 4,9). 서로 남을 존경하는 데 앞장서야 한다(로마 12,10; 필립비 2,3). 형제자매에게 해를 끼치거나 속이지 말고(데살로니카전서 4,6; 고린토전서 13,5; 로마 15,2), 서로 남의 짐을 져주어야 한다(갈라디아 6,2).

바울은 데살로니카 공동체에게 자신을 본받고 주님도 본받는 사람

---

in: Ego, B./Lange, A./Pilhofer, P, (Hg.), *Gemeinde ohne Tempel*, WUNT 118, Tübingen 1999, 411-425.

22 Roloff, J, *Die Kirche im Neuen Testament*, GNT 10, Göttingen 1993, 133.

이 되었다고 칭찬했다(데살로니카전서 1,6). "나는 어느 사도보다도 더 열심히 일했습니다"(고린토전서 15,10b; 고린토후서 11,23; 6,4). 바울은 심한 반대에 부딪히면서도 하나님의 도우심으로 담대하게 하나님의 복음을 전했다(데살로니카전서 2,2; 고린토전서 9,25; 필립비 1,30).[23] 하나님의 복음을 전하는 동안 누구에게도 폐를 끼치지 않으려고 밤낮으로 노동했다(데살로니카전서 2,9; 고린토전서 9,24-26; 필립비 2,19).

복음을 전할 때뿐만 아니라 고통 중에 있을 때에도 바울은 공동체에게 모범이었다.[24] 바울은 공동체를 위해 자신을 희생하였고(고린토후서 12,15), 언제나 예수의 죽음을 몸으로 체험하였고(고린토후서 4,10; 갈라디아 4,17), 예수와 복음 때문에 죽음의 위험을 겪었다(고린토후서 4,11; 고린토전서 9,23). 부활뿐 아니라 고통이 예수 믿는 사람과 공동체를 드러낸다.

공동체에서 은사와 직무에 대해 바울은 어떤 생각을 했을까. 영$^{\pi\nu\epsilon\nu\mu\alpha}$ 단어는 신약성서에 26회, 바울 편지에 19회 있는데, 고린토전서에만 15회 있다. 은사$^{\chi\acute{\alpha}\rho\iota\sigma\mu\alpha, \chi\alpha\rho\acute{\iota}\sigma\mu\alpha\tau\alpha}$ 단어는 신약성서에 17회, 바울 편지에 14회 있는데, 고린토전서에 7회, 로마서에 6회 있다. 두 단어는 예수운동 초기에 생긴 듯하다. 영은 하나님의 현존을, 은사는 공동체에 나타나는 특별한 능력이 하나님에게서, 선물로 왔다는 사실을 가리킨다. 은사를 받은 고린토 공동체 사람들과 논쟁할 때, 바울이 은사의 성격을 설명하기 위해 끌어들인 단어 같다.[25]

---

23 Metzner, R, "Paulus und der Wettkamp", NTS 46 (2000), 565-583.

24 Wolter, M, "Der Apostel und seine Gemeinde als Teilhaber am Leidensgeschick Jesu Christi", NTS 36 (1990), 535-557.

25 Roloff, J, *Die Kirche im Neuen Testament,* GNT 10, Göttingen 1993, 137; Brockhaus, U, *Charisma und Amt,* Wuppertal 1987, 189.

은사를 받은 고린토 공동체 사람들이 개인 능력을 높이 쳤다면, 바울은 공동체 건설을 위한 은사를 강조했다(고린토전서 14,12). 은사의 다양성(고린토전서 12,28; 로마 12,7)은 성령의 풍부함을 드러내지만, 자신을 자랑하거나 은사들 사이에 높고 낮음을 따진다면 잘못 쓰일 수도 있다. 사랑은 불의를 보고 기뻐하지 아니하고 진리를 보고 기뻐한다(고린토전서 13,6).

"내가 인간의 여러 언어를 말하고 천사의 말까지 한다 하더라도, 사랑이 없으면 나는 울리는 징과 요란한 꽹과리와 다를 것이 없습니다. 내가 하나님의 말씀을 받아 전할 수 있다 하더라도, 온갖 신비를 환히 꿰뚫어 보고 모든 지식을 가졌다 하더라도, 산을 옮길 만한 완전한 믿음을 가졌다 하더라도, 사랑이 없으면 나는 아무것도 아닙니다. 내가 비록 모든 재산을 남에게 나누어준다 하더라도, 또 내가 남을 위하여 불 속에 뛰어든다 하더라도, 사랑이 없으면 모두 아무 소용이 없습니다"(고린토전서 13,1-3). 믿음과 희망과 사랑 셋은 언제까지나 남을 것이고, 그중에 가장 위대한 것은 사랑이다(고린토전서 13,13).

개인 은사와 공동체에서 가르치는 임무를 바울은 반대 관계로 여기지 않았다. 성령 활동은 쪼갤 수 없으므로, 은사냐 직무냐 양자택일 질문은 바울에게 없었다. "하나님께서 공동체 안에 세우신 이들로 말하면, 첫째로 사도들이고 둘째로 예언자들이며 셋째로 교사들입니다. 다음은 기적의 은사, 다음은 치유의 은사, 도와주는 은사, 지도하는 은사, 갖가지 이상한 언어의 은사들입니다"(고린토전서 12,28). 처음 셋은 사람을 가리키고, 다음 다섯은 은사를 가리킨다. 바울은 사도, 예언자, 교사라는 직분을 말했다.[26]

사도직은 예수운동 선교사들이 공동체를 만들고 지도하는 직책을 가리킨다(고린토전서 15,3-11; 갈라디아 1,17.19). 사도 개념은 예수의 열두 제자들에만 적용되지는 않았고, 점차 확대된 듯하다(고린토전서 15,7; 갈라디아 1,1; 로마 16,7).[27] 독자적인 그룹(요한 계시록 11,18; 16,6; 18,24)[28] 예언직은 처음에 이스라엘에(사도행전 11,28), 그리고 그리스와 소아시아 여러 공동체에도(사도행전 13,1; 15,32; 20,23) 있었다. 예수 그리스도 안에서 펼쳐진 하나님의 과거 구원 행동과 미래 행동을 해석하고, 공동체에 알려주고(요한 계시록 19,10), 예수 말씀을 전승했다.[29] 바울은 교사들이 공동체에 있었다고 전제했다(고린토전서 12,28; 갈라디아 6,6; 로마 12,7b). 바울은 자세한 설명 없이 감독들과 봉사자들ἐπίσκοποι καὶ διάκονοι (필립비 1,1) 단어를 썼다.

감독은 예수운동 공동체의 모임을 위해 자기 집을 빌려주고 모임을 돕던 사람(고린토전서 1,14; 로마 16,5; 사도행전 18,8)[30]을 가리킨 듯하다. 봉사자들은 예수운동 공동체의 빵 나눔에서 감독을 돕던 사람을 말하는 듯하다.[31]

26 Roloff, J, *Die Kirche im Neuen Testament*, GNT 10, Göttingen 1993, 139.

27 Roloff, J, Art. "Apostel I", TRE 3, Berlin/New York 1979, 430-445, 433; Frey, J, "Apostelbegriff, Apostelamt und Apostolizität", in: Schneider, Th,/Wenz, G, (Hg.), *Das kirchliche Amt in apostolischer Nachfolge I: Grundlagen und Grundfragen*, Freiburg/Göttingen 2004, 91-188.

28 Boring, M.E, *The Continuing Voice of Jesus*, Louisville 1991, 59-85.

29 Boring, M.E, *The Continuing Voice of Jesus*, Louisville 1991, 189-265.

30 Gehring, R.W, *Hausgemeinde und Mission. Die Bedeutung antiker Häuser und Hausgemeinschaften von Jesus bis Paulus*, Giesen 2000, 320-384.

31 Roloff, J, *Die Kirche im Neuen Testament*, GNT 10, Göttingen 1993, 143.

## 교회와 죄

예수가 교회 공동체의 기초라면, 죄는 공동체에서 여전히 힘이 있는가. 피할 수 없는 이 질문에 바울은 어떤 생각을 했을까. 바울은 데살로니카 공동체에게 죄ἁμαρτία 단어를 쓰지 않고, 음행πορνεία, 욕정ἐπιθυμία, 탐욕πλεονεξία(데살로니카 4,3-8) 단어를 써서 성화ἁγιασμός(데살로니카 4,3)를 권고하였다. 바울에게 성화聖化의 반대어는 죄가 아니라 불순ἀκαθαρσία 이었다.[32] "하나님께서는 우리가 불순하게 살지 말고 성화하도록 부르셨던 것입니다"(데살로니카 4,7). 음행에 대한 바울 비판(고린토전서 5,1-5)도 이 맥락에서 온 듯하다.

바울은 공동체 형제자매들에 대한 처신을 그리스도에 대한 처신과 연결하고 있다. "여러분은 형제자매들에게 죄를 짓고 그들의 허약한 양심에 상처를 주어 그리스도께 죄를 짓게 되는 것입니다"(고린토전서 8,12). 공동체는 성화 공간이자 곧 성화이므로, 형제자매들에게 죄를 짓는 행동은 윤리뿐 아니라 구원 문제에 연결된다(고린토전서 10,1-13). 빵나눔에서 주의 깊지 않은 처신을 바울은 비판했지만, 그러나 죄 단어를 쓰지는 않았다. "누구든지 합당하지 않게ἀναξίως 이 빵을 먹거나 이 잔을 마시는 이는 주님의 몸과 피를 모독하는ἔνοχος 것입니다"(고린토전서 11,27).

"그러니 올바른 마음가짐 없이 그 빵을 먹거나 주님의 잔을 마시는 사람은 주님의 몸과 피를 모독하는 죄를 범하는 것입니다"(공동번역), "그러므로 누구든지 합당하지 않게 이 빵을 먹거나 이 잔을 마시는 이는

---

32 Umbach, H, *In Christus getauft - von der Sünde befreit. Die Gemeinde als sündenfreier Raum bei Paulus*, FRLANT 181, Göttingen 1999, 67-81.

주님의 몸과 피의 죄인이 될 것입니다"(200주년 기념성서), "그러므로 누구든지 주의 떡이나 잔을 합당하지 않게 먹고 마시는 자는 주의 몸과 피에 대하여 죄를 짓는 것이니라"(개역개정). 우리말 번역은 죄 단어를 애써 삼가고 쓰지 않은 바울의 뜻을 충분히 살피지 못한 번역이라고 나는 생각한다.

바울은 자신을 반대하던 선교사들에게 죄 단어를 쓰지는 않았다. 베드로를 책망할 때도 베드로에게 죄 단어를 쓰지는 않았다(갈라디아 2,14). 자신과 공동체를 슬프게 한 사람(고린토후서 2,5-11) 경우에도, 바울은 죄 단어를 연결하진 않았다. 자신의 세 번째 고린토 방문 전에, 바울은 고린토 공동체에 여전히 회개하지 않고 형제자매들이 많다고 말했다(고린토후서 12,21). 과거에 죄 짓다προαμαρτάνειν(고린토후서 12,21; 13,2) 동사의 현재완료로써 바울은 과거에 시작하여 지금도 계속 죄짓고 있는 상태를 한탄했다.[33] "여러분이 과연 믿음 안에 있는지 스스로 시험해 보고, 스스로 성찰해 보시오"(고린토후서 13,5)라며 고린토 공동체에 권고하였다.

로마서에서 바울은 그리스도 예수와 하나가 되는 세례를 받은 사람은 누구나 그분의 죽음과 하나가 되는 세례를 받았다고 설명한다(로마 6,3). 죽은 사람은 죄로부터 해방된 것이다(로마 6,7). 세례받은 사람은 죄에 대해서는 죽었고, 하나님을 위해서는 그리스도 예수 안에 살아 있다(로마 6,11). 세례받은 사람에게 죄는 과거의 일이다. 은총 아래 있으니, 죄를 짓자는 말일까. 그럴 수는 없다(로마 6,15b). 죄에서 해방되어 의로움의 종(로마 6,18)이 된 우리가 그럴 수는 없다(로마 6,15b). 그리스

---

33 Umbach, H, *In Christus getauft - von der Sünde befreit. Die Gemeinde als sündenfreier Raum bei Paulus,* FRLANT 181, Göttingen 1999, 141.

도 예수와 하나된 믿음의 공동체가 죄로 뒤섞인 공동체라는 표현<sup>corpus</sup>
<sup>mixtum</sup>을 바울은 몰랐다.[34]

만일 바울 공동체가 죄가 없고 성화된 공동체로 여겨졌다면, 바울이
공동체에 윤리적 충고를 할 필요가 전혀 없지 않은가. 바울 자신도 공동
체가 다시 죄의 지배에 떨어질 위험과 가능성을 이미 알고 전제하지 않
았는가(고린토전서 6,18; 7,23; 8,12). 예수 그리스도를 믿는 사람이 겪을
유혹을 바울은 모르지 않았다(고린토전서 7,5; 10,9; 갈라디아 6,1). 죄는 아
직 세상에서 사라지지 않았다. 예수 그리스도를 믿는 사람은 여전히 죄
로 가득한 세상 안에 산다. 예수 그리스도를 믿지 않는 사람도 많다.

---

34 Ollrog, W.-H, *Paulus und seiner Mitarbeiter,* WMANT 50, Neukirchen 1979, 137.

# 종말

## 부활

부활은 희망인가. 부활은 두려움인가. 부활은 반드시 심판과 연결되기 때문에, 심판에 대한 생각이 부활에 대한 생각에 영향을 줄 수 있다. 심판을 애타게 기다리는 사람은 부활을 간절히 기다릴 수 있고, 심판을 두려워하는 사람은 부활을 믿고 싶지 않을 것이다. 부활과 심판은 죽음 이후 일이지만, 죽기 이전 삶에 영향을 끼칠 수밖에 없다. 부활과 심판을 진심으로 받아들이는 사람은 죽기 전의 삶을 불의와 거짓으로 살려고 하진 않을 것이다. 부활을 희망으로 보고 기다리는 사람이 있고, 부활을 절망으로 보고 공포에 빠져 사는 사람도 있다.

부활은 유다교 바리사이파 사람들의 확고한 신념에 속했다.[1] 바리사이파 출신 바울은 바리사이파 신학의 영향을 받아 죽은 자를 다시 살리시는 하나님(고린토후서 1,9; 로마 4,17)을 믿었다. 바울은 고린토전서 15장에서 부활 주제를 자세히 다루었다. 누가복음 저자는 바울의 부활 사상을 여러 차례 상세히 소개했다(사도행전 17,18; 23,6; 24,15; 26,8). 바울

---

1 Josephus, *Bell. II* 163-166; 마가 12,18-27.

의 부활 논의는 예수가 누구인가, 구원은 무엇인가(로마 6,3-8; 필립비 3,10.21) 주제와 가깝게 연결되었다. 죽은 사람의 부활 문제는 언제나 예수 부활에서 출발했다(고린토전서 15장; 로마 5-6장).

바울의 부활 논의에 세 가지 주제가 얽혀 있다.[2] 몸이 무엇인가 논의를 우선 살펴볼 수 있다. 유다교 전통을 따라 바울은 인간을 몸과 마음으로 분리하지 않고 전체로 이해했다. 몸은 부활에서 제외되지 않는다는 뜻이다. 부활 이전 몸과 부활 이후 몸은 어떻게 연결되며 또한 어떻게 다른가. 바울은 세례에서 창조 행위(고린토후서 5,17; 갈라디아 6,15; 로마 6,4)를 내세웠다. 그렇다면, 바울의 부활 사상은 세상 완성날에 대한 기대와 이어진다. 개인의 부활과 역사의 끝은 과연 연결되는가. 만일 이어진다면, 어떻게 연결되고 설명되는가.

바울은 고린토전서 15장에서 자신이 고린토 공동체에 전해 준 복음을 되새긴다(고린토전서 15,1). 예수운동에서 전해 받은 전승을 다시 확인시키고(고린토전서 15,3), 다른 사도들도 그리스도의 죽음과 부활을 전하고 있다고 말한다(고린토전서 15,11). 그런데 고린토 공동체 가운데 어떤 사람은 죽은 자의 부활이 없다고 하니 어떻게 된 일인가(고린토전서 15,12). "죽은 사람이 어떻게 다시 살아나며 어떤 몸으로 살아나느냐? 묻는 사람이 있을지도 모릅니다"(고린토전서 15,35). 부활이 어떻게 생기며, 어떤 몸으로 부활하느냐 두 질문이다.

고린토전서 15장은 예수 부활과 죽은 사람들의 부활 관계를 우선 논하고 있다. 예수 부활 자체가 논란되지는 않았다. 예수 부활은 전제되었고, 신앙 고백(고린토전서 15,5-8)의 대상이었다. 죽은 사람들의 부활은

---

2 Böttrich, Chr, "Die Auferstehung der Toten", in: Horn, F.W, (Hg.), *Paulus Handbuch,* Tübingen 2013, 461-471, 462.

예수 부활에서 자연스럽게 나오는 결과다(고린토전서 15,12-34). 부활한 몸에 대해 바울은 비유를 동원하여 설명한다(고린토전서 15,35-37). 부활한 몸에 대해 자기 생각을 말할 뿐이다. 바울은 부활한 예수를 만난 체험은 있지만, 부활한 사람을 본 적은 없다.

부활이 어떻게 생기며, 어떤 몸으로 부활하느냐 물었던 사람들이 부활을 부정하는 것은 아니었다. 만일 그랬다면, 죽은 이들을 대신해서 세례를 받는 사람들(고린토전서 15,29) 이야기를 바울이 할 필요도 없었을 것이다. 죽은 자가 다시 살아나는 일이 없다면 "내일이면 죽을 테니 먹고 마시자" 해도 그만일 것이다(고린토전서 15,32b).

아마도 그들은 몸의 부활을 부정하고 죽은 사람들의 부활 대신에 영혼 불멸을 주장한 듯하다.3 그런 흐름은 플라톤 철학과 연결되며, 공통년 1세기에 이집트 알렉산드리아에서 활동하던 유다인 철학자 필로에게서도 엿볼 수 있다. 몸의 부활을 부정하고 영혼 불멸을 주장했던 고린토 공동체 일부 사람들은 예수 부활을 인정했지만, 예수 몸의 부활 대신 예수 영혼의 불멸을 주장했다는 말인가. 그런 말은 없었다.

바울은 그런 주장의 오류를 밝히려 했다(고린토전서 15,12-34).4 그리스도께서 죽은 자들 가운데서 다시 살아나셨다는 것을 바울 일행은 전파하고 있다(고린토전서 15,12). 죽은 자들이 다시 살아나는 일이 없다면, 그리스도는 다시 살아나실 수 없었을 것이다(고린토전서 15,16). 죽음이 한 사람으로 말미암아 온 것처럼, 죽은 자의 부활도 한 사람으로 말미암아 왔다(고린토전서 15,21).

---

3 Böttrich, Chr, "Die Auferstehung der Toten", in: Horn, F.W, (Hg.), *Paulus Handbuch*, Tübingen 2013, 461-471, 464.

4 Vos, J.S, "Argumentation und Situation in 1Kor. 15", NovTest 41 (1999), 313-333.

인류에게 아담이라는 죽음의 모델이 하나 있었던 것처럼, 인류에게 예수 그리스도라는 부활의 모델이 하나 있어야 한다. 그리스도는 죽은 자들 가운데서 다시 살아나서서 죽었다가 부활한 첫 사람$\dot{\alpha}\pi\alpha\rho\chi\dot{\eta}$(고린토전서 15,20)이다. 예수부터 시작된 부활이 모든 죽은 사람들에게까지 적용되어, 하나님은 모든 것 안에서 모든 것이 되실 것(고린토전서 15,28b)이다.

예수 부활과 죽은 사람들의 부활 관계를 설명한 바울은 부활한 몸에 대해 언급한다(고린토전서 15,35-49). 밀이나 곡식의 씨앗과 열매의 비유를 든다(고린토전서 15,36-38). 씨앗과 열매는 연결되어 있지만, 똑같지는 않다. 씨앗의 죽음이 있어야 열매의 부활이 있다고 바울은 말하고 싶었다.

그러나 씨앗과 열매는 같은 물질 안에 있는 것이니, 씨앗과 열매 비유는 몸의 부활을 해설하기에 만족스럽지 못할 수 있다. 살$\sigma\dot{\alpha}\rho\xi$ 단어를 바울은 꺼냈다. 사람들의 살이 다르고 가축들의 살이 다르며 새들의 살이 다르고 물고기의 살이 다르다(고린토전서 15,39). 씨앗과 열매는 사람과 다른 식물에 속하지만 살은 사람과 같은 동물에 속하는 단어다.

바울은 살과 다른 몸$\sigma\dot{\omega}\mu\alpha$ 단어를 소개한다. 하늘에 속한 몸이 있고 땅에 속한 몸도 있으며, 하늘에 속한 것들의 영광$\delta\dot{o}\xi\alpha$이 다르고 땅에 속한 것들의 영광이 다르다(고린토전서 15,40). 바울이 생물학 강의나 천문학 강의를 하는 것은 아니다. 하나님이 창조하신 존재 중에 썩을 몸과 썩지 않을 몸이 있다는 사실을 바울은 말하고 싶을 뿐이다.

바울은 인간의 몸을 살$\sigma\dot{\alpha}\rho\xi$과 몸$\sigma\dot{\omega}\mu\alpha$ 단어를 사용하여 자연적인 몸과 영적인 몸(고린토전서 15,44)으로 나누어 설명하고 싶었다. 자연적인 몸은 부활 이전 인간의 몸, 영적인 몸은 부활 이후 인간의 몸을 가리킨다.

자연적인 몸과 영적인 몸은 연결되지만, 차이도 있다는 것이다. 단어를 사용하여 존재의 차이를 드러내는 방법을 바울은 쓰고 있다.

첫 인간 아담은 야훼 하나님께서 진흙으로 빚어 만드시고 코에 입김을 불어 넣으셔서 사람이 되어 숨을 쉬었다(창세기 2,7). 첫 사람 아담은 자연적 생명체ψυχή ζῶσα가 되었고, 마지막 아담 예수 그리스도는 생명의 영πνεῦμα ζωοποιοῦν이 되었다(고린토전서 15,45). 자연적 생명체는 죽을 몸, 생명의 영은 부활 이후 인간의 몸을 가리킨다. 우리가 흙으로 빚어진 첫 인간 아담의 모습을 지녔듯이, 미래에는 하늘에 속한 예수 그리스도 모습εἰκών을 지니게 될 것이다(고린토전서 15,49).

어떤 단어와 비유를 동원하든, 바울의 결론은 이것이다. 예수가 부활한 것처럼, 죽은 사람들도 부활한다. 부활한 몸은 죽기 이전 몸과 연결되지만, 죽기 이전 몸과 똑같지는 않은 새로운 몸이다.

필립비 공동체에 보낸 편지를 썼을 때, 바울은 감옥에 있었다. 옥중 서신을 쓰던 바울은 자신의 죽음까지도 생각했다. 살든지 죽든지 부끄럽지 않게 자신의 몸을 통해 그리스도의 영광을 드러내는 것이 바울의 간절한 기대와 희망이었다(필립비 1,20). 죽는 것이 이익(필립비 1,21)이라고 감옥에서 다짐할 정도였다.

바울에게 고뇌가 있었다. 그리스도를 알고 그리스도의 부활 능력을 깨닫고, 그리스도와 고난을 같이 나누고 그리스도와 같이 죽는 것이 바울의 변함없는 희망이었다(필립비 3,10). "그러나 육신을 지닌 대로 계속 사는 것이 내게 보람 있는 일이라면 어느 것을 택해야 할는지 나는 모르겠습니다. 나는 이 둘 사이에 끼어 있습니다. 한편으로 나는 세상을 떠나 그리스도와 함께 있기를 원하니, 사실 그편이 훨씬 낫습니다. 그러나 또 한편으로는 육신에 계속 머물러 있는 것이 여러분 때문에 더 필요합니다"(필립비 1,22-24). 데살로니카전서 4장과 고린토전서 15장에서 아직 설명되지 못한 주제가 필립비 1장과 3장에서 다시 나타난다(필립비 1,21-25; 3,10-12.20-21). 개인의 죽음과 그리스도 오심 사이에 어떤 일이 일어나는가.

바울은 고린토후서에서 부활을 다시 이야기한다. 보이는 것은 잠시뿐이지만 보이지 않는 것은 영원하기 때문에, 바울은 보이는 것에 눈길을 돌리지 않고 보이지 않는 것에 눈길을 돌린다(고린토후서 4,17). 바울은 보이는 것에서 보이지 않는 것으로 넘어가는 과정을 말하고 싶었다. 우리의 외적 인간은 낡아지지만, 내적 인간은 나날이 새로워지고 있다(고린토후서 4,15). 자연적인 몸과 영적인 몸(고린토전서 15,44) 비유가 지상의 집과 영원한 집(고린토후서 5,1)으로 바뀌었다.

몸 비유에서 집 비유로 변했지만, 몸과 집은 똑같이 사람을 가리키고 있다. 그런데 "사실 우리가 덧입으면 벌거숭이가 되지는 않을 것입니다"(고린토후서 5,3)는 무슨 말일까. 해석하기 쉽지 않다. 죽음과 부활 사이에 단절이 있다고 말하는 것일까.

예수 부활과 예수 그리스도를 믿는 사람들의 부활 희망을 바울은 세례에서 보고 있다(로마 6,1-11). "세례를 받고 그리스도 예수와 하나가 된 우리는 이미 예수와 함께 죽었다는 것을 모르십니까?"(로마 6,3). 이미 죽은 사람은 죄에서 해방된 것(로마 6,7)이니, 예수와 함께 죽은 세례 받은 사람은 예수 부활에 참여하기 시작한다. 완성은 아니지만, 현실에서 예수 부활에 참여하기 시작한다는 뜻이다. 예수를 부활시키신 하나님의 성령이 우리의 죽을 몸까지도 살려주실 것이다(로마 8,11).

## 심판

바울 편지는 하나님의 심판에 대한 말을 빼놓지 않았다. 바울은 유다교 묵시 사상에서 영향을 받았다.[5] 유다교 전승에 따르면, 하나님 분노의 심판은 유다인 아닌 민족뿐 아니라 이스라엘에게도 내려진다.[6] 바울이 심판에 대해 체계적인 설명을 한 적은 없었다.[7] 심판에 대해 자세히 설명한 고린토전서 15,23-28에서도 마찬가지다. 바울의 심판 사상을 잘 이해하려면, 바울이 쓰는 언어와 비유뿐 아니라 그 언급이 어떤 역할을 하는지 살펴보아야 한다.[8]

심판에 대한 강력한 경고 아래에서만 부활과 구원의 메시지가 비로소 생생하게 다가온다. 십자가 말씀인 복음은 하나님 심판에 대한 바울 발언을 약화시키지 않고 오히려 강화한다. 하나님 심판은 악을 쳐부수고(로마 16,20) 하나님나라 정착을 위해 봉사한다.

예수 오심, 특히 주님의 날(데살로니카전서 5,5)에 대한 기대가 컸던 데살로니카전서에서 하나님의 분노ὀργή에 대한 언급은 세 번 있었다(데살로니카전서 1,10; 2,16; 5,9). "그분은 장차 닥쳐올 하나님의 분노에서 우리

---

5 Hengel, M, "Paulus und die frühchristliche Apokalyptik", in: Ders, *Paulus und Jakobus. Kleine Schriften III*, WUNT 141, Tübingen 2002, 302-417.

6 Konradt, M, *Gericht und Gemeinde. Eine Studie zur Bedeutung und Funktion von Gerichtsaussagen im Rahmen der paulinischen Ekklesiologie und Ethik im 1 Thess und 1 Kor*, BZNW 117, Berlin/New York 2003, 57-65.

7 Stuhlmacher, P, "Eschatologie und Hoffnung bei Paulus.", in: Ders, *Biblische Theologie und Evangelium*, WUNT 146, Tübingen 2002, 66-87, 85.

8 Bull, K-M, ""Wir werden alle vor den Richterstuhl Gottes gestellt werden" (Röm 14,10). Zur Funktion des Motivs vom Endgericht in den Argumentationen des Römerbriefes", in: Becker, M,/Öhler, M, (Hg.), *Apokalyptik als Herausforderung der neutestamentlichen Theologie*, WUNT II 214, Tübingen 2006, 125-143.

를 건져내 주실 분입니다"(데살로니카전서 1,10) 발언은 데살로니카 공동체에게 미래의 구원을 확신시켜 주려는 의도에서 나왔다. 구체적인 심판 진행이나 최후 심판(로마 2,5-11)을 가리키는 말은 아니었다.[9]

고린토전서에는 심판에 대해 다양한 언급이 나왔다. "심판의 날은 불을 몰고 오겠고, 그 불은 각자의 업적을 시험하여 그 진가를 가려줄 것입니다"(고린토전서 3,13). 공동체를 망가뜨리는 사람에 대한 경고도 있었다. 하나님의 성전을 파괴하는 사람은 하나님께서 멸망시키실 것이다(고린토전서 3,17). 예수 그리스도를 믿는 사람들에게 바울은 책임 있는 행동과 실천을 요구하고 있다.

성도들이 세상을 심판하게 되리라는 것(고린토전서 6,2)과 교회 밖에 있는 사람들은 하나님께서 심판하실 것(고린토전서 5,13) 발언은 모순으로 보일 수 있다. 성도들이 세상의 악에 무관심하거나, 세상 법정을 무시하라거나, 공동체 안에서 생기는 일에만 신경 쓰라는 말이 아니다. 공동체 안에서 일어나는 일은 공동체 안에서 우선 해결하라는 바울의 권고였다. 바울은 예수운동 공동체의 자정 능력을 신뢰한 듯하다.

우상에게 바쳐진 음식 주제(고린토전서 8-10장)에서 심판 발언이 여럿 나왔다. 우리는 구원, 즉 불멸의 월계관을 얻으려고 애쓰며 달리기한다(고린토전서 9,25-26). 예수 그리스도를 믿는 우리는 광야를 건너던 우리 조상들처럼 악을 일삼아서는 안 된다(고린토전서 10,6). 믿음이 강하다는 사람이 믿음이 약한 사람을 망치는 일을 바울은 경고하고 싶었다(고린토전서 8,11).

자신의 행동을 스스로 돌아보라고 요청한다(고린토전서 8,28-34). "여

---

9 Frey, J, "Gericht und Gnade", in: Horn, F.W, (Hg.), *Paulus Handbuch*, Tübingen 2013, 471-479, 473.

러분 중에 몸이 약한 자와 병든 자가 많고 죽은 자도 적지 않은 것은 이 때문입니다"(고린토전서 11,30)를 오해하면 안 된다. 병자과 죽은 자는 하나님께 심판받았다고 바울이 말하는 것은 아니다. 병과 죽음을 긍정적으로 이겨내라고 격려하고 있다.[10]

주께서 오시면 어둠 속에 감추어진 것을 밝혀내시고 마음속 생각을 드러내실 그때, 각 사람이 하나님께 응분의 칭찬을 받게 될 것(고린토전서 4,5)이다. 그리스도의 심판대 앞에 나가는 날, 육체에 머물러 있는 동안 한 일들이 숨김없이 드러나서 잘한 일은 상 받고 잘못한 일은 벌 받게 될 것이다(고린토후서 5,10). 자기가 심은 것을 그대로 거둘 것(갈라디아 6,7b)이니, 각각 자기가 한 일을 살펴보자(갈라디아 6,4a). 필립비서에서도 심판 이야기가 언급되었다. "많은 사람들이 그리스도의 십자가의 원수가 되어 살고 있습니다"(필립비 3,18).

로마서에서 심판 이야기는 11회 언급되었다.[11] "하나님의 분노가 불의한 행동으로 진리를 가로막는 인간의 온갖 불경과 불의를 치시려고 하늘로부터 나타납니다"(로마 1,17)[12] 하나님의 아들 예수는 장차 닥쳐올 하나님의 분노에서 우리를 건져내 주실 분이다(데살로니카전서 1,10). 우리가 처음 믿던 때보다 우리의 구원이 더 가까이 다가온 지금(로마

---

10 Konradt, M, *Gericht und Gemeinde. Eine Studie zur Bedeutung und Funktion von Gerichtsaussagen im Rahmen der paulinischen Ekklesiologie und Ethik im 1 Thess und 1 Kor*, BZNW 117, Berlin/New York 2003, 448.

11 Bull, K-M, ""Wir werden alle vor den Richterstuhl Gottes gestellt werden" (Röm 14,10). Zur Funktion des Motivs vom Endgericht in den Argumentationen des Römerbriefes", in: Becker, M,/Öhler, M, (Hg.), *Apokalyptik als Herausforderung der neutestamentlichen Theologie*, WUNT II 214, Tübingen 2006, 125-143, 125.

12 Eckstein, H-J, ""Denn Gottes Zorn wird vom Himmel her offenbar werden." Exegetische Erwägungen zu Röm 1,18", in: Ders, *Der aus Glauben Gerechte wird leben. Beiträge zur Theologie des Neuen Testaments*, BVB 5, Münster 2003, 19-35.

13,11), 바울은 "그런 모양으로 사는 자는 마땅히 죽어야 한다는 하나님의 법"(로마 1,32)을 기억시키고 있다.[13]

그 심판에서 유다인은 유다인 아닌 사람에 비해 아무런 특권도 갖고 있지 않다(로마 3,9). 할례를 받지 않고도 율법을 잘 지키는 사람이 할례를 받고 기록된 율법을 갖고 있으면서도 율법을 어기는 사람을 오히려 심판할 것이다(로마 2,27). 모든 인간을 차별 없이 대하시는 하나님(로마 2,11)은 각 사람에게 그 행실대로 갚아주실 것이다(로마 2,6).

아담 이후 모든 사람이 유죄 판결의 심판을 받게 되었다(로마 5,16). 심판의 날이 오면 모든 것이 드러나서 각자가 한 일ἔργον이 명백하게 될 것이고, 각자의 업적을 시험하여 그 진가를 가려줄 것이다(고린토전서 3,13). 우리는 다 하나님의 심판대 앞에 설 사람이다(로마 14,10). 이처럼 바울은 편지 여러 곳에서 하나님 심판을 언급했다. 바울은 세상 끝날 하나님 심판이 있을 것임을 확신했다.

심판하시는 분은 하나님이시다. 하나님은 판사석βῆμα에 앉으신다(로마 14,10). 우리가 다 그리스도의 심판대βῆμα 앞에 나가는 날(고린토후서 5,10), 판결 역할은 예수 그리스도에게 위임된다. 예수 그리스도를 믿는 사람들이 심판에 참여하는(고린토전서 6,2; 로마 2,27) 듯 언급되긴 했지만, 그것이 하나님의 최후 심판을 가리키는 것은 아니다.

예수 그리스도를 믿는 사람들이 성급하게 판단하거나 편파적으로 판단하는 행위를 경고하려는 뜻에서 나온 바울의 말(고린토전서 4,4; 로마 14,10)이었다.[14] 예수운동 공동체 내부에서 생긴 사건에 한정되는 말이

---

13 Konradt, M, *Gericht und Gemeinde. Eine Studie zur Bedeutung und Funktion von Gerichtsaussagen im Rahmen der paulinischen Ekklesiologie und Ethik im 1 Thess und 1 Kor*, BZNW 117, Berlin/New York 2003, 500.

었다(고린토전서 5,13). 예수 그리스도를 믿는 사람들이 모든 인간을 최종적으로 심판한다는 말이 아니다.

심판받을 사람은 누구인가. 우상에 빠진 유다인 아닌 사람들이 언급되었다(데살로니카전서 1,9). 모든 사람이 죄를 지었기 때문에(로마 3,23), 심판은 유다인 아닌 사람과 유다인까지 모두 포함한다(로마 1,18-3,20). 예수운동을 박해하는 하나님의 원수들(데살로니카전서 2,16), 예수운동 공동체를 망가뜨리는 사람들이(고린토전서 3,16; 갈라디아 1,8; 6,5) 심판받을 대상으로 언급되었다. 예수 그리스도를 믿는 사람들도 당연히 하나님 심판의 대상으로 언급되었다(고린토전서 3,5-4,5).

먼저 우리 자신을 잘 살핀다면 하나님의 심판은 받지 않을 것(고린토전서 11,31)이라고 바울은 말했다. "여러분이 겪은 시련은 모두 인간이 능히 감당해 낼 수 있는 시련들"(고린토전서 10,13a)이라는 위로의 말도 있었다. 바울은 예수 그리스도를 믿는 사람들에게 훈계나 경고보다 용기를 먼저 주고 싶었다.

죽은 자들 가운데서 다시 살아나신 하나님의 아들 예수는 장차 닥쳐올 하나님의 분노에서 우리를 건져내 주실 분이다(데살로니카전서 1,10). 예수 그리스도를 믿는 사람들은 그분의 은총으로 거저 의롭게 되었으니(로마 3,24), 이제 그리스도 예수 안에 있는 이들은 단죄받을 것이 조금도 없다(로마 8,1). 그리스도가 우리를 위하여 대신 간구해 주시는 분ἐντυγχάνει ὑπὲρ ἡμῶν(로마 8,34), 즉 법정에서 변호사처럼 소개되었다.

심판과 은혜는 떼어놓을 수 없다. 하나님은 우리가 분노의 심판을 받도록 정하신 것이 아니라 우리 주 예수 그리스도로 말미암은 구원을 차

---

14 Frey, J, "Gericht und Gnade", in: Horn, F.W, (Hg.), *Paulus Handbuch*, Tübingen 2013, 471-479, 477.

지하도록 정하셨다(데살로니카전서 5,9). 예수 그리스도 죽음이 어떻게 인간을 구원으로 이끄는가. 바울은 여러 가지로 설명했다. "우리를 위해서 하나님께서는 죄를 모르시는 그리스도를 죄 있는 분으로 여기셨습니다. 그래서 우리는 그리스도로 말미암아 하나님께로부터 무죄 선언을 받게 되었습니다"(고린토후서 5,21)가 여전히 바울의 주요한 해명으로 손꼽힌다.

예수 그리스도 덕분에 얻은 의로움은 무죄 선언뿐 아니라 새로운 삶을 여는 새로운 창조(로마 8,2)이기도 하다. 죄의 용서와 하나님과 화해(고린토후서 5,17; 로마 5,1)를 포함하고 성령 안에서 새로운 삶을 향하는(로마 8,4) 구원은 하나님의 사랑의 결과이다(로마 5,8). 은혜는 예수 그리스도 안에서 생긴 구원의 대명사가 되었다.

바울은 삶에 대해 주로 말했지만, 죽음에 대해 어떤 생각을 했을까. 바울은 삶과 죽음을 어떻게 연결하고 어떻게 해석했을까. 예수 부활이 삶과 죽음에 대한 바울 생각을 크게 바꾸었다. 예수의 삶과 죽음에 대한 바울 생각이 미래에 대한 바울 생각에 영향을 주었다.[15] 예수 부활을 믿고 받아들인 바울은 "주님은 가까이 오셨습니다"(필립비 4,5)라는 기대를 평생 가지고 살았다.[16] 주님이 가까이 오셨다는 바울 생각은 21세기 한국 그리스도인의 생각과 가까울까.

예수 그리스도를 믿고 세례받은 사람은 부활한 예수 그리스도(고린토전서 15,4a.20a)에 참여한다. 예수 그리스도의 부활은 시간 안에 들어온

---

15 Baumgarten, J, *Paulus und die Apokalyptik*, WMANT 44, Neukirchen 1975, 93.

16 Becker, J, *Paulus. Der Apostel der Völker*, Tübingen 1989, 468-478; Merklein, H, "Eschatologie im Neuen Testament", in: Ders, *Studien zu Jesus und Paulus II*, WUNT 105, Tübingen 1998, 87-95; Dunn, J.D.G, *The Theology of Paul the Apostle*, Grand Rapids/Cambridge 1998 461-498.

사건이지만, 예수 그리스도의 부활로 인해 시간의 성격이 바뀌었다. 하나님이 예수 그리스도를 죽은 자들 가운데서 부활시키셨듯이, 예수 그리스도를 믿고 세례받고 죽은 데살로니카 공동체 사람들도 먼저 살아날 것이다(데살로니카 4,17). 예수 그리스도는 부활한 첫 사람ἀπαρχή(고린토전서 15,20)이다. "죽음이 한 사람으로 말미암아 온 것처럼 죽은 자의 부활도 한 사람으로 말미암아 왔습니다"(고린토전서 15,22). 그리스도로 말미암아 모든 사람이 살게 될 것이다(고린토전서 15,23b).[17]

예수 그리스도를 믿고 세례받은 사람은 과거, 현재, 미래라는 시간을 해석하는 눈이 바뀌었다. 예수 그리스도를 믿고 세례받은 사람은 지금 살아있지만, 죽음 이후 운명을 지금 알고 믿고 기다리고 있다. 죽음 이후 운명에 아무 생각이 없는 사람이 아니라 죽음 이후 운명을 알고 믿고 기다리는 종말론 존재다. 종말론적 존재인 우리는 밤이나 어둠에 속한 사람이 아니고, 모두 빛의 자녀이며 대낮의 자녀이다(데살로니카전서 5,5). 예수 그리스도에 속한 사람은 현재와 미래의 구원에 참여한다.

현재는 미래에 의해 결정되는 구원의 시간이라고 바울은 생각했다(로마 6,4; 8,11). 그러나 예수 그리스도를 믿고 세례받은 사람은 지금 부활했다고 고린토 공동체 일부 사람들이 주장한 것(고린토전서 4,8; 10,1; 15,12)처럼 바울은 말하지는 않았다. 구원은 '이미 시작되었지만 아직 아니already/not yet'라는 표현[18]은 적절하지 않다.

종말론적 유보Vorbehalt[19] 표현 역시 바울 뜻을 설명하기에 부족하고,

17 Lindemann, A, *Der Erste Korintherbrief*, HNT 9/1, Tübingen 2000, 344.

18 Klein, G, Art. "Eschatologie", TRE 10, Berlin/New York 1982, 270-299, 283; Dunn, J.D.G, *The Theology of Paul the Apostle*, Grand Rapids/Cambridge 1998, 466-472.

19 Lindemann, A, Art. "Eschatologie III. Neues Testament", RGG 2, Tübingen 1999, 4판, 1553-1560, 1556.

또 오해를 일으키기 쉽다. 구원은 이미 시작되었지만 아직 아니라는 표현보다 '이미 시작되었고 더 많이already/even more'라는 표현20으로 바꾸는 것이 내용상 더 적절하다.21 지금 구원이 있음을 확신하지만 지금 구원이 완성되었다는 표현은 삼가야 하겠다. 지금 구원이 시작하고 있고, 미래에 그 구원이 완성된다.

예수 그리스도를 믿고 세례받은 사람은 새로운 존재로서 그리스도를 향하며(갈라디아 3,26-28), 사랑의 의무를 알고 있다(갈라디아 5,22). 바울의 삶은 미래가 얼마나 현재를 지탱하는 힘이고 현재에 강하게 영향을 주는지 보여주었다.22 "그것은 주 예수를 일으키신 분께서 우리를 또한 예수와 함께 일으키시어 여러분과 함께 한자리에 세워 주실 것을 알고 있기 때문입니다"(고린토후서 4,14; 갈라디아 1,1; 로마 4,17). 그래서 희망은 믿음과 사랑처럼 예수 그리스도를 믿고 세례받은 사람의 특징이다(고린토전서 13,12). 미래에 대한 예수운동 사람들의 희망은 근거 있는 희망이다(데살로니카전서 1,3; 갈라디아 5,5; 로마 8,24).23

바울 종말론에 여러 변화가 있었다는 의견24과 그렇진 않다는 의견25이 있다.26 바울은 데살로니카전서 4,13-18에서 처음으로 종말론

---

20 Agersnap, S, *Baptism and the New Life: A Study of Romans 6.1-14,* Aarhus 1999, 401.

21 Schnelle, U, *Paulus. Leben und Denken,* Berlin/Boston, 2014, 2판, 632, 주 10.

22 Bultmann, R, *Der zweite Brief an die Korinther,* Dinkler, E, (Hg.), Göttingen 1976, 125.

23 Bultmann, R, Art. "ἐλπίς", ThWNT 2 (1935), 515-520.

24 Schade, H.H, *Apokalyptische Christologie bei Paulus,* GTA 18, Göttingen 1984, 2판, 21; Roloff, J, *Einführung in das Neue Testament,* Stuttgart 1995, 143; Strecker, Chr, *Die liminale Theologie des Paulus,* FRLANT 185, Göttingen 1999, 222-229.

25 Hoffmann, P, *Die Toten in Christus,* NTA NF 2, Münster 1978, 3판, 323-329; Luz, U, *Das Geschichtsverständnis des Paulus,* BEvTh 49, München 1968, 356; Siber, P, *Mit Christus leben. Eine Studie zur paulinischen Auferstehungshoffnung,* AThANT 61, Zürich 1971, 91.

의견을 냈다. 데살로니카 공동체는 하나님께서 예수 그리스도를 믿는 사람을 뽑으셨다는 사상27을 받아들이고, 주님이신 예수 그리스도가 세상에 곧 다시 오실 것을 기대하며 살았다.28

그런데 데살로니카 공동체에 주님이 오시기 전에 세상을 떠난 사람들이 생겼다. 바울은 "예수를 믿다가 죽은 사람들을 하나님께서 예수와 함께 생명의 나라로 데려가실 것을 믿습니다"(데살로니카전서 4,14)라고 말했다. 그리스도를 믿다가 죽은 사람들이 먼저 살아날 것이고, 그때 살아남아 있는 우리가 그들과 함께 구름을 타고 공중으로 들리어 올라가서 주님을 만나게 될 것이다(데살로니카전서 4,16b-17a).

예수 재림이 늦어지는 문제 앞에서 바울은 죽은 사람의 부활에 대해 말해야 했다.29 그러나 바울은 자신을 포함하여 데살로니카 공동체 사람들이 생전에 예수 재림을 맞으리라고 여전히 기대했다(데살로니카전서 4,15.17). 예수를 믿다가 죽은 사람들이 어떻게 부활할 것인지, 모든 믿는 사람들이 하늘나라에서 예수 그리스도 곁에서 어떻게 머물 것인지, 바울은 설명하지 않았다.30

몇 년 뒤 고린토 공동체에서 상황이 조금 달라졌다.31 예수 재림은

26 Lang, F.G, *2.Korinther 5,1-10 in der neueren Forschung,* BGBE 16, Tübingen 1973, 64-92.

27 Schade, H.H, *Apokalyptische Christologie bei Paulus,* GTA 18, Göttingen 1984, 2판, 117; Becker, J, *Paulus. Der Apostel der Völker,* Tübingen 1989. 138.

28 Marxsen, W, *Der erste Brief an die Thessalonicher,* ZBK NT 11.1, Zürich 1979, 21; Söding, Th, "Der Erste Thessalonischerbrief und die frühe paulinische Evangeliumsverkündigung. Zur Frage einer Entwicklung der paulinischen Theologie", BZ 35 (1991), 180-203, 187.

29 Marxsen, W, *Der erste Brief an die Thessalonicher,* ZBK NT 11.1, Zürich 1979, 64.

30 Walter, N, "Leibliche Auferstehung? Zur Frage der Hellenisierung der Auferweckungshoffnung bei Paulus", in: Trowitzsch, M, (Hg.), *Paulus, Apostel Jesu Christi* (FS Klein, G,), Tübingen 1998, 109-127, 110.

늦어지고, 죽는 공동체 사람들이 늘어났다(고린도전서 7,39; 11,30; 15,6). 바울은 여전히 예수 재림을 고대했지만, 공동체에서 예수 재림 전에 죽는 경우가 더 이상 예외가 아니었다. 그리스 문화의 몸σῶμα32 개념에 크게 영향받았던 고린토 공동체는 부활에서 몸 문제를 오해하기 쉬웠다. 신약성서에 142회 나오는 단어 σῶμα는 바울 편지에 74회 있고, 그중에 고린토전서와 고린토후서에서만 56회 나온다. 바울은 부활에서 몸 문제를 종말론의 핵심 주제로 다루지 않을 수 없었다.

바울은 종말론을 예수 그리스도에 대한 생각과 연결시켰다(고린도전서 15,3-5). 고린도전서에서 부활 주제를 다룰 때, 시간 안에서 세상과 인간의 한계를 언급한 고린도전서 15장이 가장 중요하다.33 고린토 공동체에서 어떤 사람들은 죽은 사람의 부활을 부정했다(고린도전서 15,12). 상식에 근거하여, 부활을 받아들이지 못할 수 있었다.

그렇다면, 그들은 부활을 선포하는 예수운동에 왜 들어왔을까. 부활자체를 부정하진 않았지만, 바울이 설명하는 방식의 부활을 찬성하기어려울 수도 있었다. 보이는 몸과 보이지 않는 영혼으로 인간을 구분한그들은 인간의 몸이 구원에 포함된다는 생각을 납득할 수 없기 때문이었다.34 그들의 생각과 한국인의 생각은 크게 다른가.

---

31 Schnelle, U, "Der erste Thessalonicherbrief und die Entstehung der paulinischen Anthropologie", NTS 32 (1986), 207-224, 214-218.

32 Bultmann, R, *Theologie des Neuen Testaments,* Merk, O. (Hg.), Tübingen, 1984, 9판, 193-203; Schnelle, U, *Neutestamentliche Anthropologie. Jesus - Paulus - Johannes,* BThSt 18, Neukirchen 1991, 66-71.

33 Wischmeyer, O, "1.Korinther 15. Der Traktat des Paulus über die Auferstehung der Toten", in: Ders./Becker, E.-M, *Was ist ein Text?,* NET 1, Tübingen 2001, 171-209, 172-178.

34 Sellin, G, *Der Streit um die Auferstehung der Toten,* FRLANT 138, Göttingen 1986, 30; Wischmeyer, O, "1.Korinther 15. Der Traktat des Paulus über die Auferstehung der

바울은 그리스도가 죽은 자들 가운데서 부활한 첫 사람이 되셨다(고린토전서 15,20)고 논의를 시작한다.35 그리스도 덕분에 모든 사람이 살게 될 것(고린토전서 15,22b)인데, 그리스도를 믿는 사람들이 그리스도가 다시 오실 때 살아나게 될 것이다(고린토전서 15,23b). 마지막 날에, 하나님을 반대하는 모든 세력은 없어질 것(고린토전서 15,24)이고, 그리스도는 다스리실 것(고린토전서 15,25)이고, 하나님은 모든 것 안에서 모든 것이 되실 것(고린토전서 15,28b)이다.36 바울은 부활이 언제 어떤 순서로 일어나는지 자기 생각을 밝혔다.

죽은 사람이 어떻게 살아날 수 있으며 어떤 몸으로 살아날 것인가 물을 수 있다(고린토전서 15,35). 어떻게 부활하느냐 질문은 어떤 몸으로 부활하느냐 질문과 같다. 바울은 여기서 하늘에 속한 몸과 땅에 속한 몸(고린토전서 15,40)이라는 두 종류 몸을 소개했다. 썩을 몸과 썩지 않는 몸이 있다는 말이다(고린토전서 15,42-43).

영적인 몸이 자연적인 몸보다 높다(고린토전서 15,46). 지금 우리는 흙으로 빚어진 아담의 몸을 지녔지만, 장차 하늘에 속한 그리스도의 모습을 지니게 될 것이다(고린토전서 15,49). 죽은 이들이 썩지 않는 몸으로 일으켜질 것이고 우리도 변화할 것이다(고린토전서 15,52). 몸σῶμα 단어가 고린토전서 15,52-54에서 나타나지 않지만, 부활한 몸은 죽기 전 몸과 연결된다는 바울의 생각은 분명하다.

바울은 생전에 그리스도 재림을 기대했지만(데살로니카전서 4,13-18; 고린토전서 15,51-52), 그리스도 재림 전에 자신이 죽을 수도 있다는 생각

---

Toten", in: Ders./Becker, E.-M, *Was ist ein Text?*, NET 1, Tübingen 2001, 171-209, 193.
35 Schade, H.H, *Apokalyptische Christologie bei Paulus*, GTA 18, Göttingen 1984, 2판, 193.
36 Schrage, W, *Der erste Brief an die Korinther*, EKK VII/4, Neukirchen 2001, 152-189.

을 처음으로 고린토후서에서 했다(고린토후서 5,1-10).[37] 바울의 생각이 바뀐 것이다. 몸을 집οἰκία, 천막σκῆνος으로 비유하는 것은 그리스 문화[38] 와 구약성서(지혜서 9,15; 이사야 38,12)[39]에서 온 듯하다. 이때부터 바울 에게 몸σῶμα 단어는 오직 지상에서 몸(고린토후서 5,6.8)과 연결되고, 부 정적으로만 묘사되었다.[40] 마지막 날 부활과 그리스도의 심판이 연결 되었다(고린토후서 5,10).[41] 그리스도의 심판이 없다면, 악인들은 선한 사람들의 삶을 비웃으며 정의를 조롱할 것이다. 심판 없이 정의 없다.

로마서에서 그리스도 재림 전에 죽음은 예외가 아니라 규칙처럼 여 겨졌다(로마 14,8b). 몸이 변화한다는 해설이 다시 등장했다(로마 8,11.23). 하나님의 성령이 죽은 자들 가운데서 예수 부활을 일으켰을 뿐만 아니 라 그리스도를 믿는 사람 안에 살고 계신 당신 영을 통하여 우리의 죽을 몸도 살리실 것이다(로마 8,11). 인간이 몸으로부터 구원되는 것이 아니 라 몸을 구원되게 변화시킨다는 뜻이다.[42]

필립비서에서 바울은 그리스도 재림 전에 자신이 죽을 것이라며, 종 말론에서 개인의 운명을 집중해서 다루었다.[43] "살든지 죽든지 내 몸을

---

37 Scornaienchi, L, *Sarx und Soma bei Paulus,* NTOA 67, Göttingen 2008, 260-279.

38 Plato, *Phaidon* 81C.

39 Windisch, H, *Der zweite Korintherbrief,* KEK VI, Göttingen 1924, 9판, 158.

40 Walter, N, "Leibliche Auferstehung? Zur Frage der Hellenisierung der Auferweckungshoffnung bei Paulus", in: Trowitzsch, M, (Hg.), *Paulus, Apostel Jesu Christi* (FS Klein, G,), Tübingen 1998, 109-127, 116; Wiefel, W, "Die Hauptrichtung des Wandels im eschatologischen Denken des Paulus", ThZ 30 (1974), 65-81, 77.

41 Synofzik, E, *Gerichts- und Vergeltungsaussagen bei Paulus,* GTA 8, Göttingen 1977, 106.

42 Walter, N, "Leibliche Auferstehung? Zur Frage der Hellenisierung der Auferweckungshoffnung bei Paulus", in: Trowitzsch, M, (Hg.), *Paulus, Apostel Jesu Christi* (FS Klein, G,), Tübingen 1998, 109-127, 120.

43 Wiefel, W, "Die Hauptrichtung des Wandels im eschatologischen Denken des Paulus",

통해서 그리스도께서 항상 그렇듯이 지금도 온 세상에서 찬양받는 것입니다"(필립비 1,20b). 바울은 세상을 떠나 그리스도와 함께 있기를 원하기도 했고(필립비 1,23), 공동체를 위해 더 살아있기를 바라기도 했다(필립비 1,24). 바울은 필립비 1,23에서 순교자 죽음을 예측하고, 필립비 3,21에서 자연사를 상상했을까.[44]

주님과 함께/그리스도와 함께(데살로니카전서 4,17; 필립비 1,23), 예수 재림에 대한 기대, 현재와 미래에 그리스도의 존재는 바울 종말론에서 일관된 생각이었다. 그러나 마지막 날에 개인의 운명과 사건이 어떻게 전개될지에 대해 바울 표현은 조금씩 바뀌었다. 그렇다면, 바울 종말론의 중심에서 어떤 변화 또는 발전이 있었다[45]고 표현해도 좋겠다.

죽음 직후 썩지 않는 영혼은 썩을 몸에서 분리되고, 몸은 죽음 이후 아무런 의미도 없다는 생각이 그리스철학에서 유행했다.[46] 그리스철학의 영향을 받은 유다교에도 비슷한 생각이 널리 퍼졌다. "썩어 없어질 육체는 영혼을 내리누르고, 이 세상살이는 온갖 생각을 일으키게 하여 사람의 마음을 무겁게 만듭니다"(지혜서 9,15).[47] 바울은 이러한 상황에서 죽음 직후 인간의 몸에 대한 부정적 해석을 피해야 했다. 바울은 고린토전서 15, 35-52에서 밝힌 생각을 유지했다. "자연적인 몸으로 씨 뿌려지지만, 영적인 몸으로 일으켜집니다"(고린토전서 15,44a). 죽음 이

---

ThZ 30 (1974), 65-81, 79-81.

44 Müller, U.B, *Der Brief des Paulus an die Philipper,* ThHK 11/I, Leipzig 1993, 64-71; Schapdick, St, *Eschatisches Heil mit eschatischer Anerkennung,* BBB 164, Göttingen 2011, 465.

45 Schnelle, U, *Wandlungen im apulinischen Denken,* SBS 137, Stuttgart 1989, 37-48.

46 Plato, *Phaidon* 80a; Cicero, *Rep* III 28.

47 Schweizer, E, Art. "σῶμα", in: Kittel, G, (Hg.), ThWNT 7, Stuttgart 1990, 1025–1091, 1049-1051.

전 몸은 부활한 몸과 정체성이 연결된다는 뜻이다.

## 이스라엘 운명

예수 그리스도를 믿는 개인은 죽음 이후 어떤 운명을 맞이할까. 예수 그리스도를 믿지 않는 유다인 운명은 어떻게 될까. 구원론뿐 아니라 종말론에서도 다룰 주제다. 구원의 주도권이 유다인에게서 예수 그리스도를 믿는 사람에게 넘어간다면, 세상 끝날 유다인 운명은 바울이 피할 수 없는 주제였다. 하나님은 세상 끝날에 유다인을 어떻게 대하실까. 유다인에게 주어진 하나님의 약속은 여전히 유효한가.

바울의 첫 편지 데살로니카전서는 공통년 50년 무렵에 쓰였다.[48] 데살로니카전서가 쓰일 때, 예수운동 데살로니카 공동체에 대한 유다인의 탄압은 예수운동을 전파하는데 커다란 위험이 되었다.[49] 그 상황에서 유다인에 대한 바울의 거친 언사를 살펴보아야 하겠다.

유다인들은 주님이신 예수와 예언자들을 죽이고 우리를 몰아냈습니다. 그래서 그들은 하나님의 마음을 상하게 해드리고 모든 사람의 원수가 되었습니다. 또 그들은 우리가 이방인들에게 복음을 전해서 구원을 얻게 해주는 일까지 방해했습니다. 이렇게 그들의 죄는 극도에 달해서 마침내 하나님의 진노가 그들에게 내리게 되었습니다(데살로니카전서 2,15-16).

---

48 Holtz, T, *Der erste Brief an die Thessalonicher,* EKK XII, Neukirchen 1986, 19.

49 Haufe, G, *Der erste Brief des Paulus an die Thessalonicher,* ThHK 12/I, Leipzig 1999, 48.

바울은 필립비, 데살로니카, 베로아, 아테네에서 활동한 뒤 고린토로 왔다.[50] 바울이 1년 반 머물렀던 고린토(사도행전 18,11)는 바울 선교에서 에페소 다음으로 중요한 거점이 되었다. 고린토 공동체 사람 대부분은 유다인 아닌 사람들이었다(고린토전서 8,10; 10,27; 12,2). 데살로니카전서보다 5년 늦게 쓰인 듯한 고린토전서에서 바울은 예수운동과 유다교의 관계를 자세히 다루지 않았다.[51]

그런데 고린토후서 3장에서 바울은 구약성서를 예수운동에 참여한 사람의 관점에서 해석한 모습을 보여주었다. 하나님은 예수운동 사람들을 새로운 계약의 봉사자들로 삼으셨고, 새로운 계약은 문자의 계약이 아니라 영의 계약이다(고린토후서 3,6a-b). 유다교의 문자는 사람을 죽이지만 예수운동의 영은 사람을 살린다(고린토후서 3,6c). 유다인의 생각은 굳어졌다(고린토후서 3,14a)라고 비판했다.

그러나 바울은 데살로니카전서 2,16에서 유다인의 죄가 극도에 달해서 하나님의 진노가 그들에게 내리셨다고 말했지만, 고린토후서 3,16-18에서는 유다인이 예수 그리스도에게 돌아올 것을 기대했다. 이스라엘에 대한 하나님의 최종 심판은 아직 내리지 않았으며, 아직 예수 그리스도를 받아들이지 않는 유다인도 결국 회개할 것이다.

유다교에 대한 바울 생각은 갈라디아서에서 또한 새롭게 드러났다. "이 기준을 따라 걷는 모든 이와 하나님의 이스라엘에게 평화와 자비가 내립니다"(갈라디아 6,16). 하나님의 이스라엘Ἰσραὴλ τοῦ θεοῦ 표현이 등장했다. 누구를 말하는 단어일까. 예수운동 갈라디아 공동체에 참여한 유

---

50 Schrage, W, *Der erste Brief an die Korinther*, EKK VII/1, Neukirchen 1991, 34.

51 Schnelle, U, *Gerechtigkeit und Christusgegenwart. Vorpaulinische und paulinische Tauftheologie*, GTA 24, Göttingen 1986, 2판, 155.

다인과 유다인 아닌 사람들을 가리키는 듯하다.[52]

지금 예루살렘은 종살이하는 이스라엘 백성을 가리키며, 하갈과 이스마엘에 연결된다(갈라디아 4,25). 아브라함과 사라는 지금의 예루살렘과 아무 관계가 없다는 것이다. "여종과 그 아들을 내쫓아라! 여종의 아들이 자유로운 여인의 아들과 함께 상속을 받아서는 안되기 때문이다"(갈라디아 4,30b). 예수운동 갈라디아 공동체는 자유로운 여인, 즉 사라의 자손이고, 예수 그리스도를 받아들이지 않는 유다인은 여종의 자손, 즉 하갈의 자손이다(갈라디아 4,31). 하나님은 유다인을 버렸고, 예수운동이 하나님의 상속자라는 뜻이다. 바울의 이 설명은 아브라함과 사라의 후손이요, 하나님의 상속자로 자처하는 유다인에게 커다란 모욕이요 배신으로 다가왔을 것이다.

이스라엘 운명 주제는 로마서에서 자세히 다루어졌다. 복음은 먼저 유다인에게(로마 1,16) 표현이 놀랍게도 나왔다. 악을 행하는 사람이면 먼저 유다인에게 환난과 곤궁이 닥칠 것이고, 선을 행하는 사람이면 먼저 유다인에게 영광과 영예와 평화가 있을 것이다(로마 2,9-10). 바울은 인류를 유다인과 유다인 아닌 사람으로 나누고 있다. 로마서 3,1-8는 이스라엘 운명을 주제로 다룬다. 유다인은 하나님의 말씀을 위탁받았다(로마 3,2). 몇몇 유다인이 신의를 저버렸다고 해서 하나님의 신의가 무력하게 될 수 있는 것일까(로마 3,3). 로마서 1-8장에서 이스라엘에 대한 바울의 언급은 중단되지 않는다.[53]

---

52 Lüdemann, G, *Paulus und das Judentum,* TEH 215, München 1983, 29; Hübner, H, *Gottes Ich und Israel,* FRLANT 136, Göttingen 1984, 133.

53 Sänger, D, *Die Verkündigung des Gekreuzigten und Israel,* WUNT 75, Tübingen 1994, 95-151; Kraus, W, *Das Volk Gottes,* WUNT 85, Tübingen 1996, 272-290.

이스라엘 운명은 로마서 9-11장에서 집중적으로 논의된다. 이스라엘의 선택과 계약들과 언약들(로마 9,4)이 더 이상 유효하지 않다면, 하나님의 말씀이 무효가 되고 말 것이다(로마 9,6). 로마서 9-11장에서 하나님의 신의와 이스라엘의 불충이 대조된다. 바울은 이스라엘을 육신상의 자녀와 언약의 자녀로 구분한다(로마 9,6-8). 이스라엘의 남은 자들(로마 11,5)이 선택받았고, 나머지는 마음이 굳어졌다(로마 11,7). 이스라엘의 일부가 완고하게 된 것은 유다인 아닌 민족이 모두 다 들어올 때까지 그리할 것이다(로마 11,25c). 그다음에는 온 이스라엘도 구원받을 것이다πᾶς Ἰσραὴλ σωθήσεται(로마 11,26a).54

바울에게 이스라엘 운명은 하나님 의로움과 직결되는 일이다. 로마서 9-11장은 하나님의 하나님다움에 대한 논의다.55 불충한 유다인이나 인류가 아니라 충실하신 하나님이 청문회에 소환된 것이다. 하나님은 충실하신 분으로 밝혀졌다. 이스라엘 문제는 지금 당장 해결될 수는 없고, 미래에 하나님의 놀라운 행동에 의해 드러날 것이다.

주님께서 다시 오시는 날, 온 이스라엘이 회개할 것이고, 예수 그리스도를 믿는 유다인 아닌 사람들과 함께 구원받을 것이다(로마 11,23.26-32). 하나님의 은사와 부르심은 취소될 수 없다(로마 11,29). 하나님은 모든 이에게 자비를 베푸실 것이다(로마 11,32b). "오! 하나님의 부요와 지혜와 지식의 깊음이여! 정녕 그분의 판단은 헤아려 짐작할 수도 없고 그분의 길은 더듬어 찾아낼 수도 없도다!"(로마 11,33)

이스라엘에 대한 바울의 태도가 크게 바뀐 것이다. 유다인들은 주 예

54 Theissen, G, "Röm 9-11 - Eine Auseinandersetzung des Paulus mit Israel und mit sich selbst", in: *Fair Play* (FS Räisänen, H), NT.S 103, Leiden u.a. 2002, 311-341, 326.
55 Schnelle, U, *Paulus. Leben und Denken*, Berlin/Boston, 2014, 2판, 645.

수를 죽였고 예언자들도 죽였으며 예수운동도 박해하였고, 모든 사람에게 적대하는 자들이며, 마침내 진노가 그들에게 내리게 되었다(데살로니카전서 2,14-16)와 온 이스라엘도 구원받을 것(로마 11,26)은 거의 모순에 가까울 정도로 어울리지 않는다.

이스라엘 운명 주제에서 데살로니카전서 2,14-16을 주변적인 문장[56]이라고 여길 수는 없다. 데살로니카전서 2,14-16과 로마 11,26의 모순을 해명하기[57] 어렵다. 데살로니카전서와 로마서 사이에 약 6년 정도 시간이 흘렀다. 그동안 바울이 자기 생각을 고쳤다[58]고 인정할 수밖에 없다.

바울에 따르면, 예수 그리스도를 믿는 유다인과 유다인 아닌 사람은 의로움을 얻는다. 예수 그리스도를 믿지 않는 유다인의 운명은 그러면 어떻게 되는가. 바울은 이 주제를 피할 수 없다. 바울의 의화론은 이스라엘 문제를 해명해야만 한다. 하나님께서 세상에 민족이 많지만 그 가운데서 뽑아 당신의 소중한 백성으로 삼으신 이스라엘(신명기 7,6; 14,2) 아닌가. 예수 그리스도가 오기 전에 하나님께 이미 선택받고 사랑받은 백성 아닌가.

이스라엘, 유다교, 유다인 등 여러 단어를 21세기 우리는 그리스도교 안에서 거의 같은 단어로 쓰고 있다. 바울은 이스라엘 단어를 다양하

---

56 Wolter, M, *Paulus. Ein Grundriss seiner Theologie,* Neukirchen 2015, 2판, 434.

57 Holtz, T, *Der erste Brief an die Thessalonicher,* EKK XIII, Neukirchen 1986, 108-113; Brandenburger, E, "Paulinische Schriftauslegung in der Kontroverse um das Verheissungswort Gottes (Röm 9)", ZThK 82 (1985), 1-47, 43-47.

58 Räisänen, H, *"Römer 9-11: Analyse eines geistigen Rings",* ANRW 25.4, Berlin/New York 1987, 2891-2939, 2925; Wilckens, U, *Der Brief an die Römer,* EKK VI/2, Neukirchen 1980, 209; Lüdemann, G, *Paulus und das Judentum,* TEH 215, München 1983, 41.

게 썼다. 네 경우로 나눌 수 있다. 바울은 예수 그리스도를 믿지 않는 유다인을 이스라엘이라고 불렀다(로마 9,31; 10,19.21). 예수 그리스도를 믿지 않는 유다인뿐만 아니라 예수 그리스도를 믿는 유다인까지 포함하여 이스라엘 호칭을 쓰기도 했다(로마 9,27; 11,1; 고린토후서 11,22). 예수 그리스도를 믿는 유다인이 이스라엘 백성에서 제외된 것은 아니다. 이스라엘은 엘리야와 모세 시대의 하나님 백성을 가리키기도 한다(로마 11,2; 고린토후서 3,7.13). 혈육으로 이스라엘(고린토전서 10,18) 표현도 있었다.

독자적으로 선교 활동에 나섰던 공통년 50년 무렵, 바울은 이런 말을 했다.

> 유다의 신도들이 그들의 동족인 유다인들에게서 박해를 받은 것처럼 여러분도 동족에게서 박해를 받았습니다. 그 유다인들은 주님이신 예수와 예언자들을 죽이고 우리를 몰아냈습니다. 그래서 그들은 하나님의 마음을 상하게 해드리고 모든 사람의 원수가 되었습니다. 또 그들은 우리가 이방인들에게 복음을 전해서 구원을 얻게 해주는 일까지 방해했습니다. 이렇게 그들의 죄는 극도에 달해서 마침내 하나님의 진노가 그들에게 내리게 되었습니다(데살로니카전서 2,14b-16).

바울은 유다인의 잘못으로 과거에 둘, 현재에 셋, 모두 다섯 개를 들었다. 과거에 유다인들이 예언자들을 죽였고 박해했었고(데살로니카전서 2,15a-b), 지금은 하나님을 기쁘시게 해드리지 않고 모든 사람에게 적대하고 있으며(데살로니카전서 2,15c-d), 유다인 아닌 사람들이 구원을 받도록 그들에게 복음을 전하는 것을 방해하고 있다(데살로니카전서 2,16a).

예수운동과 바울이 유다인 아닌 사람들에게 복음을 전하는 것을 유다인이 방해하고 있기 때문에, 그들의 죄는 극도에 달해서 마침내 하나님의 진노(마카베오하 6,13-15; 다니엘 8,23)가 그들에게 내리게 되었다(데살로니카전서 2,16b). 데살로니카전서 2,14b-16은 단순히 유다교 내부 논쟁[59]이 아니다.

마치 과거의 유다교 예언자들처럼, 바울은 유다교 역사를 과거부터 현재까지 전체적으로 평가하고 있다. 바울은 세례자 요한처럼 하나님의 분노를 말하고 있다. 유다인들은 현재뿐 아니라 과거에도 잘못을 했다. 바울의 말은 예수의 다음 발언과 멀리 있지 않다.

그러니 여러분 조상들이 시작한 일을 마저 하시오. 이 뱀 같은 자들아, 독사의 족속들아! 여러분이 지옥의 형벌을 어떻게 피하겠습니까? 나는 예언자들과 현인들과 학자들을 여러분에게 보내겠습니다. 그러나 여러분은 그들을 더러는 죽이고 더러는 십자가에 매달고 또 더러는 회당에서 채찍질하며 이 동네 저 동네로 잡으러 다닐 것입니다. 그래서 마침내 무죄한 아벨의 피로부터 성소와 제단 사이에서 살해된 바라키야의 아들 즈가리야의 피에 이르기까지 땅에서 흘린 모든 무죄한 피 값이 여러분에게 돌아갈 것입니다. 분명히 말해 둡니다. 이 모든 죄에 대한 형벌이 이 세대에 내리고야 말 것입니다(마태 23,32-36).

그러나 바울은 자신이 비판한 그 유다인에 속하지 않는다. 바울처럼

---

59 Broer, I, "Antijudaismus im Neuen Testament? Versuch einer Annäherung anhand von zwei Texten (1Thess 2,14-16 und Mt 27,24f)", in: Oberlinner, L, (Hg.), *Salz der Erde - Licht der Welt* (FS Vögtle, A,), Stuttgart 1991, 321-355, 331.

예수 그리스도를 믿고 받아들이고 유다인 아닌 사람에게 전하는 유다인들이 분명히 있었다. 예수 그리스도를 믿고 받아들인 유다인은 하나님의 분노에서 제외될 것이다. "그분은 장차 닥쳐올 하나님의 분노에서 우리를 건져내 주실 분입니다"(데살로니카전서 1,10).

바울은 여기서 아브라함의 두 아들 이스마엘과 이사악 이야기를 꺼낸다(갈라디아 4,21-31). 바울은 창세기 16장; 17,15-22; 18,9-15; 21,1-21을 알고 있었음에 틀림없다. 예수 그리스도를 믿은 유다인은 구약성서에 익숙하기 때문에 바울의 이 설명을 알아듣기 어렵지 않았을 것이다.

바울에 따르면, 하갈은 노예(창세기 16,1-3.8; 21,10.12)이고 사라는 자유인이다(갈라디아 4,22). 하갈과 사라의 차이를 노예와 자유인의 차이로 대조시킨 사람은 바울이 처음이다. 사라가 이사악을 임신했을 때 90살이었고, 그녀의 남편 아브라함은 100살이었다(창세기 17,17). 인간으로서는 임신하기 어려운 이 사건에 바울은 하나님을 개입시키고 있다. 하갈은 시나이산 계약(출애굽기 24,3-8)을 거쳐 지금의 예루살렘, 즉 모든 유다인에 연결된다고 바울은 비유한다.

예루살렘의 자손들(갈라디아 4,25b)은 원래 예루살렘에 사는 유다인(요엘 2,23; 즈가리야 9,13; 마카베오상 1,38)을 가리키지만, 또한 비유적으로 유다인 전체를 가리킨다.[60] 하갈의 자손은 모두 노예 상태(갈라디아 4,25c)라고 바울은 표현한다. "너는 일찍부터 고삐를 끊고 날뛰는 굴레 벗은 말이었다. 나를 섬길 생각이 없어 높은 언덕 무성한 나무 밑 어디에서나 뒹굴며 놀아났다"(예레미야 2,2; 5,5)에서 율법을 고삐라고 비유한 구절을 바울이 기억했을 수 있다.

---

60 Wolter, M, *Paulus. Ein Grundriss seiner Theologie*, Neukirchen 2015, 2판, 419, 주17.

하갈의 시나이산 계약에 해당되는 부분을 바울은 따로 말하지 않았다. 하갈이 시나이산 계약에 비유된다면, 사라는 예수 그리스도의 빵 나눔 전승,[61] 시온산 계약(예레미야 50,5),[62] 아브라함 계약[63]에 비유하자는 제안이다. 바울에 따르면, 천상의 예루살렘은 자유로우며 바로 우리의 어머니이며(갈라디아 4,26), 우리는 여종의 자손이 아니라 자유로운 여인의 자손이다(갈라디아 4,31). 하갈, 노예, 시나이산 계약, 지금 예루살렘이 한 편에 있고, 사라, 자유인, 천상의 예루살렘, 우리가 다른 편에 있다.

유다인이냐 아니냐보다 예수 그리스도를 믿느냐 아니냐가 바울에게는 더 중요하다. 우리(갈라디아 4,26b; 31)는 예수 그리스도를 믿는 유다인과 유다인 아닌 사람을 포함한다. 바울은 우리라는 단어를 두 번 썼을 뿐 아니라 갈라디아 4장을 요약하는 마지막 구절에서 우리 단어를 또 썼다.

예수 그리스도를 믿는 유다인과 유다인 아닌 사람인 우리는 그만큼 바울에게 소중하다. 유다인의 특징인 하갈, 노예, 시나이산 계약, 지금 예루살렘보다 예수운동의 특징인 사라, 자유인, 천상의 예루살렘, 우리에게 바울은 관심이 있다. 하갈의 자손은 율법의 노예이고 사라의 자손은 율법에서 해방된 믿음의 자유인이라는 말을 바울은 하고 싶었다.

"형제자매 여러분, 여러분은 이사악과 같은 약속의 자녀들입니다" (갈라디아 4,28). 바울은 2인칭 복수를 써서 예수 그리스도를 믿는 유다인

---

61 Koch, D. A., *Die Schrift als Zeuge des Evangeliums*, BHTh 69, Tübingen, 1986, 205.

62 Sass, G, *Leben aus den Verheissungen*, FRLANT 164, Göttingen 1995, 330.

63 Vogel, M, *Das Heil des Bundes. Bundestheologie im Frühjudentum und im Frühchristentum*, TANZ 18, Tübingen/Basel 1996, 91.

아닌 사람들이 아브라함과 사라의 자녀로 포함되었다고 말했다. 혈육으로, 즉 인간의 노력으로 아브라함과 사라의 자녀가 된 것이 아니다. 예수 그리스도를 믿는 유다인 아닌 사람들은 도저히 임신할 수 없던 여인이 아이를 낳은 것(창세기 17,17)처럼, 아기를 낳아보지 못한 여인들과 학대받아 아이를 갖지 못한 여인들이 많은 자녀를 가진 것(이사야 54,1), 잘려진 올리브 나무에 야생 올리브 나뭇가지를 접붙인 것(로마 11,17.24)에 비유할 수 있다. 그것은 모두 하나님이 하신 일이다.

이집트 여자 하갈이 아브라함에게 낳아준 아들이 자기 아들 이사악과 함께 노는 것을 보고, 사라는 하갈의 아들이 자기 아들 이사악과 함께 상속자가 될 수는 없으니, 하갈과 그 아들을 내쫓으라고 아브라함에게 말하였다(창세기 21,9).[64] 예수 그리스도를 믿는 유다인이 예수 그리스도를 믿는 유다인 아닌 사람에게 할례를 강요하는 것을 마치 사라의 아들 이사악이 하갈의 아들 이스마엘을 쫓아내는 역사에 바울은 비유하고 연결하였다. 아브라함 시대에 여종의 아들은 상속자에서 제외되었다.

그러나 예수 그리스도를 믿는 유다인 아닌 사람은 아브라함의 상속자다. 아브라함의 두 아들 이스마엘과 이사악 이야기를 꺼낸 갈라디아 4,21-31은 무엇이 이스라엘이냐가 아니라 무엇이 예수운동이냐 주제를 다루고 있다. 예수 그리스도를 믿지 않는 유다인과 믿는 유다인 아닌 사람 사이에 노예와 자유인처럼, 이사악과 이스마엘처럼, 건널 수 없는 강이 있다고 바울은 표현한다.

---

64 Sellin, G, "Hagar und Sara. Religionsgeschichtliche Hintergründe der Schriftallegorese Gal 4,21-31", in: Mell, U,/Müller, U.B, (Hg.), *Das Urchristentum in seiner literarischen Geschichte* (FS Becker, J,), BZNW 100, Berlin/New York 1999, 59-84, 72.

바울은 갈라디아서에서와 아주 다르게 로마서에서 이스라엘 주제를 다룬다. 대부분 바울을 잘 모르는 예수운동 로마 공동체 사람들에게 자신과 자신의 신학을 소개하기 위해 로마서를 썼다. 바울은 로마를 방문하기 전에 예루살렘을 방문하여 모았던 헌금을 전달하려 했다(로마 15,25-27). 그런데 예수운동 예루살렘 공동체가 헌금을 거절하고 자신에게 위해를 가하지 않을지 바울은 염려하였다(로마 15,31). 바울은 예루살렘 공동체에도 자신과 자신의 신학을 오해받지 않고 이해시키려는 의도에서 신학적 유언65처럼 로마서를 썼다. 편지에서 바울은 자신의 미래 계획뿐 아니라 과거 활동을 언급하고 있다. 예수 그리스도를 믿고 전하는 사도 바울은 유다인 바울이기도 하다.

바울은 로마서 9-11장에서 이스라엘 주제에 집중한다. 바울은 두 전제를 내세우고 있다. 유다인과 유다인 아닌 사람 모두 죄를 지었기 때문에(로마 3,9), 그들 사이에 아무런 차이가 없다(로마 3, 22; 고린토전서 12,13; 갈라디아 3,28). 누구나, 유다인이나 유다인 아닌 사람이나 예수 그리스도를 믿으면 하나님께서 의롭다고 선언하신다(로마 1,16-17; 3,21-22.27-30; 10,12-13).

그런데 유다인은 하나님께 사랑받고 그 부르심으로 거룩하게 된 사람(로마 1,7; 5,5; 8,39)이다. 바울에게 크나큰 슬픔과 끊임없는 아픔이 있다(로마 9,2). 예수 그리스도를 받아들이지 않는 동족 유다인이 많기 때문이다(로마 9,30-10,21; 11,20.23). 바울은 탄식하고 있다. 하나님께 선택받고 사랑받는 유다인이 지금 구원에서 멀어져 있다는 현실을 어떻게 설명할 수 있을까. 이스라엘과 하나님의 관계가 로마서 9-11장에서

---

65 Bornkamm, G, "Der Römerbrief als Testament des Paulus", in: Ders, *Geschichte und Glaube II*, BevTh 53, München 1971, 120-139.

핵심 질문이다.

그러나 하나님은 누가 이스라엘에 속하고 속하지 않는지 언제나 새롭게 결정하실 수 있다. 하나님 백성에 속하는 것은 핏줄도 아니요(로마 9,7-9), 행업도 아니고(로마 9,10-13), 오직 하나님 결단에 달려 있다. "이스라엘 자손들의 수효가 바다의 모래와 같을지라도 살아남은 자만이 구원받으리라"(이사야 10,22; 로마 9,27). 이스라엘이 소돔과 고모라처럼 멸망하지 않는 것은 예수 그리스도를 믿는 유다인이 있기 때문이다. 예수 그리스도를 믿는 유다인이 있기 때문에, 하나님께서 이스라엘을 버리셨다고 말할 수 없다.

그렇다면 예수 그리스도를 믿지 않는 유다인의 운명은 어떻게 되는가. 그들은 예수 그리스도의 복음을 전해 듣고 이해했지만, 받아들이지 않았다(로마 9,30-10,21). "말 안 듣고 대드는 백성에게 나는 온종일 내 손을 내밀고 있었다"(이사야 65,2; 로마 10,21). 바울은 예수 그리스도의 복음을 하나님께서 이스라엘 백성을 향한 것으로, 이스라엘 백성이 예수 그리스도의 복음을 받아들이지 않는 것을 하나님을 거역하는 것으로 해석하였다.

이스라엘의 잘못(로마 9,30-10,4)은 율법을 이용하여 하나님 앞에 자기 자랑을 한 것[66]이 아니다. 그들은 부딪칠 돌, 즉 그리스도에게, 부딪친 것이다(로마 9,32c). 예수 그리스도를 믿음으로가 아니라 행업으로 이룰 수 있다고 생각했기 때문이다(로마 9,32b). 그들은 하나님의 의로움을 알아보지 못한 탓으로 제 나름의 의로움을 세우려고만 했다(로마 10,3b). 제 나름의 의로움이란 표현은 그들에게만 율법이 주어져 있기

---

66 Bultmann, R., "Christus des Gesetzes Ende", in: ders., *Glauben und Verstehen* II, 1968, 5판, 32-58, 40.

때문에 그 길을 고집했다는 말이다. 이스라엘의 잘못은, 바울에 따르면, 유다교는 그리스도교가 아니기 때문이다.[67]

"하나님께서 당신 백성을 버리셨습니까?"(로마 11,1a) 이스라엘은 자기가 노리던 것을 얻지 못했지만 선택된 이들은 얻었다(로마 11,7b). 반죽의 첫 부분이 거룩하면 전체 덩어리도 거룩하다(로마 11,16a; 민수기 15,20-21). 예수 그리스도를 믿는 거룩한 유다인이 있기 때문에 예수 그리스도를 믿지 않는 유다인도 거룩하다는 말을 바울은 하고 싶었다.

이스라엘은 분열될 수 없다. 바울의 말 분위기가 로마 9,6-29와는 상당히 달라지고 있다. 뿌리가 거룩하면 가지들도 거룩하다(로마 11,16b). "그들은 비틀거리다가 쓰러지고 말았습니까? 그럴 리 없습니다"(로마 11,11b). 이스라엘의 일부가 완고하게 된 것은 유다인 아닌 사람이 모두 다 들어올 때까지 그럴 것이다(로마 11,25c). 불신앙 때문에(로마 11,20b) 올리브나무 몇 가지가 잘려 나가고, 그 자리에 믿음을 가진 야생 올리브나무 몇 가지가 접목되었다(로마 11,17). 불신앙에 머물지만 않으면 다시 접목될 것이고, 하나님은 저들을 다시 접목하실 능력이 있으시다(로마 11,23).

"복음에 비추어 보면 그들은 여러분을 위하여 하나님의 원수가 되었지만 선택받은 데 비추어 보면 그들은 그 조상들 때문에 하나님의 사랑을 받은 이들입니다. 하나님의 은사와 부르심은 취소될 수 없기 때문입니다"(로마 11,28-29). 로마서 9-11장 전체를 요약하는 문장이다. 이스라엘에 대한 하나님 사랑은 이스라엘의 불신앙(로마 11,20)과 불순종(로마 11,30)을 훨씬 뛰어넘는다. 하나님의 은사와 부르심은 취소될 수 없

---

67 Sanders, E.P., *Paul and Palestinian Judaism*, London 1977, 552.

기 때문이다. 온 이스라엘도 구원받을 것이다(로마 11,26a). 하나님의 이 신비를 로마서를 읽거나 듣는 모든 사람이 모르고 지내기를 바울은 원하지 않는다(로마 11,25a).

바울이 어떻게 이 과정을 구체적으로 설명했는지, 예수 그리스도를 믿지 않는 유다인의 구원이 언제 어떻게 이루어질지, 성서학계에서 계속 논의되어 오고 있다. 그러나 바울이 확실히 말한 것은 딱 두 가지였다. 예수 그리스도를 믿지 않아서 구원에서 멀어진 유다인의 현실은 오래 가지 않을 것이다. 그 사람들 역시 예수 그리스도에게 돌아설 것이고 그래서 구원받을 것이다.

바울이 분명히 말한 것은 딱 그 두 가지였다. 성서학계의 그 논의를 바울은 궁금할 것 같지만, 과연 참여하려 할까. 유다인에게만 주어진 구원의 특별한 길은 없을 것이다.[68] 성서학자들은 바울보다 더 논의를 진행하고 싶지만, 바울이 하지 않고 사절했던 논의를 성서학자들은 성공적으로 할 수 있을까.

바울 자신의 논의가 막다른 골목에 이르자, 바울은 신비로 눈길을 돌렸다. 교실에서 논문을 발표하던 바울이 느닷없이 찬송가를 부르는가.

오! 하나님의 부요와 지혜와 지식의 깊음이여! 정녕 그분의 판단은 헤아려 짐작할 수도 없고 그분의 길은 더듬어 찾아낼 수도 없도다! 실상 "누가 주님의 생각을 알 수 있으리오? 혹은 누가 그분의 조언자가 될 수 있으리오? 혹은 누가 그분에게 먼저 드리고 그 갚으심을 받을 수 있으리오?" 모든 것은 그분에게서 비롯하고 그분으로 말미암아 있고 그분을 위하여 있으

---

68 Zeller, D, *Juden und Heiden in der Mission des Paulus,* fzb 1, Stuttgart 1973, 245.

니, 그분에게 영광이 세세에. 아멘(로마 11,33-36).

바울 논의가 처음부터 신비에 의지했던 것은 아니다. 마지막에 신비에 호소했다. 이스라엘의 일부가 완고하게 된 것은 다만 이방 민족이 모두 다 들어올 때까지 그러리라는 것, 그다음에 온 이스라엘도 구원받을 것(로마 11,25-26)을 바울은 신비라고 표현했다. 바울 자신의 생각으로는 이스라엘의 구원 문제를 해결할 수 없다는 자백이었다. 이스라엘의 선택과 예수 그리스도의 복음이라는 두 길을 바울은 합리적으로 설명할 수 없었기 때문이다.

예수 그리스도에게 멀리 떨어져 있는 이스라엘이 아브라함의 선택을 계승하고 있다고 바울은 생각하지 않았다. 그런데 로마 11,11부터 바울은 그런 이스라엘의 현실이 미래에도 계속 그렇게 될 것인가 의문을 품었다. 갈라디아 4,21-31에서는 바울이 미처 생각하지 못했던 주제였다. 바울이 갈라디아 4,21-31과 다른 의견을 말하는 것은 아니다. 바울은 갈라디아 4,21-31에서 하지 못했던 생각을 처음으로 로마 11,11에서 펼치는 것이다. 로마서 11,25-29는 바울이 이스라엘 문제를 신학적으로 해결할 수 없었다는 사실을 보여준다.

바울은 처음부터 모순되는 두 가지 전제에서 논의를 시작했다. 유다인과 유다인 아닌 사람은 모두 죄를 지었기 때문에(로마 3,9.21), 그들 사이에는 아무런 차이가 없다(로마 3,22; 10,12). 하나님은 유다인과 유다인 아닌 전부를 예수 그리스도에 대한 믿음으로만 의롭다 선언하실 것이다(로마 3,30). 그러나 둘째 전제는 유다인과 유다인 아닌 사람 사이에 여전히 분명히 차이가 있다고 말한다(로마 11,25-29).

예수 그리스도에게 멀리 떨어져 있는 이스라엘은 그 선조들이 하나님께 받은 선택으로써 여전히 특별한 지위에 있다는 것이다. 이 특별한 길은 예수 그리스도에 대한 이스라엘의 태도와 관계없으며, 심지어 예수 그리스도 이전에 생긴 길이다(로마 11,28). 이스라엘이 유다인 아닌 백성에게 자리를 비워두기 위해 예수 그리스도에게 잠시 멀리 있다고 바울은 설명한다(로마 11,11.12.19.25).

바울은 왜 생각을 바꾸었을까. 상황이 다르기 때문이라고 말해야 하겠다. 데살로니카전서 2,14-16에서 바울은 예수운동을 박해하던 유다인들을 비판하였다. 고린토후서 3장과 갈라디아서는 예수운동 내부에서 할례를 요구하던 다른 선교사들과 바울의 갈등을 다루고 있다. 로마서에서 바울은 자신을 잘 모르는 예수운동 로마 공동체 사람들에게 인사하고 있다. 로마 공동체에서 예수 그리스도를 믿는 유다인들과 유다인 아닌 사람들 사이에 갈등이 있었다(로마 14,1-15,13).

바울은 로마제국 동쪽 지역에서 자신의 선교 활동이 끝났다고 생각하고(로마 15,23), 로마제국 서쪽 지역에서 선교를 시작하기 전에 예루살렘에 헌금을 전해주려 했다(로마 15,24-25). 주로 유다인 아닌 사람들에게 복음을 전했던 바울이지만, 예수 그리스도를 아직 믿지 않는 동족 유다인의 운명을 깊이 고뇌하지 않을 수 없었다.

## 종말론과 시간

죽은 사람들 가운데서 예수 부활은 시간에 대한 예수운동 사람들의 생각에 영향을 미쳤다. 시간의 주인은 하나님이시다.[69] 부활은 시간과

---

69 Erlemann, K, *Endzeiterwartungen und Parusieverzögerung im Neuen Testament,* TANZ 17, Tübingen 1995, 33-59.

공간 안에서 일어난 사건이지만, 인간의 경험을 넘어서는 일이기도 하다. 부활은 인간이 시간을 하나님과 연결하여 생각하도록 이끌었다. 예수 부활은 세상 마지막 날 뿐만 아니라 현재를 어떻게 생각해야 하는지 고뇌하게 했다. 미래는 현재와 어떤 관계가 있을까. 바울은 시간을 어떻게 해석해야 하는지 설명해야 했다. 예수 부활은 시간뿐 아니라 죽음에 대한 생각에도 영향을 끼쳤다.

예수운동과 경쟁했던 그리스철학과 종교들도 시간과 죽음에 대한 다양한 해설을 제안했다. 영혼은 죽지 않고 영원히 살아있다[70]는 의견이 여러 종교에 있었다. 영혼이 어떻게 생겼고 언제까지 지속되느냐 주제가 그리스철학에서 즐겨 논의되었다.[71] 영혼 불멸을 주장한 플라톤 철학과 달리 스토아학파는 영혼 불멸을 부정했다.[72] 죽음 이후 삶은 없다는 에피쿠로스학파 주장은 로마제국 하층민 사이에서 환영받았다.[73] 지옥에 대한 두려움과 영생에 대한 기대가 평민들 사이에 많았다.[74] 죽은 사람들 가운데서 부활 사상은 유다교에서 유행했지만, 유일한 모델은 아니었다.[75]

바울에게 하나님은 세상 만물을 창조하신 분이시다(고린토전서 8,6;

---

70 Burkert, W, *Griechische Religion der archaischen und klassischen Epoche,* Stuttgart 1977, 413-451.

71 Rohde, E, *Psyche. Seelencult und Unsterblichkeitsglaube der Griechen III,* Tübingen 1907, 4판, 413-451.

72 Cicero, *Tusc I* 77.

73 Epikur, *Sentenzen* 2.

74 Rohde, E, *Psyche. Seelencult und Unsterblichkeitsglaube der Griechen III,* Tübingen 1907, 4판, 336-396.

75 Stemberger, G, Art. "Auferstehung 3 (Antikes Judentum)", RGG 1 (1998), 4판, 913-919, 916.

10,26).[76] 구약성서의 하나님은 예수 그리스도와 예수 그리스도를 믿는 사람들 안에서 활동하시는 하나님과 같은 분이시다(고린토후서 4,6). 하나님만 죽은 사람을 다시 살리신다(로마 4,17). "모든 것은 그분에게서 비롯하고 그분으로 말미암아 있고 그분을 위하여 있으니, 그분에게 영광이 세세에. 아멘"(로마 11,36)을 하나님에게만 말할 수 있다. 그분은 만물 위에 계시는 하나님으로서 세세에 찬양을 받으신다(로마 9,5).

창조주 하나님은 세상과 그 안에 있는 모든 존재와 권세를 다스리시는 분이다(고린토전서 3,22; 갈라디아 4,3-5). 창조주 하나님은 머지않아 사탄을 굴복시켜 주실 것(로마 16,20)이다. 역사의 하나님은 구원의 시간을 정하시고(갈라디아 4,4), 심판자로서 인류 운명에 대한 최종적인 말씀을 하실 것이다(로마 2,5; 3,5.19). 세상 끝날에 하나님은 모든 피조물을 구원하실 것이다(고린토전서 7,29-31; 로마 8,21).

예수 그리스도는 창조를 중재하고 또한 다스리는 분이다(고린토전서 8,6; 15,27a; 필립비 3,21). 예수 그리스도는 다가오는 분노에서(데살로니카전서 1,10; 로마 1,18), 세상 권세에서(갈라디아 4,4), 이 악한 시대에서(갈라디아 1,4) 인류를 구출하실 것이다. 하나님과 예수 그리스도는 천사(데살로니카전서 3,13; 고린토전서 4,9; 로마 8,38), 악마(고린토전서 8,5; 10,20), 권위와 세력(고린토전서 15,24; 로마 8,38), 사탄(데살로니카전서 2,18; 고린토전서 5,5; 로마 16,20)을 다스리신다.[77]

예수 부활은 예수운동에서 세례를 통하여 새로운 삶의 시작으로 연결되었다. 지금 삶에 하나님의 성령이 영향을 주신다. 죽음으로써 나와

76 Schlier, H, *Grundzüge einer paulinischen Theologie*, Freiburg 1978, 55-63; Baumgarten, J, *Paulus und die Apokalyptik*, WMANT 44, Neukirchen 1975, 159-179.

77 Baumgarten, J, *Paulus und die Apokalyptik*, WMANT 44, Neukirchen 1975, 147-158.

나 자신의 관계, 그리고 나와 다른 사람의 관계는 중단되지만, 하나님과 나의 관계는 중단되지 않는다. 인간을 향한 하나님의 사랑은 죽음 후에도 지속된다는 사실을 바울은 예수 부활을 예로 들어 설명한다. 예수 부활은 우주론과 종말론과 어떻게 이어지는가. 우주론과 종말론 사이에 어떤 관계가 있다고 바울은 생각했을까.

우주에 대한 생각은 고대 철학과 종교에서도 큰 관심사였다.[78] 운명 Fortuna 단어가 큰 영향을 주었다.[79] 유다교 묵시문학에서 하나님과 적대자의 싸움이 벌어지고 하나님이 승리한다는 생각이 있었다.[80] 하나님께서 창조에서 종말까지 참여하신다는 생각이 바울에게 있었다.[81]

예수 부활은 바울의 우주론과 종말론에서 고립된 사건이 아니다(고린토전서 15,20-28).[82] 먼저 예수 부활이 있었고, 다음에 예수 그리스도를 믿는 사람들이 부활할 것이다. 모든 피조물이 하나님께 굴복할 것이고, 그 아드님 예수 그리스도 또한 하나님께 굴복할 것이고, 하나님께서 모든 것 안에서 모든 것이 되실 것이다(고린토전서 15,28). 고린토전서 15,24-28에서 모든τὰ πάντα 단어가 10회나 사용되었다. 바울이 피조물 안에서 예수 그리스도의 지위를 분명히 강조하였다.

로마 8,18-39에서 바울 신학의 우주론 차원이 확실하게 드러났다.[83] 예수 부활과 함께 예수 그리스도를 믿는 사람들과 모든 피조물κτίσις

78 Algra, K, "Die Anfänge der Kosmologie", in: Long, A.A, (Hg.), *Handbuch Frühe Griechische Philosophie,* Stuttgart 2001, 42-60.

79 Seneca, *Marcia* 10.

80 Förg, F, Die *Ursprünge der alttestamentlichen Apokalyptik,* ABG 45, Leipzig 2013, 81.

81 Schnelle, U, *Paulus. Leben und Denken,* Berlin/Boston, 2014, 2판, 423-425.

82 Lindemann, A, *Der Erste Korintherbrief,* HNT 9/1, Tübingen 2000, 344.

83 v. d. Osten-Sacken, P, *Römer 8 als Beispiel paulinischer Soteriologie,* FRLANT 112, Göttingen 1975, 124-128; Theobald, M, *Der Römerbrief,* EdF 294, Darmstadt 2000, 149.

(로마 8.19.20.21.22)이 새로운 시대와 과정에 들어선 것이다. 예수 그리스도를 믿는 사람들과 모든 피조물의 운명이 서로 연결되었다. 예수 그리스도를 믿는 사람들이나 모든 피조물이나 다 함께 신음하며 진통을 겪고 있다(로마 8.22).

예수 그리스도를 믿는 우리 자신도 우리 몸의 속량을 기다리면서 속으로 탄식하고 있다(로마 8.23b). 예수 그리스도를 믿는 사람들이나 모든 피조물이 같은 운명으로 연결되어 있다. 어떠한 피조물도 우리 주 예수 그리스도 안에 있는 하나님의 이 사랑에서 우리를 갈라놓을 수 없을 것이다(로마 8.39).

우주론과 종말론이 현실 정치에 대해 직접 말하지 않더라도 간접적 영향을 끼칠 수밖에 없다. 바울 우주론과 종말론은 로마제국을 간접적으로 비판하였는가. 그 관점에서 바울 신학을 바라보는 연구들이 있다.[84] 바울 편지를 예수운동 공동체 내부 시각으로만 볼 것이 아니고, 바울 편지가 로마제국에 미치는 영향을 함께 보자는 입장이다.

"사람들이 '평화롭다, 안전하다'고들 말할 때에 갑작스러운 멸망이 그들에게 닥칠 터이니 그것은 임신한 이에게 닥치는 산고와 같아서 결코 피하지 못할 것입니다."(데살로니카전서 5.3)에서 바울은 로마제국의 통치 이념인 평화와 안녕εἰρήνη καὶ ἀσφάλεια 단어를 쓰고 있다. 사람들이 로마제국의 평화와 안녕 이데올로기에 빠져 노래할 때, 갑작스러운 멸망이 닥칠 것이라고 바울은 경고한다. 평화와 안녕은 로마제국이 아니

---

84 Horsley, R.A, (Hg.), *Paul and the Empire. Religion and Power in Roman Imperial Society*, Harrisburg 1997; Crossan,J.D,/Reed, J.L, *In Search of Paul. How Jesus' Apostle Opposed Rome's Empire with God's Kingdom*, New York 2004; Harrill, J.A, "Paul and Empire: Studying Roman identity after the cultural Turn", EC 2 (2011), 281-311.

라 하나님에게 달려 있다는 뜻이다. 예수운동 사람들의 시민권이나 여권은 로마제국이 아니라 하늘에 있다(필립비 3,20).

로마제국을 절대화하지 말라는 말이다. 로마제국 군대에 의해 십자가에 정치범으로 처형된 예수 그리스도가 로마제국을 포함하여 만물을 당신께 굴복시킬 수 있다(필립비 3,21b). 하나님께서 세상 끝날에 모든 권세를 굴복시키신다면(데살로니카전서 5,2; 고린토전서 15,20-28), 현세 정치권력에 대한 비판도 당연히 포함되어 있다(로마 8,29-39). 필립비서 2,6-11은 로마제국의 위상을 예수 그리스도 아래 놓았다.

예수 그리스도의 복음은 로마제국을 절대화하지 않고 상대화한다. 바울은 이스라엘 역사에 기초하고 로마제국의 로마의 평화Pax Romana85에 반대하는 저항사회Gegengesellschaft86를 말했다. 물론 바울이 현대적 의미의 정치 개념을 동원하여 로마제국을 반대한 것은 아니다.

바울 우주론과 종말론은 단순히 정치 차원에 머물러 로마제국을 반대한 것은 아니고, 정치 차원을 포함하고 또 뛰어넘어, 더 강력하고 효과적인 혁명87을 말하고 있다. 바울이 단순히 정치적 변혁만 말한 것은 아니고 더 근원적인 신학적 혁명을 말했다고 할까. 예수운동 사람들이 생존 차원에서 로마제국 질서를 존중하라고 권고한 바울이지만, 곧 다시 오실 예수 그리스도는 모든 지나가는 권세의 민낯을 드러내실 것이라고 굳게 믿고 살았다(고린토전서 7,29-31).

---

85 Wengst, K, *Pax Romana. Anspruch und Wirklichkeit,* München 1986, 19-71; Clauss, M, *Kaiser und Gott. Herrscherkult im römisch Reich,* Stuttgart/Leipzig 1999, 54-75; Christ, K, *Geschichte der römischen Kaiserzeit,* München 2002, 4판, 158-168.

86 Schnelle, U, *Paulus. Leben und Denken,* Berlin/Boston, 2014, 2판, 655.

87 Wright, N.T, *Paul and the Faithfulness of God II,* London 2013, 1306.

# 바울 편지 연구와
# 최근 연구 동향

# 머리글

    20세기 중반 바울 신학을 체계적으로 설명했던 불트만[1] 영향이 그
후 성서학계에서 갑자기 줄어들었다.[2] 놀랄 일은 아니다. 율법과 이스
라엘, 종말론에 대한 바울 의견이 바울 편지들 사이에 차이가 있다는
생각이 1970년대부터 주목받았다.[3] 바울 사상에서 변화 또는 발전이
있었는지, 있었다면 얼마나 있었는지 질문이 생기기 시작했다. 바울 편
지들이 쓰인 시점을 놓고 새로운 의견이 나오기도 했다.[4] 데살로니카전
서가 공통년 50년보다 더 이른 시점에 쓰였다는 의견,[5] 필레몬서가 로
마서보다 더 나중에 쓰였다는 의견[6]이 나왔다.

---

1 Bultmann, R, *Theologie des Neuen Testaments,* Merk, O. (Hg.), Tübingen, 1984, 9판,
  187-353.

2 Theobald, M, "Wandlungen im paulinischen Denken (Paulus-Synopse)", in: Horn, F.W,
  (Hg.), *Paulus Handbuch,* Tübingen 2013, 504-511, 504.

3 Hübner, H, *Das Gesetz bei Paulus. Ein Beitrag zum Werden der paulinischen Theologie,*
  FRLANT 119, Göttingen 1982, 3판; Räisänen, H, *Paul and the Law,* WUNT 29, Tübingen
  1987, 2판.

4 Sänger, D, *"Die Adresse des Galaterbriefes und das Problem einer Entwicklung in Paulus'*
  *theologischem Denken",* in: Kraus, W, (Hg.), *Beiträge zur urchristlichen Theologiegeschichte,*
  BZNW 163, Berlin/New York 2009, 247-275, 253.

5 Lüdemann, G, *Paulus, der Heidenapostel I,* FRLANT 123, Göttingen 1980, 271.

6 Schnelle, U, *Einleitung in das Neue Testament,* Göttingen 2017, 9판, 153-156.

바울은 데살로니카전서와 고린토후서에서 율법$^{\nu\acute{o}\mu o\varsigma}$을 전혀 언급하지 않았다. "유다인들을 대할 때, 그들을 얻으려고 유다인처럼 되었고 율법의 지배를 받는 사람들을 대할 때 나 자신은 율법의 지배를 받지 않으면서도 그들을 얻으려고 율법의 지배를 받는 사람처럼 되었습니다"(고린토전서 9,20)는 무슨 말인가. 바울이 유다인에게 복음을 전할 때에는 유다인처럼 율법을 지켰다는 뜻인가. 바울은 율법을 아브라함, 시나이, 그리스도라는 하나님의 구원 계획안에 포함시키면서도(갈라디아 3,1-29), 율법은 천사들을 통하여 중재자의 손을 거쳐 제정되었다고 말한다(갈라디아 3,19).7 바울은 로마서에서 율법을 한편으로 거룩하다$^{\acute{a}\gamma\iota a}$(로마 7,12) 하고, 다른 편으로 죄의 힘이 율법을 도구로 사용한다(로마 7,7-13) 말한다.

유다인들이 주님이신 예수를 죽였다는(데살로니카전서 2,15) 바울 발언을 지지할 성서학자가 오늘 과연 있을까. 일부 유다인이 데살로니카 공동체를 박해했던 사실에 바울이 정당하게 분노했다 하더라도, 예수를 죽인 책임은 유다인이 아니라 로마 군대에 있었다. 마침내 하나님의 분노가$^{\acute{o}\rho\gamma\acute{\eta}}$ 예수를 죽였다는 유다인들에게 끝까지$^{\epsilon\acute{\iota}\varsigma\ \tau\acute{e}\lambda o\varsigma}$ 내리게 되었다는(데살로니카전서 2,16) 바울의 말은 로마서에서 더 이상 아무 역할도 하지 못하는 듯하다. 유다인들이 예수를 죽였느냐 여부와 관계없이 바울에게 결정적으로 중요한 관건은, 유다인 아닌 사람에게 전해지는 그리스도 복음을 유다인 대부분이 받아들이지 않았다는 사실이었다(로마 10,9.14-21).

"이 기준을 따라 걷는 모든 이와 하나님의 이스라엘에게 평화와 자비

7 Becker, J, *Der Brief an die Galater*, NTD 8/1, Göttingen 1998, 55.

가 내립니다καὶ ὅσοι τῷ κανόνι τούτῳ στοιχήσουσιν, εἰρήνη ἐπ᾽ αὐτοὺς καὶ ἔλεος καὶ ἐπὶ τὸν Ἰσραὴλ τοῦ θεοῦ"(갈라디아 6,16)와 로마서 9-11장은 서로 긴장이 없지 않다. 갈라디아 6,16은 번역과 이해가 까다롭다. 우리말 번역을 살펴보자.

이 법칙을 따라서 사는 사람들에게, 그리고 하나님의 백성 이스라엘에게 평화와 자비가 있기를 빕니다(공동번역).

이 기준을 따라 걷는 모든 이와 하나님의 이스라엘에게 평화와 자비가 내립니다(200주년 기념성서).

이 규례를 행하는 자에게와 하나님의 이스라 엘에게 평강과 긍휼이 있을 지어다(개역개정)

이 표준을 따라 사는 사람들에게와 하나님의 백성 이스라엘에게 평화와 자비가 있기를 빕니다(새번역).

단어 κανών는 법칙(공동번역), 기준(200주년 기념성서), 규례(개역개정), 표준(새번역)으로 옮겨졌다. 단어 εἰρήνη는 평강(개역개정), 평화(공동번역, 200주년 기념성서, 새번역), ἔλεος는 긍휼(개역개정), 자비(공동번역, 200주년 기념성서, 새번역)로 옮겨졌다. 갈라디아 6,16b καὶ ἐπὶ τὸν Ἰσραὴλ τοῦ θεοῦ에서 접속사 καὶ를 어떻게 번역할까. '그리고' 또는 '즉' 두 가지로 옮길 수 있다. 네 가지 우리말 번역 모두 καὶ를 '즉'이 아니라 '그리고'로 번역했다. 이 표준을 따라 사는 사람들과 하나님의 백성 이스라엘은 논리적으로 같은 사람이 아니고 다른 사람이라는 말이다. 하나님의 이스라엘은Ἰσραὴλ τοῦ θεοῦ 예수 그리스도를 믿는 유다인을 가리킨다.[8] 예수

---

8 Betz, H.D, *Der Galaterbrief*, München 1988, 543-548.

그리스도를 믿는 유다인 아닌 사람들과 예수 그리스도를 믿는 유다인에게 평화와 자비가 내리기를 빈다는 말이다.

그러나 접속사 καί를 '즉'이라고 번역하면 어떻게 될까. 이 표준을 따라 사는 사람들과 하나님의 이스라엘은 다른 사람이 아니고 똑같은 사람을 가리킨다. 이 표준을 따라 사는 사람들이, 즉 예수 그리스도를 믿는 유다인 아닌 사람들이 곧 하나님의 이스라엘이라는 말이다. 갈라디아 6,16은 예수 그리스도를 믿는 유다인 아닌 사람들에게 평화와 자비가 내리기를 빈다는 말이 된다. 이스라엘은 로마서 9-11장에서 유다교와 분리된 적은 없었다(로마 9,4.31; 10,19; 11,7).

예루살렘 주제에서도 바울 생각에 변화가 보인다. 하늘의 예루살렘은 자유인이며 우리 어머니(갈라디아 4,26)로서 지상의 예루살렘과 거리가 있는 것처럼 바울은 말한다. 그런데 바울이 예루살렘에 헌금을 전하러 갈 계획에는 예루살렘 도시와 예루살렘에 사는 성도들을 로마서 9-11장과 연결하여 긍정적으로 표현하였다(로마 15,25-27).

주 예수께서 다시 오시는 날(데살로니카전서 4,15; 고린토전서 15장; 필레몬 1) 주제는 바울 편지들에 계속 나타나고 있다. 그런데 "이렇게 살아야 하는 여러분은 지금이 어느 때인지를 알아야 합니다. 여러분이 잠에서 깨어나야 할 때가 왔습니다. 지금은 우리가 처음 믿던 때보다 우리의 구원이 더 가까이 다가왔습니다"(로마 13,11)에서 주 예수께서 다시 오시는 날 주제는 다른 바울 편지와 다르게 표현되고 있다.

데살로니카전서 4장에서 그리스도를 믿다가 죽은 사람들이 먼저 살아날 것이고, 그다음에는 그때 살아남아 있는 우리가 주님을 만나게 될 것(데살로니카전서 4, 16-17)이라고 바울은 말했다. 그런데 고린토전서에서는 주 예수께서 다시 오시는 날에 살아남은 우리가 주님을 만나게 될 것이라는 말은 없고, 그 대신 "우리는 죽지 않고 모두 변화할 것"(고린토전서 15,51)이라고 말했다. 죽은 자들 가운데서 다시 살아나신 하나님의 아들 예수께서 하늘로부터 다시 오실 날을 기다린다고 바울은 말한다(데살로니카전서 1,10). 그런데 시온에서 해방자가 나올 것(로마 11,26)이라고도 말한다. 지상의 시온이 아니라 하늘의 시온을 가리키는 것이리라.

그렇다면, 우리는 이렇게 질문할 수 있다. 바울은 자신의 처음 생각에서 벗어났는가. 아니면, 새로운 상황에서 처음 생각을 다른 식으로 더 잘 표현했는가. 온 이스라엘도 구원받게 되리라는 것(로마 11,26)은 바울 편지에서 실제로 새로운 생각임은 분명하다.9 유다인 아닌 사람들을 위한 사도로서 이스라엘에서 로마 지역으로 선교 활동을 옮기고 넓혔음에도 불구하고, 바울은 예수운동이 유다교에서 비롯되었고 연결되었음을 잊지 않았다.

---

9 Theobald, M, "Unterschiedliche Gottesbilder in Römer 9-11? Die Israel-Kapitel als Anfrage an die Einheit des theologischen Diskurses bei Paulus", in: Schnelle, U, (Hg.), *The Letter to the Romans*, BEThL 226, Leuven 2009, 135-177, 144-146.

# 바울 편지 연구

바울의 일곱 편지를 옆으로 펼쳐놓고 바울 생각을 살펴보았다. 이 책의 마무리 단계에서 나는 바울의 일곱 편지에 대한 성서학계의 최근 연구 동향을 간단하게 소개하고 싶다. 이 책의 전반부에 해당하는 바울 전기와 연결하고 기억하고 종합하는 데 도움이 될 것이다.

## 데살로니카전서

최근 30여 년에 걸친 바울 연구에서 데살로니카전서는 별로 주목받지 못한 상태를 드디어 벗어났다. 데살로니카전서 일부 구절(데살로니카전서 1,9; 2,14-16; 4,13-18; 5,1-11) 연구에 그치지 않고 데살로니카전서 자체가 바울 신학에서 독자적인 작품으로 여겨지고 존중되기 시작했다. 데살로니카전서는 바울 신학에서 주변부에 속한 편지가 아니라, 바울 사상의 초기 단계를 드러내는 중요한 작품이다.

종말론에서 바울 생각의 변화를 성서학자들은 찾아냈다. 데살로니카전서 4,13-18, 고린토전서 15,51, 고린토후서 5,1-10, 필립비 1,23; 3,20을 비교하여 얻은 성과였다.[1] 바울 의화론이 바울의 첫 편지 데살로니카전서에도 있었을까. 바울이 다마스쿠스 체험 이후 20여 년 가까이 된 시점이다. 바울의 율법 비판은 다마스쿠스 체험에서 이미 있었다는 의견이 있다.[2] 또 다른 의견도 있다.[3] 데살로니카전서 2,14-16은 로마서 9-11장과 어울리기는 어렵다.[4] 바울 의화론은 바울 신학에서 처음부터 일관된 주제는 아니었고, 바울 신학 후기에 비로소 등장했다.[5] 공통년 50년 고린토에서 쓰인 듯한 데살로니카전서에 갈라디아서와 로마서에 나오는 바울 의화론은 없었다.

마지막 시대에 하나님께 뽑힌 사람들은 멸망이 아니라 구원을 체험하게 된다는 안티오키아 신학의 증거로 데살로니카전서를 보는 의견이 있다.[6] 유다교 아닌 종교와 문화가 예수운동 데살로니카 공동체에 끼친 영향을 주목하는 작품도 있다.[7] 데살로니카전서에는 의화론 언급이 없고, 특히 데살로니카전서 2,14-16은 강력한 유다교 비판을 담고 있다. 그래서, 데살로니카전서는 바울 새 관점 학파에서 거의 아무런 역할도 하지 못하고 있다. 바울 연구에서 의화론, 즉 갈라디아서와 로마서에만 집중하는 흐름은 적절하다고 보기 어렵다.[8]

1 Wiefel, W, "Die Hauptrichtung des Wandels im eschatologischen Denken des Paulus", ThZ 30 (1974), 65-84.

2 Luck, U, "Die Bekehrung des Paulus und das Paulinische Evangelium", ZNW 76 (1985), 187-208.

3 Schnelle, U, *Wandlungen im paulinischen Denken,* SBS 137, Stuttgart 1989, 15-21.

4 Stuhlmacher, P, *Der Brief an die Römer,* NTD 6, Göttingen 1989, 114.

5 Wilckens, U, "Zur Entwicklung des paulinischen Gesetzesverständnisses", NTS 28 (1982), 154-190.

6 Becker, J, *Paulus. Der Apostel der Völker,* Tübingen 1989, 138-148.

7 Donfried, K.P, "The Cults of Thessalonica and the Thessalonian Correspondence", NTS 31 (1985), 336-356.

8 Schnelle, U, *Einleitung in das Neue Testament,* Göttingen 2017, 9판, 75.

## 고린토전서

공통년 55년 봄 부활절 무렵(고린토전서 5,7) 에페소(고린토전서 16,8)에서 쓰인 듯한 고린토전서는 여러 편지로 이루어졌다는 의견과 하나의 편지라는 의견이 맞서 있다. 고린토전서에서 바울의 반대자들이 영지주의 흐름을 드러낸다는 의견9, 그러나 영지주의의 다양한 모습을 정확히 정의하기는 어렵다는 의견10도 있다. 고린토전서와 영지주의를 연결하는 의견이 설득력을 잃고 있는 반면에, 사회학적, 문화사적 연구는 갈수록 더 주목받고 있다.

갈라디아서와 로마서에 나오는 의화론은 고린토전서에도 이미 있었으며 고린토전서의 십자가 신학과 같다고11 보아도 되는가. 그렇지 않다는 의견이 있다.12 이 토론은 "죽음의 독침은 죄요, 죄의 힘은 율법입니다"(고린토전서 15,56)를 어떻게 해석하느냐에 크게 달려 있다.13 예수운동 고린토 공동체의 분열과 일치를 다룬 고린토전서에서 13장이나 15장이 핵심이나 정점은 아닌 듯하다.14 예수 그리스도가 공동체의 기

---

9 Schottroff, L, *Der Glaubende und die feindliche Welt*, WMANT 37, Neukirchen 1970, 115.

10 Sellin, G, *Der Streit um die Auferstehung der Toten,* FRLANT 138, Göttingen 1986, 195-209.

11 Lohse, E, *Grundriss der neutestamentlichen Theologie,* Stuttgart 1989, 4판, 87.

12 Schnelle, U, *Wandlungen im paulinischen Denken,* SBS 137, Stuttgart 1989, 49-54.

13 Horn, F.W, "I Kor 15,56 - ein exegetischer Stachel", ZNW 82 (1991), 88-105; Söding, Th, ""Die Kraft der Sünde ist das Gesetz" (1Kor 15,56). Anmerkungen zum Hintergrund und zur Pointe einer gesetzeskritischen Sentenz des Apostels Paulus", ZNW 83 (1992), 74-84.

14 Bultmann, R, "Karl Barth, "Die Auferstehung der Toten"", in; Ders, *Glauben und Verstehen I,* Tübingen 1980, 8판, 38-64.

초요 주님이요 목적이라는 바울 생각이 고린토전서 전체에 두루 나타
나고 있다.

## 고린토후서

고린토후서는 공통년 55년 늦가을(고린토후서 8,10) 마케도니아에서
(고린토후서 7,5; 8,1-5; 9,3) 쓰인 듯하다. 고린토전서보다 약 반년 뒤에
세상에 나왔다. 고린토 공동체뿐 아니라 "온 아카이아에 있는 모든 성도
들에게"(고린토후서 1,1) 향하는 고린토후서는 공동체와 바울의 화해를
다루고 있다. 바울 화해론(고린토후서 5,11-21)에 영향을 주었던 사상은
무엇일까. 바울 화해론은 그리스 외교의 문화와 언어에서 영향을 받았다
는 의견,[15] 구약성서 제2 이사야 영향을 받았다는 의견[16]이 맞서 있다.
바울이 예수 죽음의 구원 의미를 고린토후서에서 말했는가. 만일 그
랬다면, 어떤 방식으로 말했을까.[17] 대속, 속죄, 희생 등 여러 용어가
뒤섞여 예수 죽음의 구원 의미를 해설했다면, 요즘에는 구분해서 설명
하는 흐름이 보인다.[18]

---

15 Breytenbach, C, *Versöhnung,* WMANT 60, Neukirchen 1989, 221.

16 Hofius, O, "Erwägungen zur Gestalt und Herkunft des paulinischen Versöhnungsgedankens",
in: Ders, *Paulusstudien I,* WUNT 51, Tübingen 1989, 1-14.

17 Frey, J, "Probleme der Deutung des Todes Jesu", in: Ders,/Schröter, J, (Hg.), *Deutungen
des Todes Jesu,* WUNT 181, Tübingen 2005, 3-50.

18 Breytenbach, C, "*Versöhnung, Stellvertretung und Sühne*", NTS 39 (1993), 59-79; Ders.,
"'Christus starb für uns'. Zur Tradition und paulinischen Rezeption der sogenannten
'Sterbeformeln'", NTS 49 (2003), 447-475.

## 갈라디아서

바울은 언제 어디서 갈라디아서를 썼을까(갈라디아 2,10; 고린토전서 16,1). 에페소에 머물 때, 즉 에페소에서 집필했던 고린토전서보다 앞에 또는 뒤에 썼을 수 있다.[19] 55년 늦가을 마케도니아 여행할 때, 즉 고린토전서와 고린토후서 다음에, 로마서 직전에 썼을 수 있다.[20] 대부분 성서학자들은 갈라디아서가 로마서 직전에 쓰였다는 데 의견을 같이한다.[21] 갈라디아서에서 바울과 다투었던 반대자들은 누구였고, 어떤 생각을 전파했던가.[22] 그리스도를 믿었던 유다인 출신 선교사였던 듯하다.[23]

갈라디아서에서 바울은 율법을 매우 부정적으로 표현했다.[24] 율법은 하나님께서 죄가 무엇인지 알게 하려고 천사들을 통하여 중재자의 손을 거쳐 주어졌다(갈라디아 3,19). 바울은 로마서에서 율법은 거룩하며, 계명 역시 거룩하고 의롭고 선한 것(로마 7,12)이라 말했다. 율법 문제는 바울 반대자들의 활동에 의해 바울에게 처음으로 중요하게 등장했다.[25] 바울은 율법을 하나님의 약속(갈라디아 5,14; 6,2)과 계명 두 가지

---

19 Pokorný, P./Heckel, U, *Einleitung in das Neue Testament,* Tübingen 2007, 228; Theissen, G, *Entstehung des Neuen Testaments als literaturgeschichtliches Problem,* Heidelberg 2007, 2판, 122.

20 Räisänen, H, *Paul and the Law, WUNT* 29, Tübingen 1987, 2판, 8; Wilckens, U, *Der Brief an die Römer,* EKK VI/1, Neukirchen 1978, 58.

21 Schnelle, U, *Einleitung in das Neue Testament,* Göttingen 2017, 9판, 130.

22 Sumney, J.L, "Studying Paul's Opponent: Advances and Challenges", in: Porter, St.E, (Hg.), *Paul and His Opponents,* Leiden 2005, 7-58, 17-24.

23 Horn, F.W, *Das Angeld des Geistes. Studien zur paulinischen Pneumatologie,* FRLANT 154, Göttingen 1992, 346-350; Theobald, M, "Der Galaterbrief", in: Ebner, M,/Schreiber, S, (Hg.), *Einleitung in das Neue Testament,* 2013, 2판, 353-370, 365.

24 Hübner, H, *Das Gesetz bei Paulus. Ein Beitrag zum Werden der paulinischen Theologie,* FRLANT 119, Göttingen 1982, 3판, 16.

로 구분했다는 주장26도 있다.

바울 의화론을 평가하는 데서 중요한 대목은 갈라디아서에서 처음 나오는 표현 ἔργα νόμου(갈라디아 2,16; 3,2; 로마 3,20.28)을 어떻게 이해하느냐와 연결된다. 율법을 지킴(공동번역), 율법의 행업(200주년 기념성서), 율법의 행위(개역개정), 율법을 행하는 행위(새번역) 등 우리말 번역에서도 다르게 나온다.

단어 ἔργα νόμου를 두고 성서학계에서 여러 해석이 제안되었다.27 불트만은 율법을 지켜서 구원을 얻으려는 노력 자체를 죄라고 보았다.28 율법을 다 지킬 수 없다는 무능뿐 아니라 율법을 지키려는 의도가 벌써 죄라는 것이다. 율법을 지켜 구원을 얻으려는 노력 자체를 바울이 죄라고 한 적은 없고, 모든 인간이 이미 죄를 지었기 때문에 인간은 죄인이라는 의견도 있다.29

죄가 무엇인지가 아니라 구원의 길이 무엇인지가 바울 생각을 규정했다는 의견이 있다.30 바울은 죄라는 문제에서 출발하여 예수 그리스도라는 해답을 찾았다기보다 예수 그리스도라는 해답에서 출발하여 죄라는 문제를 보았다.31 율법을 지켜 구원을 얻으려는 노력 자체를 바울

25 Wilckens, U, "Zur Entwicklung des paulinischen Gesetzesverständnisses", NTS 28 (1982), 154-190, 164.

26 Boer, M.C, de, *Galatians, A Commentary,* NTL, Loiusville 2011, 380.

27 Schnelle, U, *Einleitung in das Neue Testament,* Göttingen 2017, 9판, 130-133.

28 Bultmann, R, *Theologie des Neuen Testaments,* Merk, O. (Hg.), Tübingen, 1984, 9판, 264.

29 Wilckens, U, "Was heisst bei Paulus: "Aus Werken des Gesetzes wird kein Menschen gerecht?"", in: Ders, *Rechtfertigung als Freiheit,* Neukirchen 1974, 77-109, 107.

30 Sanders, E.P, *Paul and Palestinian Judaism: A Comparison of Patterens of Religion,* Philadelphia/London 1977, 446.

31 Sanders, E.P, *Paul and Palestinian Judaism: A Comparison of Patterens of Religion,*

이 금지한 것이 아니고, 율법이 구원을 가져다준다면 예수 그리스도가 쓸데없이 죽은 셈이 된다(갈라디아 2,21)는 뜻이다. 단어 ἔργα νόμου는 하나님 앞에서 마땅히 실천할 만한 율법 규정을 가리키는 것은 아니고, 할례, 안식일 지킴, 음식 규정 등 유다 민족의 특징 identity markers 을 말한 다는 의견도 있다.[32] 신학이 아니라 사회학 관점에서 해석하는 의견이 있다. 예수운동이 유다교에서 분열했기 때문에, 그리스도에 대한 믿음 과 ἔργα νόμου는 어차피 함께 있을 수 없다는 것이다.[33] 율법 규정을 가리킬 뿐 율법 규정에 따른 실천을 포함하지는 않는다는 의견도 있 다.[34] 죄짓는 행동과 율법 규정을 혼동하면 안 된다는 뜻이다.

갈라디아서 공동체에서 바울 반대자들이 유다인 아닌 사람에게 할 례를 요구했던 사실에 대항하기 위해, 바울 신학의 주변부에 있던 율법 문제를 바울이 중심에 끌어들일 필요가 있었을까. 최근 바울 연구에서 여전히 질문되고 있다. 갈라디아서와 로마서에서 다루어진 의화론이나 율법 문제는 데살로니카전서, 고린토전서, 고린토후서에서 거의 언급 되지 않았다. 갈라디아서와 로마서는 바울이 다마스쿠스 체험을 한 지 20년도 더 넘은 시점에 비로소 쓰인 편지다.

유다인 출신 예수운동 선교사들이 공통년 55년에 이르러서야 느닷 없이 유다인 아닌 사람에게 할례를 요구했을까. 바울은 그런 문제를 갈 라디아서 공동체에서 처음 했을까. 예수 부활 사건이 일어난 공통년 30

Philadelphia/London 1977, 475.

32 Dunn, J.D.G, "Yet once more - 'The Works of Law': A Response", JSNT 46 (1992), 99-117; Dunn, J.D.G, The Epistle to the Galatians, BNTC, London 1993, 131-150.

33 Watson, F, Paul, Judaism and the Gentiles, SNTSMS 56, Cambridge 1986, 47.

34 Bachmann, M, "Rechtfertigung und Gesetzeswerke bei Paulus", ThZ 49 (1993), 1-33, 30.

년부터 갈라디아서가 쓰인 55년 사이에도, 예를 들면 공통년 48년 예루살렘 사도회의에서도, 그 문제는 이미 나타나지 않았던가. 갈라디아서와 로마서에서 바울이 비로소 주장한 의화론이나 율법 문제는 바울 선교 처음부터 진즉 가르쳤어야 하지 않았는가. 그래서 갈라디아서는 바울 신학의 발전을 증명하는 기록이라는 의견이 나왔다.[35]

의화론이나 율법 문제는 바울이 이미 다마스쿠스 체험 때부터 줄곧 생각은 해왔고, 갈라디아서에서 본격적으로 펼쳤을 따름이라는 의견도 만만치 않다.[36] 갈라디아서와 로마서에서 바울이 율법을 다르게 말하긴 하지만 율법에 대한 바울 생각은 변함없이 일관되었다는 의견이 있다.[37] 바울 신학에서 의화론, 종말론, 이스라엘 주제에서 분명히 발전이 있었지만, 그리스도론에서는 처음부터 일정했다는 의견도 있다.[38] 바울 의화론은 고린토전서의 십자가 신학과 내용에서 일치되었고, 그래서 의화론은 십자가 신학의 관심사를 실천했다고 보는 의견도 있다.[39]

## 필립비서

지금까지 바울 연구에서 필립비서는 별다른 관심을 받지 못했다. 겨

35 Schnelle, U, *Wandlungen im paulinischen Denken*, SBS 137, Stuttgart 1989, 54-61.

36 Klein, G, "Werkruhm und Christentum im Galaterbrief und die Frage nach einer Entwirklung des Paulus", in: Schrage, W, (Hg.), *Studien zum Text und zur Ethik des Neuen Testaments* (FS Greeven, H,), BZNW 47, Berlin 1986, 196-211.

37 Hahn, F, "Das Gesetzesverständnis im Römer- und Galaterbrief", ZNW 67 (1976), 29-63, 60; Ders, "Gibt es eine Entwicklung in den Aussagen über die Rechtfertigung bei Paulus?", EvTh 53 (1993), 342-366; Kertelge, K, "Gesetz und Freiheit im Galaterbrief", in: Ders, *Grundthemen paulinischer Theologie*, Freiburg 1991, 184-196.

38 Roloff, J, *Einführung in das Neue Testament*, Stuttgart 1995. 98-100.

39 Becker, J, *Paulus. Der Apostel der Völker*, Tübingen 1989, 306.

우 필립비 2,6-11만 인용되고 분석되는 정도에 불과했다. 종교 역사와 사회 역사 관점에서 필립비 2,6-11 구절이 최근 새롭게 주목받았다.[40] 바울은 로마제국 식민지에 살던 예수운동 사람들에게 그리스도 사건의 정치적 의미를 설파했다는 것이다. 로마제국 군대에 처형된 예수는 하나님의 직접 개입으로써 모든 이름 위에 뛰어난 이름을 받았다. "그래서 하늘과 땅 위와 땅 아래에 있는 모든 것이 예수의 이름을 받들어 무릎을 꿇고 모두가 입을 모아 예수 그리스도가 주님이시라 찬미하며 하나님 아버지를 찬양하게 되었습니다"(필립비 2,9-11). 식민지를 점령한 로마제국 황제도 피식민지 백성 유다인 예수의 이름을 받들어 무릎을 꿇고 주님이시라 찬미하며 하나님 아버지를 찬양한다고 바울은 선언했다.

필립비 1,23; 3,20은 바울 편지들에 보이는 그리스도와 함께σὺν Χριστ ῷ 표현과 비교하여 연구되고 있다.[41] 예수운동에 참여하기 전 바울을 필립비서처럼 증언하는 편지가 없기 때문에(필립비 3,4b-11), 필립비서는 예수운동 이전 바울을 연구하는 데 중요한 자료다.[42] 필립비서는 바울이 로마제국 삶의 세계에서 얼마나 큰 영향을 받았는지 보여준다.[43]

---

40 Vollenweider, S, "Der "Raub" der Gottgleichheit", in: Ders, *Horizonte neutestamentlicher Christologie,* WUNT 144, Tübingen 2002, 263-284; Ders, "Die Metamorphose des Gottessohnes", in: Ders, *Horizonte neutestamentlicher Christologie,* WUNT 144, Tübingen 2002, 285-306.

41 Siber, P, *Mit Christus leben,* AThANT 61, Zürich 1971, 13-59.

42 Hengel, M, "Der vorchristliche Paulus", in: Ders, /Heckel, U, (Hg.), *Paulus und das antike Judentum,* WUNT 58, Tübingen 1991, 177-291; Niebuhr, K.-W, *Heidenapostel aus Israel,* WUNT 62, Tübingen 1992, 110.

43 Philhofer, P, *Philippi. Die erste Christliche Gemeinde Europas I,* WUNT 87, Tübingen 1995, 122; Bormann, L, *Philippi. Stadt und Christengemeinde zur Zeit des Paulus,* NT.S 78, Leiden 1995, 218.

## 필레몬서

얼핏 보면, 필레몬서는 신학적으로 의미 없는 편지라고 오해할 수도 있다. 그러나 필레몬서는 바울 생각과 인간됨을 보여주는 소중한 글이다. 고대 신분사회에서 한 집안의 주인과 종이 동시에 예수 그리스도를 믿었을 때, 주인과 종은 이제 어떤 관계로 살아야 하는가.[44] "유다인이나 그리스인이나 종이나 자유인이나 남자나 여자나 아무런 차별이 없습니다. 그리스도 예수 안에서 여러분은 모두 한 몸을 이루었기 때문입니다"(갈라디아 3,28)는 실제로 바울이 세운 공동체에서 어떻게 실천되었는가.

오네시모는 주인집에서 무단으로 도망친 종이었나? 집안 갈등을 털어놓고 조언을 구하기 위해 잠시 집을 떠나 바울 곁에 머물렀던 종이었나? 최근 필레몬서 연구에서 중요한 주제 중 하나다. 주인 필레몬은 오네시모를 종이 아니라 사랑하는 교우로서 보라고 바울은 충고한다(필레몬 1, 16). 주인 필레몬은 집안 갈등을 해결하고 오네시모를 평화롭게 받아주고, 종 오네시모는 주인집에서 처벌받지 않고 살게 되기를 바울은 바라고 있다.[45] 바울이 필레몬에게 오네시모를 해방하라고 요구했는가, 아니면 그리스도 안에서 평등한 형제로서 받아들이라고 조언했는가. 여전히 논란되고 있다.[46]

---

44 Wolter, M, *Der Brief an Philemon*, ÖTK 12, Gütersloh 1993, 233.

45 Stuhlmacher, P, *Der Brief an Philemon*, EKK XVIII, Neukirchen-Vluyn 1975, 18.

46 Schnelle, U, *Einleitung in das Neue Testament*, Göttingen 2017, 9판, 181.

## 로마서

"복음은 먼저 유다인들에게, 그리고 이방인들에게까지 믿는 사람이면 누구에게나 구원을 가져다주시는 하나님의 능력입니다. 복음은 하나님께서 인간을 당신과 올바른 관계에 놓아주시는 길을 보여주십니다. 인간은 오직 믿음을 통해서 하나님과 올바른 관계를 가지게 됩니다"(로마 1,16-17). 로마서에서 바울 생각은 그렇게 요약되어 있다. 모든 인간은 죄를 지었기 때문에, 유다인과 유다인 아닌 사람은 평등하다. 모든 인간은 예수 그리스도를 믿을 수 있기 때문에 유다인과 유다인 아닌 사람은 평등하다. 죄 때문에 모든 인간은 부정적으로 평등하고, 모든 인간은 예수 그리스도를 믿을 수 있기 때문에 긍정적으로 평등하다. 모든 인간은 평등하다.

로마서 9-11장의 이스라엘 문제는 예수운동 로마 공동체와 소통에서 중요하지만 또한 바울 의화론의 결론이기도 하다. 이스라엘은 하나님께 충실하지 않았지만, 하나님은 이스라엘에게 충실하시다. 인간은 인간답게 변덕스럽지만, 하나님은 하나님답게 진실하시다. 하나님의 하나님다움이 곧 로마서 9-11장의 주제다. "온 이스라엘도 구원받게 될 것입니다"(로마 11,26a).

로마서 13,1-7 해석이 여전히 논란되고 있다. 로마 13,1-7은 바울의 국가론도 아니고, 국가권력에 대한 하나님의 가르침을 담은 교리도 아니다. 예수운동 공동체에 주는 조언에 불과하다.[47]

로마서에서 율법을 우리는 어떻게 이해해야 옳은가. 여전히 뜨겁게

---

47 Käsemann, E., "Grundsätzliches zur Interpretation von Röm 13", in: Ders., *Exegetische Versuche und Besinnungen 2*, Göttingen 1968, 3판, 204-222.

논란되고 있다. 로마서에서 율법은 부정적으로 표현되기도 하고(로마 3,20; 5,20; 6,14b), 긍정적으로 표현되기도 한다(로마 3,31; 7,12; 13,8-10). 갈라디아서와 로마서에서 율법에 대한 바울 표현이 다르기도 하다. 믿음의 율법νόμου πίστεως(로마 3,27)과 영의 율법νόμος τοῦ πνεύματος(로마 8,2)에서 율법이 무슨 뜻인지 논란되고 있다. 토라Tora를 가리킨다는 의견,[48] 율법 규정을 가리킨다는 의견[49]이 맞서 있다. 바울은 믿음의 율법과 영의 율법 표현을 써서 시나이산 토라에서 예수 그리스도에게 전환을 확실히 드러내려 한 듯하다.[50]

표현 τέλος γὰρ νόμου Χριστὸς(로마 10,4)에서 τέλος를 어떻게 번역해야 할까.[51] 사전에서 뜻과 사례를 찾아보고 τέλος 뜻을 결정하면 안 된다는 것에 성서학자들 의견이 일치하고 있다.[52] 크게 네 가지 제안이 있다.[53]

---

48 Lohse, E., "ὁ νόμος τοῦ πνεύματος τῆς ζωῆς", in: Ders, *Die Vielfalt des Neuen Testaments,* Göttingen 1982, 128-136, 134; Hahn, F, "Das Gesetzesverständnis im Römer- und Galaterbrief", ZNW 67 (1976), 29-63, 57 주 89; Hübner, H, *Das Gesetz bei Paulus. Ein Beitrag zum Werden der paulinischen Theologie,* FRLANT 119, Göttingen 1982, 3판, 125.

49 Käsemann, E, *An die Römer,* HNT 8a, Tübingen 1980, 4판, 207; Räisänen, H, "Das 'Gesetz des Glaubens' (Röm 3,27) und das 'Gesetz des Geistes' (Röm 8,2)", NTS 26 (1980), 101-117, 113; Weber, R, "Die Geschichte des Gesetzes und des Ich in 7,7-8,4", NZSTh 29 (1987), 147-179, 166.

50 Räisänen, H, "Sprachliches zum Spiel des Paulus mit Nomos", in: *Glaube und Gerechtigkeit* (FS Gyllenberg, R,), SFEG 38, Helsinki 1983, 134-149.

51 Despotis, A, *Die "New Perspective on Paul" und die griechisch-orthodoxe Paulus interpretation,* VIOT 11, Sankt Ottilien 2014, 334-338; Reasoner, M, *Romans in Full Circle. A History of Interpretation,* Louisville 2005, 113-120.

52 Haacker, K., ""Ende des Gesetzes" und kein Ende? Zur Diskussion über τέλος νόμου in Röm 10,4", in: *Ja und Nein. Christliche Theologie im Angesicht Israels.* (FS Schrage, W), Neukirchen-Vluyn 1998, 127-138, 132.

53 Wolter, M., *Der Brief an die Römer* 2: Röm 9-16, EKK, Neukirchen-Vluyn 2019, 108.

첫째, 그리스도는 율법의 완성이다. 테르툴리아누스Tertullian54와 오리게네스Origenes55, 루터Luther56와 칼뱅Calvin57이 주장하였고 최근에도 동조자는 있다.58

둘째, 그리스도는 율법의 목표다. 칼뱅Calvin59이 지지한 이 의견을 지지하는 학자들이 늘어났다.60 로마 9,30-10,21을 전체적으로 본다면, 이 의견이 적절하다.61

셋째, 그리스도는 율법의 끝이다. 구원의 길로서 율법이 그리스도에 의해 극복되었고,62 토라의 역할이 그리스도에 의해 끝장났다.63 이 의견은 바울의 회개와 연결되어 자주 설명되었다.64

---

54 *Adv. Marc.* 5,14,7.

55 *Comm. in Rom* 8,2.

56 *WA* 56,99,5-6.

57 215,24-26.

58 v. d. Osten-Sacken, P, *Römer 8 als Beispiel paulinischer Soteriologie,* FRLANT 112, Göttingen 1975, 250; Kundert, L, "Christus als Inkorporation der Tora. τέλος γὰρ νόμου Χριστὸς Röm 10,4 vor dem Hintergrund einer erstaunlichen rabbinischen Argumentation", ThZ 55 (1999), 76-89; Oegema, G.S, "Versöhnung ohne Vollendung? Römer 10,4 und die Tora der messinischen Zeit", in: Avemarie, F./Lichtenberger, H, (Hg.), *Bund und Tora,* WUNT 92, Tübingen 1996, 229-261.

59 215,33-35; 216,9-11.

60 Reinbold, W, "Das Ziel des Gesetzes nach Röm 10,4-13", in: Doering, L, u,a. (Hg.), *Judaistik und neutestamentliche Wissenschaft,* FRLANT 226, Göttingen 2008, 297-312; Theissen, G,/v. Gemünden, *Der Römerbrief. Rechenschaft eines Reformators,* Göttingen 2016, 333.

61 Burchard, Ch, *Studien zur Theologie, Sprache und Umwelt des Neuen Testaments,* WUNT 107, Tübingen 1998, 257; Theobald, M, *Studien zum Römerbrief,* WUNT 136, Tübingen 2001, 218.

62 Bultmann, R., "Christus des Gesetzes Ende", in: ders., *Glauben und Verstehen* II, 1968, 5판, 32-58, 48; Käsemann, E., *An die Römer,* HNT 8, Tübingen 1974, 2판, 273.

63 Hofius, O., *Paulusstudien* I, WUNT 51, Tübingen 1994, 64; Wilckens, U., *Der Brief an die Römer,* EKK, Bd 6/2, Zürich/ Neukirchen-Vluyn 1980, 222.

넷째, 그리스도는 율법의 완성이고 목표이고 끝이다. 처음 세 의견을 모두 포함한다. 로마 9,31-32처럼 목표 지점을 통과하면 달리기는 끝난다.[65]

그리스도께서 나타나심으로 율법은 끝이 났고(공동번역), 그리스도는 율법의 마침(개역개정), 그리스도는 율법의 끝마침(새번역), 그리스도께서 율법의 끝마침(200주년 기념성서) 우리말 번역이 있다.

로마서 9-11장 연구에서 중요한 모든 이스라엘도 구원받게 되리라π ἃς Ἰσραήλ σωθήσεται(로마 11,26a) 의미가 여전히 논란되고 있다. 모든 이스라엘πᾶς Ἰσραήλ은 유다 민족을 가리키는가, 아니면 예수 그리스도를 받아들인 유다인만 가리키는가. 로마 11,20.23을 근거로 모든 이스라엘은 예수 그리스도를 받아들인 유다인만 가리킨다는 의견[66]이 있다. 예수 그리스도를 받아들이지 않는 유다인에게 구원의 특별한 길이 따로 마련되었다는 주장[67]도 있다. 구원의 특별한 길 주장을 비판하는 의견도 있다.[68]

---

64 Stuhlmacher, P., *Versöhnung, Gesetz und Gerechtigkeit. Aufsätze zur biblischen Theologie,* Göttingen 1981, 182; Theissen, G, Röm 9-11 - Eine Auseinandersetzung des Paulus mit Israel und mit sich selbst, in: *Fair Play.* (FS Räisänen, H), NT.S 103, Leiden u.a. 2002, pp.311-341, p.317.

65 Dunn, J. D. G., *Romans* II, WBC 38B, Dallas 1988, 589; Jolivet, I, "Christ the τέλος in Romans 10:4 as Both Fulfillment and Termination of the Law", RestQ 51 (2009), 13-30.

66 Hahn, F, "Zum Verständnis von Röm 11,26a; ,...und so wird ganz Israel gerettet werden", in: Hooker, M.D,/Wilson, S.G, (Hg.), *Paul and Paulism* (FS Barrett, C.K,), London 1982, 221-236.

67 Mussner, F, "Ganz Israel wird gerettet werden"(Röm 11,26)", Kairos 18 (1976), 241-255, 251.

68 Grässer, E, "Zwei Heilswege?", in: Ders, *Der Alte Bund im Neuen,* WUNT 35, Tübingen 1985, 212-230; Räisänen, H, *"Römer 9-11: Analyse eines geistigen Rings",* ANRW 25.4, Berlin/New York 1987, 2891-2939, 2917.

바울 신학이 로마제국의 정치 이념이던 로마의 평화$^{Pax\ Romana}$를 비판하거나 반대했는지, 만일 그렇다면 어떤 의미에서 그랬는지 질문이 다시 주목받고 있다.[69] 바울이 예고했던 스페인 선교 계획과 바울 사상이 어떻게 역사적 신학적으로 연결되는가. 그리고 가난한 예루살렘 성도들을 위한 모금이 로마제국 시대의 후원$^{Patronat}$ 제도 맥락에서 어떻게 이해되는가.[70] 최근 바울 연구에서 등장한 질문이다.

바울 의화론을 어떻게 이해할 것인가. 예나 지금이나 여전히 논란되고 있다.[71] 갈라디아서와 로마서의 의화론이 바울 사상을 대표하느냐 질문되고 있다.[72] 부정적인 의견이 있다.[73] 바울 의화론은 무엇을 말하려는 것일까. 개인의 의로움이 아니라 유다인 아닌 사람이 하나님 백성에 포함되느냐가 바울 의화론 주제라는 주장[74]이 있다.

바울 의화론은 누구를 겨냥하고 있을까. 행업$^{works-righteousness/\ Werkgerechtigkeit}$에 기초한 유다교를 반대한 것인가. 그러나 행업에 기초한 유다교는 존재했던 적이 없었다. 하나님 계획안에 개인의 위치는 계약에 있고, 계약은 계명에 응답을 요청한다는 것이 유다교 핵심이라는 의견이 나왔다.[75]

69 Wengst, K, *Pax Romana. Anspruch und Wirklichkeit,* München 1986; Riedo-Emmenegger, Chr, *Prophetisch-messianische Provokateure der Pax Romana,* NTOA 56, Freiburg(H)/Göttingen 2005.

70 Schnelle, U, (Hg.), *The Letter to the Romans,* BETL 226, Leuven 2009.

71 Gathercole, S.J, *Where is boasting? Early Jewish Soterology and Paul's Response in Romans 1-5,* Grand Rapids 2002.

72 Karrer, M, "Rechtfertigung bei Paulus", KuD 46 (2000), 126-155; Strecker, G, "Paulus aus einer "neuen Perspektive"", KuI 11 (1996), 3-18.

73 Schnelle, U, "Transformation und Partizipation als Grundgedanken paulinischer Theologie", NTS 47 (2001), 58-75.

74 Stendahl, K, "Der Apostel Paulus und das "introspektive: Gewissen des Westens", KuI 11 (1996), 19-33.

75 Sanders, E.P, *Paul and Palestinian Judaism: A Comparison of Patterens of Religion,*

바울 새 관점New Perspective on Paul 학파는 유다교에 대한 뒤틀린 해석을
고쳐주었고, 바울 사상에 유다교 영향이 얼마나 컸는지 밝혀주었다.76
그러나 바울이 그리스 · 로마 사상에서 영향받은 사실을 바울 새 관점
학파는 거의 외면하였다.77

Philadelphia/London 2017, 544.

76 Wedderburn, A.J.M, "Eine neuere Paulusperspektive?", in: Becker, E.-N/Pilhofer, P,
(Hg.), *Biographie und Persönlichkeit bei Paulus,* WUNT 187, Tübingen 2006, 46-64;
Frey, J, "Das Judentum des Paulus", in: Wischmeyer, O, (Hg.), *Paulus,* Tübingen 2006,
5-43.

77 Schnelle, U, *Einleitung in das Neue Testament,* Göttingen 2017, 9판, 156.

# 바울 연구의 새 흐름

최근 바울 연구에서 다섯 가지 주요 흐름을 엿볼 수 있다.[1] 다섯 가지 흐름은 서로 겹치기도 하고 서로 연결되기도 한다.

첫째, 바울 신학 전체를 아우르는 중심 주제가 분명히 존재하며 그것은 바울 의화론이라는 의견이 있다. 불트만Bultmann에게 "바울 신학은 하나님의 본질 자체를 다루는 것이 아니라 인간에 대한 하나님의 구원과 책임을 다루는 한 의미 있다. 동시에 바울 신학은 세계와 인간을 그 자체로서 다루는 것이 아니라 하나님과 관계 안에서 본다. 하나님에 관한 모든 문장은 동시에 인간에 대한 문장이며, 거꾸로도 마찬가지다. 그래서, 또한 그 의미에서 바울 신학은 동시에 인간학이다."[2] 바울 의화론은 바울 신학의 종합이며 유언Testament[3]이다. "바울의 의로움 사상은 그 율법론과 더불어 결국 바울의 그리스도론이다."[4] 인간론이 아니라 그리스

---

1 Schnelle, U, *Einleitung in das Neue Testament,* Göttingen 2017, 9판, 184.

2 Bultmann, R, *Theologie des Neuen Testaments,* Merk, O. (Hg.), Tübingen, 1984, 9판, 191.

3 Bornkamm, G, "Der Römerbrief als Testament des Paulus", in: Ders, *Geschichte und Glaube II,* BevTh 53, München 1971, 120-139; Lohse, E, "Summa Evangelii - zu Veranlassung und Thematik des Römerbriefes", NAWG.PH 3 (1993), 89-119.

4 Käsemann, E, "Rechtfertigung und Heilsgeschichte im Römerbrief", in: Ders, *Paulinische Perspektiven,* Tübingen 1972, 2판, 108-139, 130.

도론에서 바울 의화론을 보아야 한다는[5] 것이다. 다마스쿠스 체험 관점에서 바울은 십자가에 처형되고 하나님에 의해 부활한 그리스도는 구원의 길로서 율법은 끝장났음을 알았다는 주장[6]도 있다.

바울 연구에서 세 가지 대화 모델—바울 자신과 바울에 영향을 준 전승과의 대화, 바울 편지의 청취자와 독자와 바울의 대화, 오늘 성서 주석학자들과 바울의 대화—이 제안되기도 했다. 그 대화의 기초요 중심은 로마서다. 로마서는 바울 자신에 의해 바울 자신의 신학을 가장 일관적으로 언급한 작품이다.[7] 하나님은 인간의 믿음을 근거로 인간을 의롭다고 선언하신 바울 의화론은 바울 신학의 핵심이며 바울 의화론이라고 마땅히 불릴 만하다.[8]

바울 신학의 기본 생각은 의화론이 아니라는 주장은 진즉 있었다. 20세기 초 브레데Wrede 주장은 이렇다. "종교개혁은 우리가 바울 의화론을 바울 사상의 중심이라고 익숙하게 여기게 만들었다. 그러나 그것은 아니다."[9] 바울 신학을 불트만처럼 인간학이 아니라 구원론에서 찾으려 한 것이다.[10] 그래서 의화론보다 변화와 참여Transformation und Partizipation를 바울 신학의 중심으로 내세우는 의견도 있다. 슈바이처Schweitzer에게 그리스도 안에 신비라는 구원론이 주요 분화구라면, 믿음

5 Käsemann, E, *An die Römer*, HNT 8a, Tübingen 1980, 4판, 286.

6 Stuhlmacher, P, *Biblische Theologie des Neuen Testament. Band 1: Grundlegung. Von Jesus zu Paulus*, Göttingen 2005, 3판, 248.

7 Dunn, J.D.G, *The Theology of Paul the Apostle*, Grand Rapids/Cambridge 1998, 25.

8 Wolter, M, *Paulus. Ein Grundriss seiner Theologie*, Neukirchen 2015, 2판, 344.

9 Wrede, W, "Paulus" (1904), in: Rengstorf, K.H, (Hg.), *Das Paulusbild in der neueren deutschen Forschung*, WdF 24, Darmstadt 1969, 2판, 1-97, 67.

10 Wrede, W, "Paulus" (1904), in: Rengstorf, K.H, (Hg.), *Das Paulusbild in der neueren deutschen Forschung*, WdF 24, Darmstadt 1969, 2판, 1-97, 47.

으로 의로움이라는 바울 가르침은 주변 분화구에 불과하다.[11] 슈바이처와 주고받은 편지에서 하르낙Harnack도 이 의견에 동의했다.[12] 슈넬레 역시 바울 신학의 중심을 변화와 참여에서 찾고 있다.[13]

바울을 유다교와 가까이 놓고 새롭게 보려는 흐름도 있다. 루터에 의해 행업 유다교처럼 왜곡된 유다교 모습을 올바로 고치려는 바울 새 관점 학파가New Perspective on Paul 대표적이다.[14] 샌더스는Sanders 바울이 자기 시대의 행업 유다교와 싸웠다는 오해를 풀기 위해 애썼다. 행업 유다교는 존재했던 적이 없기 때문이다.[15] 바울은 인간의 허약함에서 논의를 출발한 것이 아니라 그리스도라는 해답에서 시작했다.[16] 하나님의 구원이 인간의 행업이 아니라 하나님 자비의 행위 덕분이라는 가르침에 유다교가 반대하겠는가. 바울 생각에 유다교의 잘못을 요약하자면, 유다교는 그리스도교가 아니라는 사실이다.[17]

---

11 Schweitzer, A, *Die Mystik des Apostels Paulus*, Tübingen 1954, 2판, 220.

12 Zager, W, u.a., (Hg.), *A, Schweitzer,. Theologischer und philosophischer Briefwechsel 1900-1965*, München 2006, 282.

13 Schnelle, U, "Transformation und Partizipation als Grundgedanken paulinischer Theologie", NTS 47 (2001), 58-75.

14 Westerholm, S, *Perspectives Old and New on Paul*, Grand Rapids/Cambridge 2004; Maschmeir, J.-Chr, *Rechtfertigung bie Paulus. Eine Kritik alter und neuer Paulusperspectiven*, Stuttgart 2010.

15 Sanders, E.P, *Paul and Palestinian Judaism: A Comparison of Patterens of Religion*, Philadelphia/London 2017, 550.

16 Sanders, E.P, *Paul and Palestinian Judaism: A Comparison of Patterens of Religion*, Philadelphia/London 2017, 475.

17 Sanders, E.P, *Paul and Palestinian Judaism: A Comparison of Patterens of Religion*, Philadelphia/London 2017, 552.

# 인용문헌

Agersnap, S. *Baptism and the New Life: A Study of Romans 6.1-14,* Aarhus 1999.

Aland, K. (Hg.), *Vollständige Konkordanz zum griechischen Neuen Testament. Bd. II: Spezialübersichten,* Berlin/New York 1978.

_____. "Die Anfänge der Kosmologie", in: Long, A.A, (Hg.), *Handbuch Frühe Griechische Philosophie,* Stuttgart 2001, 42-60.

Althaus, P. *Die Wahrheit des christlichen Osterglaubens,* BFChTh 42, Gütersloh 1940.

Avemarie, F. "Die Werke des Gesetzes im Spiegel des Jakobusbriefes", ZThK 98 (2001), 282-309.

_____. *Die Täuferzählungen der Apostelgeschichte. Theologie und Geschichte,* WUNT 139, Tübingen 2002.

Bachmann, M. "Keil, oder Mikroskop? Zur jüngeren Diskussion um den Ausdruck "'Werke' des Gesetzes'"", in: Ders, (Hg.), *Lutherische und Neue Paulusperspektive,* WUNT 182, 2005, 69-134.

Backhaus, K. "Evangelium als Lebensraum. Christologie und Ethik bei Paulus", in: Schnelle, U,/Söding, T,/Labahn, M, (Hg.), *Paulinische Christologie* (FS Hübner, H,), Göttingen 2000, 9-31.

Barth, G. "Pistis in hellenistischer Religiosität", in: Ders, *Neut estamentliche Versuche und Beobachtungen,* Waltrop 1996, 169-194.

_____. *Der Tod Jesu Christi im Verständnis des Neuen Testaments,* Neukirchen 1992.

Bauer, K.-A. *Leiblichkeit - das Ende aller Werke Gottes,* StNT 4, Gütersloh 1971.

Baumgarten, J. *Paulus und die Apokalyptik,* WMANT 44, Neukirchen 1975.

Becker, J. *Der Brief an die Galater,* NTD 8/1, Göttingen 1998.

_____. *Das Heil Gottes,* SUNT 3, Göttingen 1964.

_____. *Paulus. Der Apostel der Völker,* Tübingen 1989.

Berger, K. *Theologiegeschichte des Urchristentums,* Tübingen/Basel 1995, 2판.

Betz, H.D. *Der Galaterbrief,* München 1988.

_____. "The Concept of the 'Inner Human Being' (ὁ ἔσω ἄνθρωπος) in the Anthropology of Paul", NTS 46 (2000), 317-324.

_____. "Das Problem der Grundlagen der paulinischen Ethik", in: Ders, *Paulinische Studien,* Tübingen 1994, 184-205.

Betz, O. "Rechtfertigung in Qumran", in: Friedrich, J,/Pöhlmann, W,/Stuhlmacher, P, (Hg.), *Rechtfertigung* (FS Käsemann, E,), Tübingen 1976, 17-36.

Bieringer, R. "Traditionsgeschichtlicher Ursprung und theologische Bedeutung der ὑπέρ-Aussagen im Neuen Testament", in: van Segbroeck, G, u.a, (Hg.), *The Four Gospels I* (FS Neirynck, F,), Leuven 1992, 219-248.

Blischke, F. *Die Begründung und die Durchsetzung der Ethik bei Paulus,* ABG 25, Leipzig 2007.

Boer, M.C. de, *Galatians, A Commentary,* NTL, Loiusville 2011.

Böttrich, Chr. ""Gott und Retter". Gottesprädikationen in christologischen Titeln", NZSTh 42 (2000), 217-236.

_____. "Die Auferstehung der Toten", in: Horn, F.W, (Hg.), *Paulus Handbuch,* Tübingen 2013, 461-471.

_____. ""Ihr seid der Tempel Gottes". Tempelmetaphorik und Gemeinde bei Paulus", in: Ego, B,/Lange, A,/Pilhofer, P, (Hg.), *Gemeinde ohne Tempel,* WUNT 118, Tübingen 1999, 411-425.

Boring, M.E. *The Continuing Voice of Jesus,* Louisville 1991.

Bormann, L. *Philippi. Stadt und Christengemeinde zur Zeit des Paulus,* NT.S 78, Leiden 1995.

Bornkamm, G. "Glaube und Vernunft bei Paulus", in: Ders, *Studien zu Antike und Christentum,* BEvTh 28, München 1970, 3판, 119-137.

_____. "Der Römerbrief als Testament des Paulus", in: Ders, *Geschichte und*

*Glaube II,* BevTh 53, München 1971, 120-139.

Brandenburger, E. "Paulinische Schriftauslegung in der Kontroverse um das Verheissungswort Gottes (Röm 9)", ZThK 82 (1985), 1-47.

Breytenbach, C. "'Christus starb für uns'. Zur Tradition und paulinischen Rezeption der sogenannten 'Sterbeformeln',", NTS 49 (2003), 447-475.

_____. "Gnädigstimmen und opferkultische Sühne im Urchristentum und seiner Umwelt", in: Janowski, B,/Welker, M, (Hg.), *Opfer,* Frankfurt 2000, 217-243.

_____. "Interpretationen des Todes Christi", in: Horn, F.W, (Hg.), *Paulus Handbuch,* Tübingen 2013. 321-331.

_____. "*Versöhnung, Stellvertretung und Sühne*", NTS 39 (1993), 59-79.

_____. Art. "Versöhnung", TBLNT 2, 2판, 1777-1780.

_____. Art. "Sühne", TBLNT 2, Neukirchen - Vluyn u.a. 2000, 2판, 1685-1693.

_____. *Grace, Reconciliation, Concord. The Death of Christ in Graeco-Roman Metaphors,* NT.S 135, Leiden 2010.

Breytenbach, C. *Versöhnung,* WMANT 60, Neukirchen 1989.

Brockhaus, U. *Charisma und Amt,* Wuppertal 1987.

Broer, I. *Die Urgemeinde und das leere Grab,* StANT 31, München 1972.

_____. "Antijudaismus Neuen Testament? Versuch einer Annäherung anhand von zwei Texten (1Thess 2,14-16 und Mt 27,24f)", in: Oberlinner, L, (Hg.), *Salz der Erde - Licht der Welt* (FS Vögtle, A,), Stuttgart 1991, 321-355.

Brucker, R. *'Christushymnen' oder 'epideiktische Passagen': Studien zum Stilwechsel im Neuen Testament und seiner Umwelt,* FRLANT 176, Göttingen 1997.

Bull, K-M. ""Wir werden alle vor den Richterstuhl Gottes gestellt werden" (Röm 14,10). Zur Funktion des Motivs vom Endgericht in den Argumentationen des Römerbriefes", in: Becker, M,/Öhler, M, (Hg.), *Apokalyptik als Herausforderung der neutestamentlichen Theologie,* WUNT II 214, Tübingen 2006, 125-143.

Bultmann, R. Art. "ἐλπίς", ThWNT 2 (1935), 515-520.

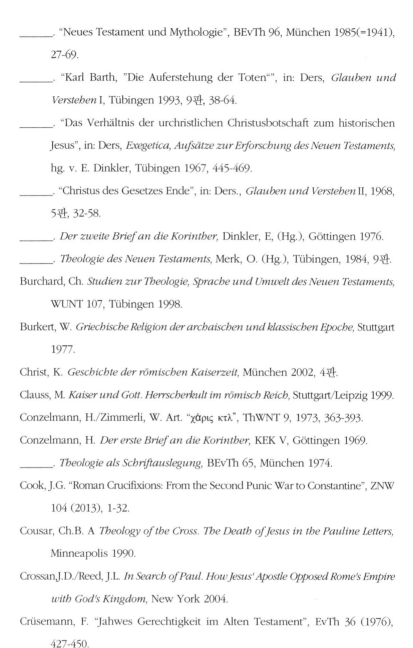

_____. "Neues Testament und Mythologie", BEvTh 96, München 1985(=1941), 27-69.

_____. "Karl Barth, "Die Auferstehung der Toten"", in: Ders, *Glauben und Verstehen* I, Tübingen 1993, 9판, 38-64.

_____. "Das Verhältnis der urchristlichen Christusbotschaft zum historischen Jesus", in: Ders, *Exegetica, Aufsätze zur Erforschung des Neuen Testaments,* hg. v. E. Dinkler, Tübingen 1967, 445-469.

_____. "Christus des Gesetzes Ende", in: Ders., *Glauben und Verstehen* II, 1968, 5판, 32-58.

_____. *Der zweite Brief an die Korinther,* Dinkler, E, (Hg.), Göttingen 1976.

_____. *Theologie des Neuen Testaments,* Merk, O. (Hg.), Tübingen, 1984, 9판.

Burchard, Ch. *Studien zur Theologie, Sprache und Umwelt des Neuen Testaments,* WUNT 107, Tübingen 1998.

Burkert, W. *Griechische Religion der archaischen und klassischen Epoche,* Stuttgart 1977.

Christ, K. *Geschichte der römischen Kaiserzeit,* München 2002, 4판.

Clauss, M. *Kaiser und Gott. Herrscherkult im römisch Reich,* Stuttgart/Leipzig 1999.

Conzelmann, H./Zimmerli, W. Art. "χάρις κτλ", ThWNT 9, 1973, 363-393.

Conzelmann, H. *Der erste Brief an die Korinther,* KEK V, Göttingen 1969.

_____. *Theologie als Schriftauslegung,* BEvTh 65, München 1974.

Cook, J.G. "Roman Crucifixions: From the Second Punic War to Constantine", ZNW 104 (2013), 1-32.

Cousar, Ch.B. A *Theology of the Cross. The Death of Jesus in the Pauline Letters,* Minneapolis 1990.

Crossan,J.D./Reed, J.L. *In Search of Paul. How Jesus' Apostle Opposed Rome's Empire with God's Kingdom,* New York 2004.

Crüsemann, F. "Jahwes Gerechtigkeit im Alten Testament", EvTh 36 (1976), 427-450.

Dahl, N.A. *Das Volk Gottes,* Darmstadt 1963, 2판.

Dalferth, I.U. "Volles Grab, leere Glaube?", ZThK 95 (1998), 379-409.

Deissmann, A. *Licht von Osten,* Tübingen 1923, 4판.

Delling, G. "Der Tod Jesu in der Verkündigung des Paulus", in: Ders, *Studien zum Neuen Testament und zum hellenistischen Judentum: Gesammelte Aufsätze 1950-1968,* hg.v. Hahn, F, u.a, Göttingen 1970, 336-346.

Despotis, A. *Die "New Perspective on Paul" und die griechisch-orthodoxe Paulus interpretation,* VIOT 11, Sankt Ottilien 2014.

Dihle, A. Art. "Gerechtigkeit", RAC 10, Stuttgart 1978, 233-360.

Donfried, K.P. "The Cults of Thessalonica and the Thessalonian Correspondence", NTS 31 (1985), 336-356.

Dunn, J.D.G. "Once more, ΠΙΣΤΙΣ ΞΡΙΣΤΟΨ", in: Johnson, E.E,/Hay, D.M, (Hg.,) *Pauline Theology* IV, Atlanta 1997, 61-81.

_____. "The New Perspective on Paul", BJRL 65 (1983), 95-122.

_____. "The Relationship between Paul and Jerusalem according to Galatians 1 and 2", NTS 28 (1982), 461-478.

_____. *The Epistle to the Galatians,* BNTC, London 1993.

_____. *The Theology of Paul the Apostle,* Grand Rapids/Cambridge 1998.

_____. *Romans* II, WBC 38B, Dallas 1988.

du Toit, D. "Christologische Hoheitstitel", in: Horn, F.W, (Hg.), *Paulus Handbuch,* Tübingen 2013, 294-299.

Ebel, E. *Die Attraktivität früher christlicher Gemeinden,* WUNT 2.178, Tübingen 2004.

Ebner, M./Schreiber, S. (Hg.), *Einleitung in das Neue Testament,* Stuttgart 2013, 2판.

Eckert, J. "Christus als "Bild Gottes" und die Gottebenbildlichkeit des Menschen in der paulinischen Theologie", in: Frankemölle, H,/Kertelge, K, (Hg.), *Vom Urchristentum zu Jesus* (FS Gnilka J,), Freiburg 1989, 337-357.

Eckstein, H-J. ""Denn Gottes Zorn wird vom Himmel her offenbar werden." Exegetische Erwägungen zu Röm 1,18", in: Ders, *Der aus Glauben Gerechte wird leben. Beiträge zur Theologie des Neuen Testaments,* BVB 5, Münster 2003, 19-35.

_____. *Der Begriff Syneidesis bei Paulus,* WUNT 2.10, Tübingen 1983.

Eltester, F.-W. *Eikon im Neuen Testament,* BZNW 23, Berlin 1958.

Erlemann, K. *Endzeiterwartungen und Parusieverzögerung im Neuen Testament,* TANZ 17, Tübingen 1995.

Eschner, Chr. *Gestorben und hingegeben "für" die Sünder: Die griechische Konzeption des Unheil abwendenden Sterbens und deren paulinische Aufnahme für die Deutung des Todes Jesu Christi I-II,* WMANT 122, Neukirchen-Vluyn, 2010.

Fee, G.D. *God's Empowering Presence. The Holy Spirit in the Letters of Paul,* Peabody 1999, 4판.

Fischer, K.M. *Das Ostergeschehen,* Göttingen 1980, 2판.

Fitzmyer, J.A. "Der semitische Hintergrund des neutestamentlichen Kyriostitels", in: Strecker, G, (Hg.), *Jesus Christus in Historie und Theologie* (FS Conzelmann, H,), Tübingen 1975, 267-298.

Förg, F. *Die Ursprünge der alttestamentlichen Apokalyptik,* ABG 45, Leipzig 2013.

Frey, J. "Apostelbegriff, Apostelamt und Apostolizität", in: Schneider, Th,/Wenz, G, (Hg.), *Das kirchliche Amt in apostolischer Nachfolge I: Grundlagen und Grundfragen,* Freiburg/Göttingen 2004, 91-188.

_____. "Gericht und Gnade", in: Horn, F.W, (Hg.), *Paulus Handbuch,* Tübingen 2013, 471-479.

_____. "Das Judentum des Paulus", in: Wischmeyer, O, (Hg.), *Paulus,* Tübingen 2006, 5-43.

_____. "Probleme der Deutung des Todes Jesu", in: Ders,/Schröter, J, (Hg.), *Deutungen des Todes Jesu,* WUNT 181, Tübingen 2005, 3-50.

_____. "Rechtfertigungstheologie im Ersten Korintherbrief", in: Belezos, C.J, (Hg.), *Saint Paul and Corinth I,* Athen 2009, 549-585.

Friedrich, G. "Glaube und Verkündigung bei Paulus", in: Hahn, F,/Klein, H, (Hg.), *Glaube im Neuen Testament* (FS Binder, H,), BThSt 7, Neukirchen 1982, 93–113.

_____. Art. "εὐαγγελίον", ThWNT 2, Stuttgart 1935, 718-734

_____. *Die Verkündigung des Todes Jesu im Neuen Testament,* BThSt 6, Neukirchen 1982.

Gathercole, S.J. *Where is boasting? Early Jewish Soteriology and Paul's Response in Romans 1-5,* Grand Rapids 2002.

Gaukesbrink, M. *Die Sühnetradition bei Paulus,* fzB 82, Würzburg 1999.

Gebauer, R. *Das Gebet bei Paulus,* Giessen 1989.

Gehring, R.W. *Hausgemeinde und Mission. Die Bedeutung antiker Häuser und Hausgemeinschaften von Jesus bis Paulus,* Giesen 2000.

Gnilka, J. *Paulus vor Tarsus. Zeuge und Apostel,* HThK. S 6, Freiburg 1996.

Gombocz, W.L. *Die Philosophie der ausgehenden Antike und des frühen Mittelakters* (Geschichte der Philosophie 4), München 1997.

Gorman, M.J. *Cruciformity. Paul's Narrative Spirituality of the Cross,* Grand Rapids/Cambridge 2001.

Grässer, E. ""Ein einziger ist Gott" (Röm 3,30)", in: Ders, *Der Alte Bund im Neuen,* WUNT 35, Tübingen 1985, 231-258.

_____. "Zwei Heilswege?", in: Ders, *Der Alte Bund im Neuen,* WUNT 35, Tübingen 1985, 212-230.

Güttgemanns, E. *Der leidende Apostel und sein Herr. Studien zur paulinischen Christologie,* FRLANT 90, Göttingen 1966.

Gundry, R.H. *Soma in Biblical Theology, with Emphasis on Pauline Anthropology,* MSSNTS 29, Cambridge 1976.

Haacker, K. "Der "Antinomismus" des Paulus im Kontext antiker Gesetzestheorie", in: Lichtenberger, H, (Hg.), *Geschichte - Tradition - Reflexion III* (FS Hengel, M,), Tübingen 1996, 387-404.

_____. ""Ende des Gesetzes" und kein Ende? Zur Diskussion über τέλος νόμου in Röm 10,4", in: *Ja und Nein. Christliche Theologie im Angesicht Israels.* (FS Schrage, W), Neukirchen-Vluyn 1998, pp.127-138.

_____. *Der Brief des Paulus an die Römer*, ThHK 6, Leipzig 2012, 4판.

Härle, W./Herms, E. *Rechtfertigung. Das Wirklichkeitsverständnis des christlichen Glaubens*, UTB 1016, Göttingen 1979.

Häusser, D. *Christusbekenntnis und Jesusüberlieferung bei Paulus*, WUNT II 210, Tübingen 2006.

Hahn, F. "Das Gesetzesverständnis im Römer- und Galaterbrief", ZNW 67 (1976), 29-63.

_____. "Taufe und Rechtfertigung", in: Friedrich, J,/Pöhlmann, W,/Stuhlmacher, P, (Hg.), *Rechtfertigung* (FS Käsemann, E,), Tübingen 1976, 95-124.

_____. "Gibt es eine Entwicklung in den Aussagen über die Rechtfertigung bei Paulus?", EvTh 53 (1993), 342-366.

_____. "Zum Verständnis von Röm 11,26a; „...und so wird ganz Israel gerettet werden", in: Hooker, M.D,/Wilson, S.G, (Hg.), *Paul and Paulism* (FS Barrett, C.K,), London 1982, 221-236.

_____. *Christologische Hoheitstitel*, Göttingen 1995, 5판.

_____. *Theologie des Neuen Testament II*, Tübingen 2003.

Haldimann, K. "Kreuz - Wort vom Kreuz - Kreuzestheologie. Zu einer Begriffsdifferenzierung in der Paulusinterpretation", in: Dettwiler, A,/Zumstein, J, (Hg.), *Kreuzestheologie im Neuen Testament*, WUNT 151, 2002, 1-25.

Hanhart, R. "Textgeschichtliche Probleme der LXX von ihrer Entstehung bis Origenes", in: Hengel, M,/Schwemer, A-M, *Die Septuaginta zwischen Judentum und Christentum*, WUNT 72, Tübingen 1994.

Harrill, J.A. "Paul and Empire: Studying Roman Identity after the Cultural Turn", EC 2 (2011), 281-311.

Harrison, J.R. *Paul's Language of Grace in its Graeco-Roman Context,* WUNT II 172, Tübingen 2003.

Haufe, G. *Der erste Brief des Paulus an die Thessalonicher,* ThHK 12/I, Leipzig 1999.

Hays, R. B. "ΠΙΣΤΙΣ and Pauline Christology", in: Johnson, E.E,/Hay, D.M, (Hg.,) *Pauline Theology IV,* Atlanta 1997, 35-60.

Heckel, U. *Kraft in Schwachheit. Untersuchungen zu 2. Kor 10-13,* WUNT II 56, Tübingen 1993.

_____. *Der Segen im Neuen Testament. Begriff, Formeln, Gesten. Mit einem praktisch-theologischen Ausblick,* WUNT 150, Tübingen 2002.

Heininger, B. "Die Parusie des Kyrios", in: Horn, F.W, (Hg.), *Paulus Handbuch,* Tübingen 2013, 299-305.

Hengel, M. "Abba, Maranatha, Hosanna und die Anfänge der Christologie", in: Ders, *Studien zur Christologie, Kleine Schriften IV,* WUNT 201, Tübingen 2000, 496-534.

_____. "Das Begräbnis Jesu bei Paulus und die leibliche Auferstehung aus dem Grabe", in: Ders, *Studien zur Christologie, Kleine Schriften IV,* WUNT 201, Tübingen 2006, 386–450.

_____. "Das Christuslied im frühen Gottesdienst", in: Ders, *Studien zur Christologie,* KS IV, WUNT 201, Tübingen 2006, 185-204.

_____. "Das Mahl in der Nacht, "in der Jesus ausgeliefert wurde" (1 Kor 11,23)", in: Ders, *Studien zur Christologie,* KS IV, WUNT 201, Tübingen 2006, 472-492.

_____. "Erwägungen zum Sprachgebrauch von Χριστός bei Paulus und in der 'vorpaulinischen' Überlieferung", in: Hengel, M, *Paulus und Jakobus. Kleine Schriften 3.* Tübingen 2002, 240-261.

_____. "Mors turpissima crucis. Die Kreuzigung in der antiken Welt und die 'Torheit' des 'Wortes vom Kreuz'", in: Friedrich, J, u.a. (Hg.), *Rechtfertigung,*

Tübingen/Göttingen 1976, 125-184.

_____. "Paulus und die frühchristliche Apokalyptik", in: Ders, *Paulus und Jakobus. Kleine Schriften III*, WUNT 141, Tübingen 2002, 302-417.

_____. "Psalm 110 und die Erhöhung des Auferstandenen zur Rechten Gottes", in; Breytenbach, C,/Paulsen, H, (Hg.), *Anfänge der Christologie* (FS Hahn, F,), Göttingen 1991, 43-74.

_____. "Präexistenz bei Paulus?", in: Landmesser, Chr, u. a. (Hg.), *Jesus Christus als die Mitte der Schrift* (FS Hofius, O,), BNZW 86, Berlin/New York 1997, 479-517.

_____. ""Setze dich zu meiner Rechten! " Die Inthronisation Christi zur Rechten Gottes und Psalm 110,1", in: Hengel, M, *Studien zur Christologie*, KS IV, WUNT 201, Tübingen 2006, 281-367.

_____. "Der vorchristliche Paulus", in: Ders, /Heckel, U, (Hg.), *Paulus und das antike Judentum*, WUNT 58, Tübingen 1991, 177-291.

_____. *Der Sohn Gottes*, Tübingen 1977, 2판.

_____. *Studien zur Christologie*, KS IV, WUNT 201, Tübingen 2006.

Hengel, M./Schwemer, A.M. *Der messianische Anspruch Jesu und die Anfänge der Christologie*, WUNT 138, Tübingen 2001.

Hengel, M./Schwemer, A.M. (Hg.), *Paulus zwischen Damaskus und Antiochien*, WUNT 108, Tübingen 1998.

Herzer, J. "Passion und Auferstehung Jesu Christi", in: Horn, F.W, *Paulus Handbuch*, Tübingen 2013, 285-294.

Hoffmann, P. Art. "Auferstehung", TRE 4, Berlin/New York 1979, 452-458.

_____. *Die Toten in Christus*, NTA NF 2, Münster 1978, 3판.

Hofius, O. "Erwägungen zur Gestalt und Herkunft des paulinischen Versöhnungsgedankens", in: Ders, *Paulusstudien I*, WUNT 51, Tübingen 1989, 1–14.

_____. "Christus als Schöpfungsmittler und Erlösungsmittler. Das Bekenntnis 1Kor

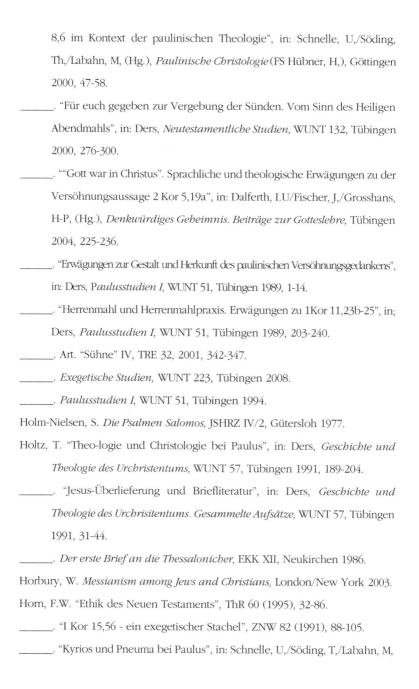

8,6 im Kontext der paulinischen Theologie", in: Schnelle, U,/Söding, Th,/Labahn, M, (Hg.), *Paulinische Christologie* (FS Hübner, H,), Göttingen 2000, 47-58.

_____. "Für euch gegeben zur Vergebung der Sünden. Vom Sinn des Heiligen Abendmahls", in: Ders, *Neutestamentliche Studien*, WUNT 132, Tübingen 2000, 276-300.

_____. ""Gott war in Christus". Sprachliche und theologische Erwägungen zu der Versöhnungsaussage 2 Kor 5,19a", in: Dalferth, I.U/Fischer, J,/Grosshans, H-P, (Hg.), *Denkwürdiges Geheimnis. Beiträge zur Gotteslehre*, Tübingen 2004, 225-236.

_____. "Erwägungen zur Gestalt und Herkunft des paulinischen Versöhnungsgedankens", in: Ders, *Paulusstudien I,* WUNT 51, Tübingen 1989, 1-14.

_____. "Herrenmahl und Herrenmahlpraxis. Erwägungen zu 1Kor 11,23b-25", in; Ders, *Paulusstudien I,* WUNT 51, Tübingen 1989, 203-240.

_____. Art. "Sühne" IV, TRE 32, 2001, 342-347.

_____. *Exegetische Studien,* WUNT 223, Tübingen 2008.

_____. *Paulusstudien I,* WUNT 51, Tübingen 1994.

Holm-Nielsen, S. *Die Psalmen Salomos,* JSHRZ IV/2, Gütersloh 1977.

Holtz, T. "Theo-logie und Christologie bei Paulus", in: Ders, *Geschichte und Theologie des Urchristentums,* WUNT 57, Tübingen 1991, 189-204.

_____. "Jesus-Überlieferung und Briefliteratur", in: Ders, *Geschichte und Theologie des Urchrisitentums. Gesammelte Aufsätze,* WUNT 57, Tübingen 1991, 31-44.

_____. *Der erste Brief an die Thessalonicher,* EKK XII, Neukirchen 1986.

Horbury, W. *Messianism among Jews and Christians,* London/New York 2003.

Horn, F.W. "Ethik des Neuen Testaments", ThR 60 (1995), 32-86.

_____. "I Kor 15,56 - ein exegetischer Stachel", ZNW 82 (1991), 88-105.

_____. "Kyrios und Pneuma bei Paulus", in: Schnelle, U,/Söding, T,/Labahn, M,

(Hg.), *Paulinische Christologie* (FS Hübner, H,), Göttingen 2000, 59-75.

_____. *Das Angeld des Geistes. Studien zur paulinischen Pneumatologie,* FRLANT 154, Göttingen 1992.

_____. (Hg.), *Paulus Handbuch,* Tübingen 2013.

Horsley, R.A. (Hg.), *Paul and the Empire. Religion and Power in Roman Imperial Society,* Harrisburg 1997.

Hossfeld, F.-L. "Gedanken zum alttestamentlichen Vorfeld paulinischer Rechtfertigungslehre", in: Söding, Th, (Hg.), *Worum geht es in der Rechtfertigungslehre?,* QD 180, Freiburg 1999, 13-26.

Hübner, H. "Die paulinischen Rechtfertigungstheologie als ökumenisch-hermeneutisches Problem", in; Söding, Th, (Hg.), *Worum geht es in der Rechtfertigungslehre?,* QD 180, Freiburg 1999, 76-105.

_____. *Das Gesetz bei Paulus. Ein Beitrag zum Werden der paulinischen Theologie,* FRLANT 119, Göttingen 1982, 3판.

_____. *Gottes Ich und Israel,* FRLANT 136, Göttingen 1984.

Hurtado, L.W. Art. "Son of God", DPL (1993), 900-906.

_____. *One God, One Lord. Early Christian devotion and Ancient Jewish Monotheism.* Edinburgh 1998, 2판.

_____. *Lord Jesus Christ,* Grand Rapids/Cambridge 2003.

Hyldahl, N. "Paul and Hellenistic Judaism in Corinth", in: Peder,B,/Søren G, (Hg.), *The New Testament and Hellenistic Judaism,* Aarhus/Oxford/Oakville 1997, 204-216.

Jacobi, Chr. "Auferstehung, Erscheinungen, Weisungen des Auferstandenen", in: Schröter, J,/Jacobi, Chr, (Hg.), *Jesus Handbuch,* Tübingen 2017, 490-504.

_____. "Auferstehung, Erscheinungen, Weisungen des Auferstandenen", in: Schröter, J,/Jacobi, Chr, (Hg.), *Jesus Handbuch,* Tübingen 2017, 490-504.

Janowski, B. *Stellvertretung. Alttestamentliche Studien zu einem theologischen Grundbegriff,* SBS 165, Stuttgart 1997.

Janowski, B./Stuhlmacher, P. (Hg.), *Der leidende Gottesknecht: Jes 53 und seine Wirkungsgeschichte,* FAT 14, Tübingen 1996.

Jeremias, J. *Die Abendmahlsworte Jesu,* Göttingen 1967, 4판.

Jervell, J. *Imago Dei,* FRLANT 76, Göttingen 1960.

Jolivet, I. "Christ the τέλος in Romans 10:4 as Both Fulfillment and Termination of the Law", RestQ 51 (2009): 13-30.

de Jong, M. *Christologie im Kontext,* Neukirchen 1995.

Jung, F. *ΣΩΤΗΡ. Studien zur Rezeption eines hellenistischen Ehrentitels im Neuen Testament,* NTA 39, Münster 2002.

Käsemann, E. "Die Anfänge christlicher Theologie", in: Ders, *Exegetische Versuche und Besinnungen II,* Göttingen 1970, 3판, 82-104.

_____. "Aspekte der Kirche," in: Ders, *Kirchliche Konflikte,* Göttingen 1982, 1-12.

_____. "Das theologische Problem des Motivs vom Leib Christi", in: Ders, *Paulinische Perspektiven,* Tübingen 1972, 2판, 178-210.

_____. "Erwägungen zum Stichwort Versöhnungslehre im Neuen Testament", in: Dinkler, E, (Hg.), *Zeit und Geschichte* (FS Bultmann, R,), Tübingen 1964, 47-59.

_____. "Grundsätzliches zur Interpretation von Röm 13", in: Ders., *Exegetische Versuche und Besinnungen 2,* Göttingen 1968, 3판, 204-222.

_____. "Die Heilsbedeutung des Todes Jesu bei Paulus", in: Ders, *Paulinische Perspektiven,* Tübingen 1972, 2판, 61-107.

_____. "Zur paulinischen Anthropologie, in: Ders, *Paulinische Perspektiven,* Tübingen 1972, 2판, 9-61.

_____. "Rechtfertigung und Heilsgeschichte im Römerbrief", in: Ders, *Paulinische Perspektiven,* Tübingen 1972, 2판, 108-139.

_____. "Zusammenfassung", in; Ders, (Hg.), *Das Neue Testament als Kanon,* Göttingen 1970, 399-410.

_____. *Exegetische Versuche und Besinnungen II,* Göttingen 1970, 3판.

_____. *An die Römer,* HNT 8a, Tübingen 1980, 4판.

Kammler, H.-Chr. "Die Prädikation Jesu Christi als "Gott" und die paulinische Christologie", ZNW 94 (2003), 164-180.

Karrer, M. "Rechtfertigung bei Paulus", KuD 46 (2000), 126-155.

_____. "Jesus der Retter (Sōtēr)", ZNW 93 (2002), 153-176.

_____. *Der Gesalbte. Die Grundlagen des Christustitels,* FRLANT 151, Göttingen 1990.

_____. *Jesus Christus im Neuen Testament,* GNT 11, Göttingen 1998.

Kertelge, K. "Gesetz und Freiheit im Galaterbrief", in: Ders, *Grundthemen paulinischer Theologie,* Freiburg 1991, 184-196.

_____. *"Rechtfertigung" bei Paulus. Studien zur Struktur und zum Bedeutungsgehalt des paulinischen Rechtfertigungsbegriffs,* NTA 3, Münster 1971, 2판.

Klappert, B. (Hg.), *Diskussion um Kreuz und Auferstehung,* Wuppertal 1985, 9판.

Klauck, H.-J. ""Der Gott in dir" (Ep 41,1). Autonomie des Gewissens bei Seneca und Paulus", in: Ders, *Alte Welt und neuer Glaube,* NTOA 29, Göttingen/Freiburg (H), 11-31.

_____. "Junia Theodora und die Gemeinde in Korinth", in: Karrer, M,/Kraus, W,/Merk, O, (Hg.), *Kirche und Volk Gottes* (FS Roloff J,), Neukirchen-Vluyn 2000, 42-57.

_____. "Ein Richter im eigenen Innern. Das Gewissen bei Philo von Alexandrien", in: Ders, *Alte Welt und neuer Glaube,* NTOA 29, Göttingen/Freiburg (H), 33-58.

_____. *Herrenmahl und hellenistischer Kult,* NTA.NF 15, Münster 1982, 2판.

Klehn, L. "Die Verwendung von ἐν Χριστῷ bei Paulus", BZ 74 (1994), 66-79.

Klein, G. Art. "Eschatologie", TRE 10, Berlin/New York 1982, 270-299.

_____. "Werkruhm und Christentum im Galaterbrief und die Frage nach einer Entwirklung des Paulus", in: Schrage, W, (Hg.), *Studien zum Text und zur Ethik des Neuen Testaments* (FS Greeven, H,), BZNW 47, Berlin 1986,

196-211.

Knöppler, Th. *Sühne im Neuen Testament,* WMANT 88, Neukirchen 2001.

Koch, D. A.. *Die Schrift als Zeuge des Evangeliums,* BHTh 69, Tübingen, 1986.

Kollmann, B. *Ursprung und Gestalten der frühchristlichen Mahlfeier,* GThA 43, Göttingen 1990.

Konradt, M. "Die korinthische Weisheit und das Wort vom Kreuz. Erwägungen zur korinthischen Problemkonstellation und paulinischen Intention in 1 Kor 1-4", ZNW 94, 2003, 181-214.

_____. "Kreuzestheologie", in: Horn, F.W, (Hg.), *Paulus Handbuch,* Tübingen 2013, 314-321.

_____. *Gericht und Gemeinde. Eine Studie zur Bedeutung und Funktion von Gerichtsaussagen im Rahmen der paulinischen Ekklesiologie und Ethik im 1 Thess und 1 Kor,* BZNW 117, Berlin/New York 2003.

_____. *Christliche Existenz nach dem Jakobusbrief,* StUNT 22, Göttingen 1998.

Kramer, W. *Christos Kyrios Gottessohn,* AThANT 44, Zürich 1963.

Kraus, W. *Der Tod Jesu als Heiligtumsweihe,* WMANT 66, Neukirchen 1991.

_____. *Das Volk Gottes,* WUNT 85, Tübingen 1996.

Kuhn, H.-W, *Die Kreuzesstrafe während der frühen Kaiserzeit,* ANRW II 25/1, Berlin/New York 1982, 648-793.

_____. "Jesus als Gekreuzigter in der früh christlichen Verkündigung bis zur Mitte des 2. Jahrhunderts", ZThK 72 (1975), 1-46.

Kundert, L. "Christus als Inkorporation der Tora. τέλος γὰρ νόμου Χριστὸς Röm 10,4 vor dem Hintergrund einer erstaunlichen rabbinischen Argumentation", ThZ 55 (1999): 76-89.

Labahn, A./Labahn, M. "Jesus als Sohn Gottes bei Paulus", in: Schnelle, U,/Söding, Th,/Labahn, M, (Hg.), *Paulinische Christologie* (FS Hübner, H,) Göttingen 2000, 97-120.

Landmesser, Chr. "Der paulinische Imperativ als christologisches Performativ", in:

Ders,/Eckstein, H.-J,/Lichtenberger, H, (Hg.), *Jesus Christus als Mitte der Schrift* (FS Hofius, O,), BZNW 86, Berlin/New York 1997, 543-577.

Lang, F.G. *2.Korinther 5,1-10 in der neueren Forschung,* BGBE 16, Tübingen 1973.

_____, *Die Briefe an die Korinther,* NTD 7, Göttingen 1986.

Lichtenberger, H. ""Bund" in der Abendmahlsüberlieferung", in: Avemarie, F,/Lichtenberger, H, (Hg.), *Bund und Tora,* WUNT 92, Tübingen 1996, 217-228.

_____. "Täufergemeinden und frühchristliche Täuferpolemik im letzten Drittel des 1. Jahrhunderts", ZThK 84 (1987), 36-57.

Lietzmann, H. *An die Römer,* HNT 8, Tübingen 1971, 5판.

Lindemann, A. Art. "Eschatologie III. Neues Testament", RGG 2, Tübingen 1999, 4판, 1553-1560.

_____. "Die biblischen Toragebote und die paulinische Ethik", in: Ders, *Paulus, Apostel und Lehrer der Kirche,* Tübingen 1999, 91-114.

_____. "Paulus und die Jesustradition", in: Buitenwerf, R,/Hollander, H.W,/Tromp, J, (Hg.), *Jesus, Paul, and Early Christianity,* NT.S 130, Leiden 2008, 281-315.

_____. *Der Erste Korintherbrief,* HNT 9/1, Tübingen 2000.

Litfin, D. *St. Paul's Theology of Proclamation. 1 Corinthians 1-4 and Greco-Roman Rhetoric,* MSSNTS 79, Cambridge 1994.

Lohmeyer, E. *Kyrios Jesus. Eine Untersuchung zu Phil. 2,5-11* (SHAW.PH 1927/1928, 4), Heidelberg 1928. Nachdr. Darmstadt 1962, 2판.

Lohse, E. "ὁ νόμος τοῦ πνεύματος τῆς ζωῆς", in: Ders, *Die Vielfalt des Neuen Testaments,* Göttingen 1982, 128-136.

_____. "Summa Evangelii - zu Veranlassung und Thematik des Römerbriefes", NAWG.PH 3 (1993), 89-119.

_____. *Grundriss der neutestamentlichen Theologie,* Stuttgart 1989, 4판.

_____. *Märtyrer und Gottesknecht,* FRLANT 64, Göttingen 1963, 2판.

_____. *Der Brief an die Römer,* KEK 4, Göttingen 2003.

Luck, U. "Die Bekehrung des Paulus und das Paulinische Evangelium", ZNW 76 (1985), 187-208.

Lüdemann, G. *Paulus und das Judentum,* TEH 215, München 1983.

_____. *Paulus, der Heidenapostel* I, FRLANT 123, Göttingen 1980.

_____. *Die Auferstehung Jesu,* Göttingen 1994.

Lührmann, D. "Pistis im Judentum", ZNW 64 (1973), 19-38.

Luz, U. Art. "Gerechtigkeit", EKL II, 3판, 90-92.

_____. "Theologia crucis als Mitte der Theologie im Neuen Testament", EvTh 34 (1974), 115-141.

_____. *Das Geschichtsverständnis des Paulus,* BEvTh 49, München 1968.

Maier, J. *Zwischen den Testamenten,* NEB.AT EB 3, Würzburg 1990.

Marböck, J. "Gerechtigkeit und Leben nach dem Sirachbuch", in: Jeremias, J, (Hg.), *Gerechtigkeit und Leben im hellenistischen Zeitalter* (FS Kaiser, O,), BZAW 296, Berlin/New York, 2001, 21-51.

Markschies, Chr. Art. "Innerer Mensch", RAC 18, Stuttgart 1998, 266-312.

Marxsen, W. *Der erste Brief an die Thessalonicher,* ZBK NT 11.1, Zürich 1979.

Maschmeir, J.-Chr. *Rechtfertigung bie Paulus. Eine Kritik alter und neuer Paulusperspectiven,* Stuttgart 2010.

Meeks, W.A. *Urchristentum und Stadtkultur,* Gütersloh 1993.

Merklein, H. "Eschatologie im Neuen Testament", in: Ders, *Studien zu Jesus und Paulus II,* WUNT 105, Tübingen 1998, 87-95.

_____. "Paulus und die Sünde", in: Ders, *Studien zu Jesus und Paulus II,* WUNT 105, Tübingen 1998, 316-356.

_____. "Zum Verständnis des paulinischen Begriffs "Evangelium"", in: Ders, *Studien zu Jesus und Paulus,* WUNT 43, Tübingen 1987, 279-295.

_____. *Der erste Brief an die Korinther,* ÖTK 7/1, Gütersloh 1992.

Metzner, R. "Paulus und der Wettkamp", NTS 46 (2000), 565-583.

Meyer, H, u.a. (Hg.), "Gemeinsame Erklärung zur Rechtfertigung", in: *Dokumente wachsender Übereinstimmung III,* Paderborn/Frankfurt 2003, 419-441.

Mosis, R. ""Glauben" und "Gerechtigkeit". Zu Gen 15,6", in: Görg, M, (Hg.), *Die Väter Israels,* Stuttgart 1989, 225-257.

Müller, U.B. "Der Christushymnus Phil 2,6-11", ZNW 79, 1988, 17-44.

_____. *Der Brief des Paulus an die Philipper,* ThHK 11/I, Leipzig 1993.

_____. *Johannes der Täufer,* BG 6, Leipzig 2002.

Mussner, F. "Ganz Israel wird gerettet werden(Röm 11,26)", Kairos 18 (1976), 241-255.

Neugebauer, F. *In Christus. Eine Untersuchtung zum paulinischen Glaubensver -ständnis,* Berlin 1961.

Niebuhr, K.-W. *Heidenapostel aus Israel,* WUNT 62, Tübingen 1992.

Nissen, A. *Gott und der Nächste im antiken Judentum,* WUNT 15, Tübingen 1974.

Oegema, G.S. "Versöhnung ohne Vollendung? Römer 10,4 und die Tora der messini- schen Zeit", in: Avemarie, F./Lichtenberger, H, (Hg.), *Bund und Tora,* WUNT 92, Tübingen 1996, 229-261.

Oeming, M. "Der Glaube Abrahams, Zur Rezeptions-Geschichte von Gen 15,6 in der Zeit des zweiten Tempels", ZAW 110 (1988), 16-33.

Öhler, M. "Bausteine aus frühchristlicher Theologie", in: Horn, F.W, (Hg.), *Paulus Handbuch,* Tübingen 2013, 497-504.

Ollrog, W.-H. *Paulus und seiner Mitarbeiter,* WMANT 50, Neukirchen 1979.

Ostmeyer, K.-H. *Taufe und Typikos,* WUNT 2, 118, Tübingen 2000.

Pannenberg, W. "Die Auferstehung Jesu– Historie und Theologie", ZThK 91, 318-328.

_____, *Grundzüge der Christologie,* Gütersloh 1976, 5판.

Pfeiffer, M. *Einweisung in das neue Sein. Neutestamentliche Erwägungen zur Grundlegung der Ethik,* BEvTh 119, Gütersloh 2000.

Philhofer, P. *Philippi. Die erste christliche Gemeinde Europas I,* WUNT 87, Tübingen

1995.

Pickett, R. *The Cross in Corinth: The Social Significance of the Death of Jesus,* JSNT.S 143, Sheffield 1997.

Pilz, Chr. M. *Tod am Kreuz. Geschichte und Pathophysiologie der Kreuzigung,* Tübingen 1986.

Pogoloff, S.M. *Logos and Sophia. The Rhetorical Situation of 1 Corinthians,* SBL.DS 134, Atlanta 1992.

Pokorný, P. *Der Gottessohn,* ThSt 109, Zürich 1971.

Pokorný, P./Heckel, U. *Einleitung in das Neue Testament,* Tübingen 2007.

Pokorný, P./Soucek, J.B. *Bibelauslegung als Theologie,* WUNT 100, Tübingen 1997.

Räisänen, H. "Das 'Gesetz des Glaubens' (Röm 3,27) und das 'Gesetz des Geistes' (Röm 8,2)", NTS 26 (1980), 101-117.

_____. *"Römer 9-11: Analyse eines geistigen Rings",* ANRW 25.4, Berlin/New York 1987, 2891-2939.

_____. "Sprachliches zum Spiel des Paulus mit Nomos", in: *Glaube und Gerechtigkeit* (FS Gyllenberg, R,), SFEG 38, Helsinki 1983, 134-149.

_____. *Paul and the Law,* WUNT 29, Tübingen 1987, 2판.

Reasoner, M. *Romans in Full Circle. A History of Interpretation,* Louisville 2005.

Reinbold, W. "Das Ziel des Gesetzes nach Röm 10,4-13", in: Doering, L, u,a. (Hg.), *Judaistik und neutestamentliche Wissenschaft,* FRLANT 226, Göttingen 2008, 297-312.

Reinmuth, E. "Historie und Exegese - zum Streit um die Auferstehung Jesu nach der Moderne", in; Alkier, St,/Brucker, R, (Hg.), *Exegese und Methodenstreit,* TANZ 23, Tübingen 1998, 1-8.

_____. *Geist und Gesetz,* ThA 44, Berlin 1985.

Ridderbos, H. *Paulus,* Wuppertal 1970.

Riedo-Emmenegger. *Chr, Prophetisch-messianische Provokateure der Pax Romana,* NTOA 56, Freiburg(H)/Göttingen 2005.

Riesner, R. *Die Frühzeit des Apostels Paulus,* WUNT 71, Tübingen 1994.

Ritter, A.M. *Alte Kirche. Kirchen- und Theologiegeschichte in Quellen,* Neukirchen-Vluyn 2002, 7판.

Röhser, G. *Metaphorik und Personifikation der Sünde,* WUNT 2.25, Tübingen 1987.

_____. *Stellvertretung im Neuen Testament,* SBS 195, Stuttgart 2002.

Rösel, M. *Adonaj - Warum Gott "Herr": genannt wird,* FAT 29, Tübingen 2000.

Rohde, E. *Psyche. Seelencult und Unsterblichkeitsglaube der Griechen III,* Tübingen 1907, 4판.

Roloff, J. Art. "Apostel I", TRE 3, Berlin/New York 1979, 430-445.

_____. Art. "ἐκκλησία", EWNT I (1980), 998-1011.

_____. *Einführung in das Neue Testament,* Stuttgart 1995.

_____. *Die Kirche im Neuen Testament,* GNT 10, Göttingen 1993.

Sänger, D. "Die Adresse des Galaterbriefes und das Problem einer Entwicklung in Paulus' theologischem Denken", in: Kraus, W, (Hg.), *Beiträge zur urchristlichen Theologiegeschichte,* BZNW 163, Berlin/New York 2009.

_____. *Die Verkündigung des Gekreuzigten und Israel,* WUNT 75, Tübingen 1994.

Sanders, E.P. *Paul and Palestinian Judaism: A Comparison of Patterens of Religion,* Philadelphia/London 2017.

Sass, G. *Leben aus den Verheissungen,* FRLANT 164, Göttingen 1995.

Sauter, G. Art. "Rechtfertigung IV-VII", TRE 28 (1997), 315-364.

Schade, H.H. *Apokalyptische Christologie bei Paulus,* GTA 18, Göttingen 1984, 2판.

Schaede, S. *Stellvertertung. Begriffsgeschichtliche Studien zur Soteriologie,* BHTh 126, Tübingen 2004.

Schapdick, St. *Eschatisches Heil mit eschatischer Anerkennung,* BBB 164, Göttingen 2011.

Scharbert, J. Art. "Gerechtigkeit", TRE 12, Berlin/New York 1984, 404-411.

Schenk, W. ""Kreuzestheologie" bei Paulus? Zu den "cultural codes" von σταυρός σκόλοψ ξύλον", in: Wengst, K,/Sass, G, (Hg.), *Ja und Nein. Christliche*

*Theologie im Angesicht Israels,* Neukirchen-Vluyn 1998, 93- 109.

Schlier, H. *Ekklesiologie des Neuen Testaments,* MySal 4.1, Einsiedeln 1972.

_____. *Grundzüge einer paulinischen Theologie,* Freiburg 1978.

Schliesser, B. *Was ist Glaube? Paulinischer Perspektiven,* ThSt 3, Zürich 2011.

Schlund, Ch. "Deutungen des Todes Jesu im Rahmen der Pesach-Tradition", in: Frey, J,/Schröter, J, (Hg.), *Deutungen des Todes Jesu,* WUNT 181, Tübingen 2005, 397-411.

Schnackenburg, R. *Die sittliche Botschaft des Neuen Testaments. Band 2; Die ur- christlichen Verkündiger,* HThK. S 2, Freiburg 1988.

Schnelle, U. "Heilsgegenwart. Christologische Hoheitstitel bei Paulus", in: Schnelle, U,/Söding, T,/Labahn, M, (Hg.), *Paulinische Christologie* (FS Hübner, H,), Göttingen 2000, 178-193.

_____. "Der erste Thessalonicherbrief und die Entstehung der paulinischen Anthropologie", NTS 32 (1986), 207-224.

_____. "Gerechtigkeit in den Psalmen Salomos und bei Paulus", in: Lichtenberger, H,/Oegema, G.S, (Hg.), *Jüdische Schriften in ihrem antik-jüdischen und ur- christlichen Kontext, JSHRZ Studien 1,* Gütersloh 2002, 365-375.

_____. "Transformation und Partizipation als Grundgedanken paulinischer Theologie", NTS 47 (2001), 58-75.

_____. (Hg.), *The Letter to the Romans,* BETL 226, Leuven 2009.

_____. *Neutestamentliche Anthropologie. Jesus - Paulus - Johannes,* BThSt 18, Neukirchen 1991.

_____. *Gerechtigkeit und Christusgegenwart. Vorpaulinische und paulinische Tauftheologie,* GTA 24, Göttingen 1986, 2판.

_____. *Einleitung in das Neue Testament,* Göttingen 2017, 9판.

_____. *Paulus. Leben und Denken,* Berlin/Boston, 2014, 2판.

_____. *Wandlungen im paulinischen Denken,* SBS 137, Stuttgart 1989.

Schottroff, L. *Der Glaubende und die feindliche Welt,* WMANT 37, Neukirchen 1970.

Schrage, W. "Der gekreuzigte und auferweckte Herr. Zur theologia crucis und theologia resurrectionis bei Paulus", ZThK 94 (1997), 25-38.

_____. *Ethik des Neuen Testaments,* GNT 4, Göttingen 1989, 2판.

_____. *Der erste Brief an die Korinther,* EKK VII/2, Neukirchen 1995.

_____. *Der erste Brief an die Korinther,* EKK VII/4, Neukirchen 2001.

_____. *Unterwegs zur Einzigkeit und Einheit Gottes,* BThSt 48, Neukirchen 2002.

Schreiber, St. "Paulus als Kritiker Roms? Politische Herrschaftsdiskurse in den Paulusbriefen", ThGl 101 (2011), 338-359.

Schröter, J. "Das Verhältnis zum irdischen Jesus und zur Jesusüberlieferung", in; Horn, F.W, (Hg.), *Paulus Handbuch,* Tübingen 2013, 279-285.

_____. "Sühne, Stellvertertung und Opfer", in: Frey, J,/Schröter, J, (Hg.), *Deutungen des Todes Jesu im Neuen Testament,* WUNT 181, Tübingen 2005, 51-71.

_____. *Der versöhnte Versöhner. Paulus als Mittler im Heilsvorgang,* TANZ 10, Tübingen 1993.

Schürmann, H. ""Das Gesetz des Christus" Gal 6,2. Jesu Verhalten und Wort als letztgültige sittliche Norm nach Paulus", in: Ders, *Studien zur neutestamentlichen Ethik,* hg.v. Söding, T, SBAB 7, Stuttgart 1990, 53-77.

_____. ""Pro-Existenz" als christologischer Grundbegriff", in: Ders, *Jesus - Gestalt und Geheimnis,* Paderborn 1994, 286-315.

_____. *Gottes Reich - Jesu Geschick,* Freiburg 1983.

Schumacher, Th. *Zur Entstehung christlicher Sprache. Eine Untersuchung der paulinischen Idiomatik und der Verwendung des Begriffes πίστις,* BBB 168, Göttingen 2012.

Schunack, G. "Glaube in griechischer Religiosität", in: Kollmann, B,/Reinbold,W, /Steudel, A, (Hg.), *Antikes Judentum und Frühes Christentum* (FS Stegemann, H,), BZNW 97, Berlin/New York 1999, 296-326.

Schweitzer, A. *Geschichte der Leben-Jesu-Forschung I,* Gütersloh 1977, 3판.

_____. *Die Mystik des Apostels Paulus,* Tübingen 1954, 2판.

Schweizer, E. Art. "σῶμα", in: Kittel, G, (Hg.), ThWNT 7, Stuttgart 1990, 1025–1091.

Schwemer, A.M. "Jesus Christus als Prophet, König und Priester, Das *munus triplex und die frühe Christologie*", in: Hengel, M,/Schwemer, A.M, *Der messianische Anspruch Jesu und die Anfänge der Christologie,* WUNT 138, Tübingen 2001, 165-230.

Scornaienchi, L. *Sarx und Soma bei Paulus,* NTOA 67, Göttingen 2008.

Seifrid, M.A. *Justification by Faith,* NT.S 68, Leiden 1992.

Sellin, G. "Hagar und Sara. Religionsgeschichtliche Hintergründe der Schriftallegorese Gal 4,21-31", in: Mell, U,/Müller, U.B, (Hg.), *Das Urchristentum in seiner literarischen Geschichte* (FS Becker, J,), BZNW 100, Berlin/New York 1999, 59-84.

_____. "Philo von Alexandria", in: Erlemann, K,/Noethliches, K.L, (Hg.), *Neues Testament und antike Kultur I,* Neukirchen-Vluyn 2004, 86-90.

_____. "Eine vorchristliche Christologie. Der Beitrag des alexandrinischen Juden Philo zur Theologie im Neuen Testament", ZNT 2 (1999), 12-21.

_____. *Der Streit um die Auferstehung der Toten,* FRLANT 138, Göttingen 1986.

Shi, W. *Paul's Message of the Cross as Body Language,* WUNT II 254, Tübingen 2008.

Siber, P. *Mit Christus leben. Eine Studie zur paulinischen Auferstehungshoffnung,* AThANT 61, Zürich 1971.

Söding, Th. "Gottes Sohn von Anfang an", in: Laufen, R, (Hg.), *Gottes ewiger Sohn,* Paderborn 1997, 57-93.

_____. "Das Geheimnis Gottes im Kreuz Jesu", in: Ders, *Das Wort vom Kreuz. Studien zur paulinischen Theologie,* WUNT 93, Tübingen 1997, 71-92.

_____. ""Die Kraft der Sünde ist das Gesetz" (1Kor 15,56). Anmerkungen zum Hintergrund und zur Pointe einer gesetzeskritischen Sentenz des Apostels Paulus", ZNW 83 (1992), 74-84.

_____. "Das Mahl des Herrn", in: Hilberath, B.J, (Hg,), *Vorgeschmack* (FS

Schneider, Th,), Mainz 1995, 134-163.

_____. "Sühne durch Stellvertertung. Zur zentralen Deutung des Todes Jesu im Römerbrief", in: Frey, J,/Schröter, J, (Hg.), *Deutungen des Todes Jesu im Neuen Testament,* WUNT 181, Tübingen 2005, 375-396.

Sonntag, H. *ΝΟΜΟΣ ΣΩΤΗΡ Zur politischen Theologie des Gesetzes bei Paulus und im antiken Kontext,* TANZ 34, Tübingen 2000.

Spieckermann, H. Art. "Rechtfertigung", TRE 28, Berlin/New York 1997, 282-286.

Stark, R. *Der Aufstieg des Christentums,* Weinheim 1997.

Stemberger, G. Art. "Auferstehung 3 (Antikes Judentum)", RGG 1 (1998), 4판, 913-919.

Stendahl, K. "The Apostle Paul and the Introspective Conscience of the West", HThR 56 (1963), 199-215.

_____. "Der Apostel Paulus und das "introspektive: Gewissen des Westens"", KuI 11 (1996), 19-33.

_____. *Paul Among Jews and Gentiles and Other Essays,* Philadelphia 1976, 1-77.

Strauss, D.F. *Der alte und der neue Glaube,* Stuttgart 1938(=1872).

Strecker, Chr. "Fides - Pistis - Glaube. Kontexte und Konturen einer Theologie der "Annahme" bei Paulus", in: Bachmann, M, (Hg.), *Lutherische und neue Paulusperspektive,* WUNT 182, Tübingen 2005, 223-250.

_____. *Die liminale Theologie des Paulus,* FRLANT 185, Göttingen 1999.

Strecker, G. "Das Evangelium Jesu Christi", in: Ders, *Eschaton und Historie. Aufsätze,* Göttingen 1979, 183-228.

_____. "Paulus aus einer "neuen Perspektive"", KuI 11 (1996), 3-18.

_____. *Theologie des Neuen Testaments.* Hg. v, Horn, F.W, Berlin/New York 1996.

Stuhlmacher, P. "Eschatologie und Hoffnung bei Paulus.", in: Ders, *Biblische Theologie und Evangelium,* WUNT 146, Tübingen 2002, 66-87.

_____. *Der Brief an Philemon,* EKK XVIII, Neukirchen-Vluyn 1975.

_____. *Der Brief an die Römer,* NTD 6, Göttingen 1989.

_____. *Biblische Theologie des Neuen Testament. Band 1: Grundlegung. Von Jesus zu Paulus,* Göttingen 2005, 3판.

Stuhlmacher, P. *Versöhnung, Gesetz und Gerechtigkeit. Aufsätze zur biblischen Theologie,* Göttingen 1981.

Sumney, J.L. "Studying Paul's Opponent: Advances and Challenges", in: Porter, St.E, (Hg.), *Paul and His Opponents,* Leiden 2005, 7-58.

Synofzik, E. *Gerichts- und Vergeltungsaussagen bei Paulus,* GTA 8, Göttingen 1977.

Theissen, G. "Die urchristliche Taufe und die soziale Konstruktion des neuen Menschen", in: Assmann, J,/Stroumsa, G.G, (Hg.), *Transformation of the Inner Self in Ancient Religions,* SHR 83, Leiden 1999, 87-114.

_____. "Röm 9-11 - Eine Auseinandersetzung des Paulus mit Israel und mit sich selbst", in: *Fair Play* (FS Räisänen, H), NT.S 103, Leiden u.a. 2002, 311-341.

_____. *Entstehung des Neuen Testaments als literaturgeschichtliches Problem,* Heidelberg 2007, 2판.

Theissen, G./v. Gemünden, *Der Römerbrief. Rechenschaft eines Reformators,* Göttingen 2016.

Theissen, G./Merz, A, *Der historische Jesus,* Göttingen 2001, 3판.

Theobald, M. "Der Galaterbrief", in: Ebner, M,/Schreiber, S, (Hg.), *Einleitung in das Neue Testament,* 2013, 2판, 353-370.

_____. "Unterschiedliche Gottesbilder in Römer 9-11? Die Israel-Kapitel als Anfrage an die Einheit des theologischen Diskurses bei Paulus", in: Schnelle, U, (Hg.), *The Letter to the Romans,* BEThL 226, Leuven 2009, 135-177.

_____. "Wandlungen im paulinischen Denken (Paulus-Synopse)", in: Horn, F.W, (Hg.), *Paulus Handbuch,* Tübingen 2013, 504-511.

_____. *Der Römerbrief,* EdF 294, Darmstadt 2000.

_____. *Studien zum Römerbrief,* WUNT 136, Tübingen 2001.

Thüsing, W. *Gott und Christus in der paulinischen Soteriologie,* NTS NF 1/I, Münster 1986, 3판.

Trafton, J.L. "The Psalms of Solomon in Recent Research", JSP 12 (1994), 3-19.

Trebilco, P. *Self-Designations and Group Identity in the New Testament,* Cambridge 2012.

Ulrichs, K.F. *Christusglaube. Studien zum Syntagma πίστις Χριστοῦ und zum paulinischen Verständnis von Glaube und Rechtfertigung,* WUNT 2.227, Tübingen 2007.

Umbach, H. *In Christus getauft - von der Sünde befreit. Die Gemeinde als sündenfreier Raum bei Paulus,* FRLANT 181, Göttingen 1999.

Vogel, M. *Das Heil des Bundes. Bundestheologie im Frühjudentum und im Frühchristentum,* TANZ 18, Tübingen/Basel 1996.

v. Bendemann, R. "Die Auferstehung von den Toten als 'basic story'", GuL 15 (2000), 148-162.

v. Campenhausen, H. *Der Ablauf der Osterereignisse und das leere Grab,* SHAW.PH 1952, Heidelberg 1977, 4판.

van Henten, J.W. "The Tradition-Historical Background of Romans 3,25: A Search for Pagan and Jewish Parallels", in: de Boer, M, (Hg.), *From Jesus to John* (FS de Jonge, M,), JSNT.S 84, Sheffield 1993, 101-128.

van Kooten, G. "Ἐκκλησία του θεού: The 'Church of God' and the Civic Assemblies (ἐκκλησίαι) of the Greek Cities in the Roman Empire: A Response to Paul Trebilco and Richard A. Horsley", NTS 58 (2012), 522-548.

Vogel, M. "Hellenistisch-jüdische Theologie", in: Horn, F.W, (Hg.), *Paulus Handbuch,* Tübingen 2013, 491-497.

von Bendemann, R. "Christusgemeinschaft – Christusmystik", in: Horn, F.W, (Hg.), *Paulus Handbuch,* Tübingen 2013, 305-309.

v. d. Osten-Sacken, P. "Die Apologie des paulinischen Apostolats in 1. Kor 15,1-11", in: Ders, *Evangelium und Tora. Aufsätze zu Paulus,* TB 77, München 1987, 131-149.

_____. *Römer 8 als Beispiel paulinischer Soteriologie,* FRLANT 112, Göttingen 1975.

v. Rad, G. *Genesis,* ATD 2/4, Göttingen 1972, 9판.

Vollenweider, S. "Der Geist Gottes als Selbst der Glaubenden", ZThK 93 (1996), 163-192.

_____. "Der "Raub" der Gottgleichheit", in: Ders, *Horizonte neutestamentlicher Christologie,* WUNT 144, Tübingen 2002, 263-284.

_____. "Die Metamorphose des Gottessohnes", in: Ders, *Horizonte neutestamentlicher Christologie,* WUNT 144, Tübingen 2002, 285-306.

_____. "Weisheit am Kreuzweg. Zum theologischen Programm von 1Kor 1 und 2", in: Dettwiler, A,/Zumstein, J, (Hg.), *Kreuzestheologie im Neuen Testament,* WUNT 151, 2002, 43-58.

_____. *Freiheit als neue Schöpfung,* FRLANT 147, Göttingen 1989.

Vos, J.S. "Argumentation und Situation in 1Kor. 15", NovTest 41 (1999), 313-333.

Voss, F. *Das Wort vom Kreuz und die menschliche Vernunft. Eine Untersuchung zur Soteriologie des 1. Korintherbriedes,* FRLANT 199, Göttingen 2002.

Walter, N. "Leibliche Auferstehung? Zur Frage der Hellenisierung der Auferweckungshoffnung bei Paulus", in: Trowitzsch, M, (Hg.), *Paulus, Apostel Jesu Christi* (FS Klein, G,), Tübingen 1998, 109-127.

_____. "Paulus und die urchristliche Jesustradition", NTS 31 (1985), 498-522.

Weber, R. "Die Geschichte des Gesetzes und des Ich in 7,7-8,4", NZSTh 29 (1987), 147-179.

Wedderburn, A.J.M. "Eine neuere Paulusperspektive?", in: Becker, E.-N/Pilhofer, P, (Hg.), *Biographie und Persönlichkeit bei Paulus,* WUNT 187, Tübingen 2006, 46-64.

Weder, H. "Gesetz und Sünde, Gedanken zu einem qualitativen Sprung im Denken des Paulus", in: Ders, *Einblicke ins Evangelium,* Göttingen 1992, 323-346.

_____. *Das Kreuz Jesu bei Paulus, Ein Versuch, über den Geschichtsbezug des christlichen Glaubens nachzudenken,* FRLANT 125, Göttingen 1981.

Wengst, K. *Christologische Formeln und Lieder des Urchristentums,* StNT 7,

Gütersloh 1973, 2판.

_____. *Pax Romana. Anspruch und Wirklichkeit,* München 1986.

Wernle, P. *Der Christ und die Sünde bei Paulus,* Freiburg/Leipzig 1897.

Westerholm, S. *Perspectives Old and New on Paul,* Grand Rapids/Cambridge 2004.

Wiefel, W. "Die Hauptrichtung des Wandels im eschatologischen Denken des Paulus", ThZ 30 (1974), 65-84.

Wilckens, U. "Die Auferstehung Jesu: Historisches Zeugnis - Theologie - Glaubenserfahrung", PTh 85 (1996), 102-120.

_____. "Zur Entwicklung des paulinischen Gesetzesverständnisses", NTS 28 (1982), 154-190.

_____. "Das Kreuz Christi als die Tiefe der Weisheit Gottes. Zu 1. Kor 2,1-16", in: Lorenzi, L.D, (Hg.), *Paolo a una Chiesa divisa (1 Co 1-4),* SMBen.BE 5, Rom 1980, 43-81.

_____. "Was heisst bei Paulus: "Aus Werken des Gesetzes wird kein Menschen gerecht?"", in: *Ders, Rechtfertigung als Freiheit,* Neukirchen 1974, 77-109.

_____. "Der Ursprung der Überlieferung der Erscheinungen des Auferstandenen", in; Hoffmann, P, (Hg.), *Zur neutestamentlichen Überlieferung von der Auferstehung Jesu,* Darmstadt 1988, 139-193.

_____. *Auferstehung: das biblische Auferstehungszeugnis historisch untersucht und erklärt,* Gütersloh 1977, 2판.

_____. *Der Brief an die Römer,* EKK VI/1, Neukirchen 1978.

_____. *Der Brief an die Römer,* EKK VI/2, Neukirchen 1980.

_____. *Theologie des Neuen Testaments* I/3, Neukirchen 2005.

Wilk, F. "Schriftebezüge im Werk des Paulus", in: Horn, F.W, (Hg.), *Paulus Handbuch,* Tübingen 2013, 479-490.

Windisch, H. *Der zweite Korintherbrief,* KEK VI, Göttingen 1924, 9판.

Winninge, M. *Sinners and the Righteous,* CB.NT 26, Stockholm 1995.

Wischmeyer, O. "1.Korinther 15. Der Traktat des Paulus über die Auferstehung der Toten", in: Ders.,/Becker, E.-M, *Was ist ein Text?,* NET 1, Tübingen 2001, 171-209.

Wolff, Chr. "Niedrigkeit und Verzicht in Wort und Weg Jesu und in der apostolischen Existenz des Paulus", NTS 34 (1988), 183-196.

‾‾‾‾‾‾. *Der erste Brief des Paulus an die Korinther,* ThHK 7, Berlin 1996.

Wolff, H.-W. *Anthropologie des Alten Testaments,* München 1974, 2판.

Wolter, M. "Die ethische Identität christlicher Gemeinden in neutestamentlicher Zeit", in: Marburger Jahrbuch Theologie XIII: *Woran orientiert sich Ethik?,* MThSt 67, Marburg 2001, 61-90.

‾‾‾‾‾‾. "Der Apostel und seine Gemeinden als Teilhaber am Leidensgeschick Jesu Christi. Beobachtungen zur paaulinischen Leidentheologie", NTS 35 (1990), 535-557.

‾‾‾‾‾‾. ""Dumm und skandalös". Die paulinische kreuzestheologie und das Wirklichkeitsverständnis des christlichen Glaubens", in: Weth, R, (Hg.), *Das Kreuz Jesu. Gewalt - Opfer - Sühne,* Neukirchen-Vluyn 2001, 44-63.

‾‾‾‾‾‾. "Für uns gestorben". Wie gehen wir sachgerecht mit dem Tod Jesu um?, in: Hampel, V,/Weth, R, (Hg.), *Für uns gestorben. Sühne - Opfer - Stellvertertung,* Neukirchen-Vluyn 2010, 1-15.

‾‾‾‾‾‾. *Rechtfertigung und zukünftiges Heil. Untersuchungen zu Röm 5,1-11,* BZNW 43, Berlin/New York 1978.

‾‾‾‾‾‾. *Paulus. Ein Grundriss seiner Theologie,* Neukirchen 2015, 2판.

‾‾‾‾‾‾. *Rechtfertigung und zukünftiges Heil,* BZNW 43, Berlin 1978.

‾‾‾‾‾‾. *Der Brief an Philemon,* ÖTK 12, Gütersloh 1993.

‾‾‾‾‾‾. *Der Brief an die Römer,* EKK VI/2, Neukirchen-Vluyn 2019.

Wrede, W. "Paulus" (1904), in: Rengstorf, K.H, (Hg.), *Das Paulusbild in der neueren deutschen Forschung,* WdF 24, Darmstadt 1969, 2판, 1-97.

Wright, N.T. "Paul's Gospel and Caesar's Empire", in: Horsley, R.A, (Hg.), *Paul and Politics, Ekklesia, Israel, Imperium, Interpretation. Essays in Honour of*

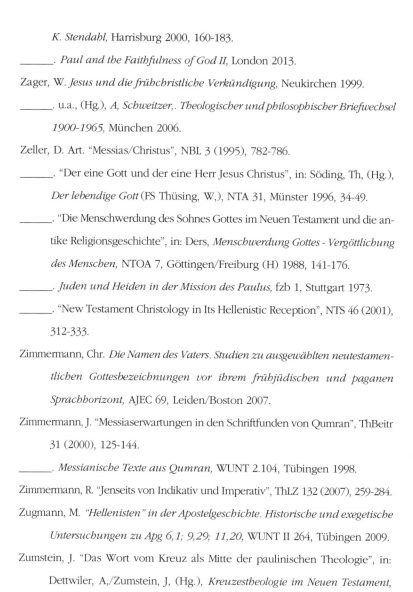

*K. Stendahl,* Harrisburg 2000, 160-183.

_____. *Paul and the Faithfulness of God II,* London 2013.

Zager, W. *Jesus und die frühchristliche Verkündigung,* Neukirchen 1999.

_____. u.a., (Hg.), *A, Schweitzer,. Theologischer und philosophischer Briefwechsel 1900-1965,* München 2006.

Zeller, D. Art. "Messias/Christus", NBL 3 (1995), 782-786.

_____. "Der eine Gott und der eine Herr Jesus Christus", in: Söding, Th, (Hg.), *Der lebendige Gott* (FS Thüsing, W,), NTA 31, Münster 1996, 34-49.

_____. "Die Menschwerdung des Sohnes Gottes im Neuen Testament und die antike Religionsgeschichte", in: Ders, *Menschwerdung Gottes - Vergöttlichung des Menschen,* NTOA 7, Göttingen/Freiburg (H) 1988, 141-176.

_____. *Juden und Heiden in der Mission des Paulus,* fzb 1, Stuttgart 1973.

_____. "New Testament Christology in Its Hellenistic Reception", NTS 46 (2001), 312-333.

Zimmermann, Chr. *Die Namen des Vaters. Studien zu ausgewählten neutestamentlichen Gottesbezeichnungen vor ihrem frühjüdischen und paganen Sprachhorizont,* AJEC 69, Leiden/Boston 2007.

Zimmermann, J. "Messiaserwartungen in den Schriftfunden von Qumran", ThBeitr 31 (2000), 125-144.

_____. *Messianische Texte aus Qumran,* WUNT 2.104, Tübingen 1998.

Zimmermann, R. "Jenseits von Indikativ und Imperativ", ThLZ 132 (2007), 259-284.

Zugmann, M. *"Hellenisten" in der Apostelgeschichte. Historische und exegetische Untersuchungen zu Apg 6,1; 9,29; 11,20,* WUNT II 264, Tübingen 2009.

Zumstein, J. "Das Wort vom Kreuz als Mitte der paulinischen Theologie", in: Dettwiler, A,/Zumstein, J, (Hg.), *Kreuzestheologie im Neuen Testament,* WUNT 151, 2002, 27-41.